KB213724

히포크라테스 조선 왕을 만나다

의사의 시각으로 본 조선 왕들의 삶과 죽음

개정 2판

최일생 지음

MEDIAN
메디안북

초판 서문

32년간의 의대교수직을 정년 퇴임 한 후 교육현장을 떠나 종합병원에서 환자 진료에만 전념하게 된 계기가 있었다.

진료를 마치고 나면 틈틈이 나의 앞으로 인생여정을 생각하면서 그간 소홀했던 책들을 가까이 할 기회를 가졌다. 처음에는 장르를 가리지 않고 모든 책을 읽다가 어느 순간에 역사책 특히 조선시대 역사에 빠지게 되었다.

실은 의대생이 되기 전부터 역사 특히 조선시대 역사에 관심은 있었으나 의학공부로 그 동안 소홀히 하였던 것이다.

오랜만에 조선시대 역사에 심취되었고 중요한 부분이나 흥미로운 점은 메모하거나 발췌하였다. 이런 나의 습관은 의대교수 생활을 하면서 의학도서나 논문을 보면 중요한 부분을 메모하거나 요약 발췌하는 것이 자신도 모르게 몸에 베어 버릇이 된 것이다. 미리 메모나 요약 발췌를 해두면 논문이나 책을 쓰는데 많은 도움이 된다는 것을 알았기 때문이다.

어느 날 우연히 조선시대 역사를 요약 정리하다가 나의 흥미를 끈 부분이 있었으니 그것은 조선시대 왕들의 험난한 즉위과정과 왕들의 죽음이었다.

평소에는 조선왕들은 왕자로 태어나면 순서대로 큰 어려움 없이 순조롭게 왕이 되는 것으로 생각해 왔다. 그러나 즉위과정을 읽으면서 그리 쉬운일만이 아니라는 것을, 세상에 쉬운 일이 없다는 것을 새삼 알게 되었다.

조선왕 27명중 몇 명을 제외하고는 즉위과정은 험난한 고난의 과정을 겪었다.

왕과 왕손, 왕손 형제간, 어머니와 왕자, 신하들과 종친들의 이해관계가 복잡하게 얽혀 상소, 이간질, 역모 등 투쟁이 끊이지 않아 하루도 마음 편할 날이 없을 정도로 왕이 되는 길은 쉬운 일은 아니었다.

그리고 조선왕들의 죽음에 대해서도 말도 많고 잘못 전해진 사실도 알게 되었다.

조선왕 27명중 10명 이상이 독살되었다는 의혹이 있으니 이는 조선왕 3명중 한명 꼴로 독살되었다니 조선시대는 독살왕조라는 오명을 남긴 것 같다.

또한 사망원인에 대해서도 실록을 누가 집필하고, 어느 당파에 의해서 쓰여졌는지에 따라 진실이 달라 신빙성이 떨어진 것들도 많다. 또한 의학지식 부족으로 잘못 된 기록도 한 두가지가 아니었다.

역사기록이란 진실만을 남겨 후손들에게 참을 일깨워 줘야 하는데 과거나 현재도 그렇치 않으니 마음만 아프다.

저자는 역사학자, 또는 작가나 평론가도 아니다. 그러나 의대에서 후학을 가르치는 교육자이자 환자를 진료한 의사로서 의학지식에 관해서는 자부심이 있는 사람이다. 한때는 의학교육을 담당한 사람으로서 역사 속에 담긴 잘못된 의학기록을 보고 방관하고 지나쳐 볼 수 만 없었다. 많은 망설임 끝에 잘못을 지적만 하는 것도 의미가 있는 것이라고 생각하고 글을 남기기로 용기를 내었다.

내가 조선시대의 어의의 입장으로 돌아가 왕들을 직접 진찰하는 입장이 되어서 실록과 역사책에 기록된 왕들의 병세를 토대로 진단해 보고 현대의학 수준에 맞게 재조명해 볼려고 한다.

역사에 대한 지식도 짧고 자료도 불충분하지만 나름대로 최선을 다해 왕들의 죽음을 분석하였다. 나의 이런 분석이 모두 완벽하고 또 정확하다고 볼 수는 없다. 그러나 이번 계기를 시점으로 의학을 전공하는 후학들도 역사에 관심을 갖고 나의 미비점을 보완해 준다면 나의 이번 시도는 보람을 갖게 될 것이다. 독자들도 나의 잘못된 내용, 인용, 오류 등을 지적해주시고, 채찍질도 해주시고 한편으로는 격려도 해주시면 책을 쓴 보람을 느끼게 될 것이다.

나의 엉성한 원고가 훌륭한 한권의 책으로 탈바꿈 하게끔 해주신 메디안 북 출판사 관계자에게 무한한 감사를 드린다.

그리고 우리나라 역사를 위해 끊임없이 연구해 주신 역사학자 여러분께도 감사를 드린다.

끝으로 40여년 간 묵묵히 그림자처럼 나를 지켜주고 감싸준 나의 영원한 동반자 노경희여사에게 모처럼 준비한 이 책을 나의 선물로 바친다.

법정스님의 어록 중 한 소절을 소개하면서 끝을 맺고자 한다.

"세월은 우리 얼굴에 주름살을 남기지만 일에 대한 흥미를 잃을 때는 영혼이 주름지게 된다. 탐구하는 노력을 쉬게하면 인생이 녹슨다."

2013. 8. 진료실에서

청목 **최일생**

개정 2판(Revised Edition)을 내면서

인간은 자신이 한 일에 대해 성찰(省察)하는 존재인 것 같다.

6년전 "히포크라테스 조선왕을 만나다"를 집필할 때는 최선을 다해 만전을 다했다고 자부했지만 근자에 책을 대할 때마다 어딘지 모르게 부족함을 느낀다. 저자가 처음 집필한 역사책이기 때문에 애착을 가지고 혼신의 힘을 기울렸지만, 그 당시에는 필자의 역사에 대한 지식 결여(缺如), 자료 검색 미숙, 교정 오류, 집필의 미숙함 등 역부족(力不足)이 많았던 것 같다.

일찍이 공자는 "맑은 거울은 모습을 살펴보는 것이고, 지나간 날들은 지금을 알아보는 것이다(明鏡은所以察形이요 往者는 所以知今이니라)."라고 말씀했고, 영국 역사학자 Edward H. Carr은 "역사란 현재와 과거 사회의 끊임없는 대화이다."라고 말했다. 이는 과거는 지나 간 쓸모가 없는 것이 아니라 현재 또는 미래와 일직선상에 있어 불가분의 관계가 있어 현재와 미래의 지침과 목표가 됨을 의미하는 것이다. 따라서 역사에 대한 기록은 한치라도 거짓은 없고 진실성만 있어야 하고, 또한 오류도 없어야 하는 것이다.

많은 망설임 끝에 용기를 내어 미비된 내용을 수정, 보완 보충하고, 오류를 고쳐 새로운 개정판을 내기로 결심했다. 이번 개정판은 오류도 없고 보다 진실성을 담은 역사서가 되기를 바라는 마음으로 재 집필하였다.

앞으로도 필자는 더욱 분발해 최선을 다할 것이니 많은 성원을 부탁드립니다. 계속 잘못된 점을 지적해 주시고, 채찍은 물론 격려도 해주시기 바랍니다.

2020년 봄

청목 **최일생**

차례

제1대　태조

- 생몰년: 1335년~1408년
- 등극시 나이: 58세
- 재위기간: 6년 2개월
- 사망시 나이: 74세
- **사인:** 뇌졸중

역성혁명으로
새 왕조를 세운 임금

— 양가감정(ambivalance)을 가진
우유부단한 맹장이었다

새 왕조의 탄생

고려 문화시중 이성계는 1392년 7월 17일 만조백관의 추대를 받아 개성 수창궁(壽昌宮)에서 새 왕조인 조선의 왕으로 즉위했다.

역성혁명에 성공한 이성계는 고려 공민왕 5년(1356) 쌍성총관부 수복전쟁을 시작한 22세부터 우왕 14년(1388) 5월 위화도회군을 결행한 54세까지 32년간 전쟁터에 살다 싶이 했지만 한 번도 패하지 않은 궁술이 뛰어난 용맹하고 총명한 맹장이었다(그림 1-1).

태조 이성계의 선조들

태조 이성계는 신라시대 사공[司空; 왕경〈경주〉의 성곽을 짓거나 수리를 담당한 관청인 경성주작전(京城周作典)의 관원] 벼슬을 지낸

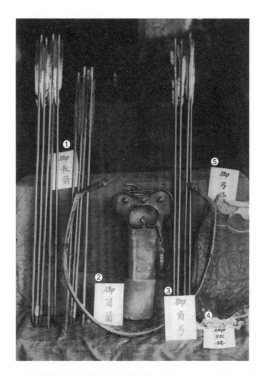

그림 1-1 ● 태조 어궁구(御弓具 임금이 사용한 활 관련 도구) 함흥에 위치한 조선왕실의 사당인 함흥본궁에 소장, 그러나 6.25전쟁 당시 함흥본궁이 불타 존재 유무 불분명 ❶ 어장전(御長箭 화살) ❷ 어동개[御筒箇 화살집과 활집을 한줄로 묶어 왼편 어깨에 맬 수 있도록 만든 제구로 저피(가죽)로 만듦] ❸ 어각궁(御角弓 활) ❹ 어현구(御弦具 화살집) ❺ 어궁대(御弓袋 활집)

전주 이씨 시조 이한(李翰, 생몰년 미상)의 21대 손이다.

이성계의 고조부인 이안사(李安社, 개국후 목조로 추존)는 고려 의종 때 정중부와 함께 무신정변을 주도했던 이의방(李義方)의 동생인 이인(李隣)의 손자이다.

고려 명종 4년(1174) 무인정국의 끝남과 동시에 이의방이 피살되자 이인은 전주로 낙향했고 이후 이성계 선조들은 전주에 터를 잡았다.

히포크라테스
조선 왕을 만나다

이안사는 젊은 시절 호협하고 의리가 있는 청년이었는데, 당시 국법으로 개인적으로는 사랑을 할 수 없었던 관기와 사랑에 빠지게 되었다. 공교롭게도 이인사는 전주 객관에 내려온 산성별관과 관기를 두고 삼각관계가 되어 결국은 국법위반에 몰리게 되었다. 그러자 이안사는 체포 직전에 가솔을 데리고 강릉도 삼척현을 거쳐 고려 고종 40년(1253) 동북면의 의주(덕원) 땅으로 도피하게 되었고, 그 후 원나라에 귀화하여 천호벼슬을 얻게 되었다.

이안사 이후 행리(익조로 추존), 춘(도조로 추존), 자춘(환조로 추존)으로 이어가며 후손들이 벼슬을 대물림 하게 되었다.

이성계 부친인 이자춘은 이춘과 부인 박씨 사이 둘째 아들로 고려 충숙왕 2년(1315)에 태어났으나, 형인 자흥이 죽자 형의 지위를 이어받아 천호벼슬을 잇게 되었다.

그런데 당시 쌍성조총관은 천호자리를 자신의 외손자에게 물려주려고 이자춘을 괴롭혔다. 엎친데 덮친격으로 원나라는 원주민과 귀화인의 대우를 달리하기 위해서 호구조사를 하여 차별 호적을 만들자 쌍성에 살고 있던 고려인들은 불안 속에 빠지게 되었다.

그 당시 원나라는 황위 계승권 다툼으로 정국이 불안한 상태에다 홍건적이 일어나 나라가 몰락할 위기에 처해 있었다. 고려왕으로 등극한 공민왕은 이 틈을 이용해 원나라를 배척하고 자주권을 회복하고 잃었던 북방의 영토를 되찾고자 했다. 공민왕의 이런 움직임은 이자춘에게 큰 자극이 되었고, 평소 쌍성조총관에게 괴롭힘을 당해 위협을 느끼고 있던 차에 그는 고려와 은밀히 내통을 하게 되었다.

마침내 공민왕 4년(1355) 이자춘(당시 41세)은 개성에서 공민왕을 만나 고려 조정에 귀환하겠다는 뜻을 전했다. 당시 고려의 권력은 원나라 기황후 후손인 기씨 일파가 장악하고 있었는데 공민왕은 우선 그들을 차단시킨 후 유인우에게 군대를 주어 쌍성총관부를 공격하자 이자춘이 합세하여 쌍성을 무너뜨렸다. 이후 공격을 멈추지 않고 그 주변 지역을 모두 장악하니 함경남도 일원이 거의 고려 수중에 들어오게 되었다.

이는 고려 고종 때 원나라에 의해 점령당한 고려의 옛 영토를 99년 만에 되찾은 것이다. 이 공로로 이자춘은 고려 대중부사복경 직위를 받고 공민왕이 마련해준 개성의 집으로 영구 귀국하게 되었다.

역성혁명

조선 제1대 왕 태조 이성계는 환조 이자춘과 의혜왕후 최씨 사이에 고려 충숙왕 복위 4년(1335) 10월 11일 태어난 큰 아들로, 초명은 성계(成桂)이지만 등극 후 단(旦)으로 개명했다.

고려 관리가 된지 6년 만인 고려 공민왕 10년(1361) 47세에 이자춘이 병으로 사망하자, 이성계는 27세 때 아버지 뒤를 이어 사병을 육성하고 동북면 지역에 세력을 키워 나갔다.

그해 10월에 독로강 만호인 박의가 반란을 일으키자 이를 진압시켜 공민왕의 신임을 얻게 되었다.

이성계는 공민왕 5년(1356) 쌍성총관부 수복전쟁을 시작으로 우왕 14년(1388) 위화도회군에 이르기까지 32년간을 전쟁터를 지켰지만 패하는 일은 없었다.

이성계는 승전할 때마다 승승장구로 지위가 올라갔다. 공민왕

11년(1362) 28세에 동북면병마사가 된 후, 같은 해에 밀직부사에 제수되었고, 우왕 8년(1382) 48세에 동북면도지휘사, 우왕 10년(1384) 50세에 동북면도원수 문화찬성사가 되었으며, 우왕 14년(1388) 54세에는 수상격인 문화시중(門下侍中) 바로 아래인 수(守)문화시중이 되었다.

이 즈음에 신생 명나라가 고려에 무리한 곡물을 요구한데다 철령 이북 땅을 차지하겠다고 고려를 위협했다. 이에 고려 정부는 크게 반발하였고 급기야 우왕 14년(1388) 2월에 최영을 중심으로 명나라 전초 기지인 요동을 정벌하자는 주장이 나왔다. 그해 4월 고려 우왕은 최영의 주장을 받아들여 최영을 팔도도통사로 삼고, 좌군도통사에 조민수, 그리고 우군도통사에 이성계를 임명하고 요동정벌을 감행하게 되었다.

이성계와 조민수가 이끄는 5만 대군이 위화도에 도달한 것은 5월이었다. 그들은 위화도에 도착한 후 전열을 가다듬고 강을 건너 요동성을 공략할 계획이었다. 하지만 장마가 시작되면서 압록강 수위가 엄청나게 높아져 고려 대군을 이끌고 도강하기에는 정말 힘든 상황이 벌어졌다.

요동정벌 계획 애초부터 마음에 내키지 않았던 이성계는 마지못해 위화도에 도착하였으나 상황이 어렵게 되자 그 유명한 사불가론(四不可論)을 들어 요동정벌의 부당성을 주장하는 상소를 우왕에게 올리게 되었다.

첫째 작은 나라가 큰 나라를 거스르는 일은 옳지 않으며,

둘째 여름 철에 군사를 동원하는 것은 부적당하고,

셋째 요동을 공격하는 틈을 타서 남쪽에서 왜구가 침범할

염려가 있으며,

넷째 무덥고 비가 많이 오는 시기라 활의 애교가 녹아 무

기로 쓸 수 없고, 병사들이 전염병에 걸릴 염려가 있다는

주장이었다.

그러나 우왕과 최영은 이성계의 주장을 받아 드리지 않고 오히려 요동정벌을 재촉하였다. 이에 이성계는 조민수와 의논한 후 개경을 향해 회군을 단행하였고 이성계는 회군 즉시 최영을 체포한 후 고봉현 (지금의 경기도 고양시 덕양구)으로 유배시키고 우왕을 폐위시켰다.

위화도회군 이후 차기 왕 옹립 문제로 이성계와 조민수 간에 이견 (異見)이 생겨 충돌되었다.

조민수는 우왕의 아들인 창을 내세우려고 하였고, 이성계는 우왕과 창은 승려 신돈의 자손이기 때문에 왕씨 일족 중에 왕을 세워야 한다고 주장이 엇갈린 것이다. 이처럼 의견이 양립되자 조민수는 목은 이색에게 조언을 구한 후 재빨리 공민왕의 정비인 안씨에게 국새 (國璽)를 넘겨 받아 창을 왕위에 올려 1388년 6월에 즉위시키니 창왕 나이 9세였다.

그러나 창왕은 즉위한지 1년 5개월이 지난 1389년 11월에 이성계 일파에 의해 폐위 당하는데 그 이유는 이성계와 정몽주 등이 주장하는 이른바 폐가입진(廢假立眞), 즉 '가짜를 폐하고 진짜를 세운다'는 논리를 세워 창왕을 폐위시켰다. 그리고 고려 제20대 왕 신종의 7대

손인 정창군 왕요(공양왕)을 왕으로 등극시켰다. 공양왕은 즉위하자마자 우왕과 창왕을 사살하고 창왕을 옹립했던 조민수를 창녕으로 유배보냈다.

이로써 이성계일파는 고려조정을 완전히 장악하게 되었다. 창왕이 폐위되었을 때 조정 중신들 중에서 처음으로 이성계를 왕으로 옹립하자는 주장도 있었다. 하지만 이성계는 이들의 권고를 묵살하고 공양왕을 즉위시켰다.

이후 고려조정에는 고려를 개혁하려는 개혁파가 생겼는데, 개혁파 중에서도 고려를 대신할 새로운 왕조를 세우자는 역성혁명론파와 새 왕조보다는 고려왕조의 정통성을 회복시켜 온건한 개혁을 꾀하려는 온건개혁론파로 둘로 갈라졌다.

역성혁명을 주장하는 사람들은 정도전과 이방원을 중심으로 하는 이성계의 무리였고, 온건한 개혁을 주장하는 수장은 정몽주였다.

처음에는 이들이 힘을 합쳐서 창왕을 몰아 낸 것이다. 그러나 개혁파가 정권을 장악한 후 계파 간에 새로운 갈등이 시작되었다.

계파간 갈등 중 한 때는 조정의 주도권은 온건개혁파로 넘어가 이성계의 입지가 점점 좁아져 간 적도 있다. 특히 공양왕 4년(1392) 3월 이성계 58세 때 황해도 봉산에서 사냥 중 이성계가 낙마하여 중상을 입은 것을 기회로 정몽주 일파가 이성계파를 완전히 제거할려고 했다. 이때 이성계 계비인 신덕왕후 강씨가 이를 미리 감지하고 그녀의 기지와 다섯째 아들인 방원의 신속한 대처로 위기를 모면할수 있었다. 이 사건 후 방원의 결단에 의해 1392년 4월 온건개혁파의 수장인 정몽주를 선죽교에서 제거함으로서 개혁파 간의 세력 다툼은 일단락 되었던 것이다. 정몽주 살해 시에도 이성계는 결단을 못 내리자 이방원이 먼저 살해를 실행했고 이후 계비인 신덕왕후 강씨가 이성계를 설득시켰다고 한다.

마침내 1392년 7월 17일 이성계(당시 58세)는 조준, 정도전, 남은, 이방원 등의 추대로 왕에 오르니 새 왕조의 첫 임금이 된 것이다.

이성계는 왕에 등극한 후 공양왕을 공양군으로 강등시키고, 1394년에 처형시켰다. 이로써 고려왕조는 34대 공양왕을 끝으로 474년 만에 막을 내리고 새로운 조선시대가 열린 것이다.

태조 이성계의 가족들

태조 이성계는 2명의 왕비, 4명의 후궁등 여섯 부인 사이에, 적자 8명, 적녀 3명, 서녀 2명 등 총 13명의 자녀를 두었다.

정비 신의왕후 한씨는 15세 때 17세의 태조와 혼인하여 6남 2녀를 낳았다.

신의왕후 한씨는 조선개국 1년 전인 55세 때 위장병 악화로 사망하였다.

계비 신덕왕후 강씨는 15세 때 36세의 태조와 결혼하여 2남 1녀를 낳았다.

신덕왕후 강씨가 태조를 만난 설화는 잘 알려진 사실이다.

이성계가 호랑이 사냥을 하던 중 몹시 목이 말라 물을 찾던 중 저아래에 우물이 보여 급히 내달려 갔다. 때 마침 우물가에 한 처자가 있어 '낭자 내가 몹시 목이 마르니 물 한 바가지 좀 떠 주구려?' 하고 청하니 처자는 바가지에 물을 뜨고 난 후 버들잎 한 줌을 물에 띄워 주었다.

화가 난 태조가 처자를 향해 나무라면서 '아니 물을 떠 주려거든 그냥 줄 일이지 이게 무슨 고약한 짓이요?' 하고 화를 내니 '제가 뵈옵기에 갈증으로 급히 내려 오셨으니 냉수를 급히 드시면 탈이 날 것 같아 버들잎을 불며 천천히 드시라고 일부러 그리하였나이다.'라고 수줍게 답했다.

이 말을 듣고 내심 감탄한 태조는 그 처자를 유심히 살펴보니 미모 또한 빼어났고 지혜도 갖추고 있어 그 처자에 도취되어 그 이후 청혼하여 강씨를 계비로 맞이하게 되었다고 한다.

신덕왕후 강씨는 개국 전 이성계가 사냥 중 낙마로 중상을 입어 곤경에 처해 있을 때 그녀의 기지로 정몽주로부터 위험을 모면케 하여 태조가 개국하는데 일조를 하였다. 신덕왕후 강씨는 제1차 왕자의 난이 일어나기 2년 전 방원과의 불화로 화병을 얻어 41세 나이에 사망했다.

큰 아들 방우는 태조의 역성혁명에 반대하여 술로 세월을 보내다가 병을 얻어 40세 나이로 사망하였다.

셋째 아들 방의는 1398년 제1차 왕자의 난에 가담하여 방원을 도왔으나, 1400년 제2차 왕자의 난이 일어나자 모든 관직을 그만두고 조용히 살다가 태종 4년(1404) 40세 후반 나이로 병사하였다.

넷째 아들 방간은 제1차 왕자의 난 때는 합세하여 방원을 도왔으나, 박포의 무모한 밀고만 믿고 제2차 왕자의 난을 일으켰으나 패배하고 유배지를 전전하다가 58세 때 홍주(충남 홍성)에서 사망했다.

여섯째 방연은 조선개국 전 요절하였다고 한다.

일곱째 방번과 여덟째 방석은 제1차 왕자의 난 패배로 18세, 17세 나이로 방원에 의해 사살되었다.

적녀 3명(경신공주, 경선공주, 경순공주)과 서녀 2명(의령옹주, 숙신옹주)에 대한 자세한 기록은 없고 단지 계비 강씨 소생인 경순공주는 제1차 왕자의 난 때 남편이 사살되자 여승이 되어 여생을 보냈다고 한다(**태조 이성계의 가계도 참조**).

태조의 성격과 병력

이성계는 고려 말기 32년간을 전쟁터를 누비면서도 한 번도 패한 적이 없는 용맹한 무사였으나, 중요한 결정 앞에서는 소신이 없고 주저하는 우유부단한 성격의 소유자였다.

이성계는 요동정벌을 위해 출동하면서 내심 싫었지만 자기 의사를 접어 두고 출동하니 갈등이 있었던 것 같았다. 왕의 명령을 거역할 수도 따를 수도 없었던 것이었다. 몸은 요동으로 가고 있었으나 고민과 갈등은 쉽게 끝나지 않았다.

또한 위화도에 도착해서도 회군이냐 진군이냐를 놓고 무려 한달간이나 고민하였다. 이후 우왕 옹립 시에도 조민수와 갈등, 조선왕조를 세우기 전 정몽주와의 갈등에서도 당연히 자기 주장대로 실행할 수 있었던 상황인데도 소신 부족으로 망설이다가 결국은 스스로는

태조의 가계도

생몰년 1335~1408
재위기간 6년 2개월
부인   6명(왕비 2명, 후궁 4명)
자녀   13명(적자 8명, 적녀 3명, 서녀 2명)
사인   뇌졸중(74세)

신의왕후 한씨(1337~1391) 6남2녀, 사인; 위장병(55세)

　　진안대군(방우, 1354~1393) 음주로 사망, 역성혁명 반대

　　영안대군(방과, 정종 1357~1419)

　　익안대군(방의, ?~1404) 병사

　　회안대군(방간, 1364~1421) 제2차 왕자의 난

　　정안대군(방원, 태종 1367~1422)

　　덕안대군(방연, 생몰년 미상) 어릴 적 요절

　　경신공주(?~1426) 장녀

　　*경선공주(생몰년 미상) 세종비 소헌왕후 심씨의 시숙모

신덕왕후 강씨(1356~1396) 차녀, 2남1녀, 사인; 화병(41세)

　　무안대군(방번, 1381~1398) 제1차 왕자의 난 때 사살

　　의안대군(방석, 왕세자, 1382~1398) 제1차 왕자의 난 때 사살

　　경순공주(?~1407) 3녀, 제1차 왕자의 난 후 여승이 됨

성비 원씨 무자녀

정경궁주[1] 유씨 무자녀

화의옹주 김씨(김해기생 칠점선) 1녀

　　숙신옹주(?~1453) 서차녀

찬덕[2] 주씨 1녀

　　의령옹주(?~1466) 서장녀

* 무혐아 태조가 말년에 총애한 기생 〈정종실록 5권, 정종 2년 8월 21일〉
* 4명의 후궁은 신덕왕후 사후에 맞이한 여인들임.
* 심덕부의 다섯째 아들 심온은 세종의 장인으로 세종때 영의정으로 태조의 사약을 받고 사살됨.
  심덕부의 여섯째 아들 심종은 태조의 차녀 경선공주의 남편으로 회안대군(방간)과 결탁하였다
  가 토산현으로 유배가 병사함.

1 궁주(宮主): 고려시대 왕의 후궁을 일컫던 칭호
2 찬덕(讚德): 조선초기 일시적으로 쓰였던 내명부 직위로 정3품

해결 못하고 타인의 힘에 의존하여 해결했던 것이다. 또한 정도전 등 신하들이 새로운 왕조의 왕으로 추대 시에도 여러 번 거절하였는데 겉으로는 겸손으로 보였으나 실은 겸손함이 아니였던 것 같다.

이성계는 전쟁터에서는 맹장이었지만 중요한 결정 때에는 소신이 분명치 않고, 주변 사람들의 말에 흔들리고, 중대한 결심 앞에서 주저하고 망설였다.

이와 같이 결정에 대한 주저하고 또는 반복하는 성격을 가진 사람을 심리학자들은 양가감정(ambivalance) 소유자라고 한다. 따라서 이성계는 양가감정 소유자라 중요한 의사결정 때마다 한 번에 결정 못하고 주저하고 망설였던 것이다.

태조이성계는 젊은 시절에는 건강했다.
조선왕조실록에 실린 태조의 병력을 보면 태조 7년(1398, 64세) 1월 과 5월 두 차례에 걸쳐 하루 동안 건강이 편찮치 않았다고 한다.

그러나 그해 8월에는 1개월여 동안이나 병을 앓아 8월 26일에 일어난 제1차 왕자의 난도 몰랐고 이후에 이 사실을 알고 크게 실망하고 왕위를 전위하였다는 기록만 있지 구체적인 병의 내역은 없다. 그이후 태종 1년(1401) 3월 67세 때 편찮았다는 한차례 기록 이외 건강에는 별 이상은 없었던 같았다.

태종 8년(1408) 1월 9일 태조 74세 때 태상왕(이성계)이 갑자기 풍질에 걸렸다 하였고, 1월 30일에는 조금 회복되었다는 기록이 있다.

그러나 같은 해 3월 21일 풍질이 재발하였고 그 이후 점점 나빠지다가 5월 24일 새벽에 '담이 성해 부축해 일어나 앉아서 소합향원(蘇合香元; 기로 인한 모든 질병을 다스리는 데 사용하는 처방)을 지시했다. 병이 급하여 임금(태종)이 도보로 빨리 달려와 청심환을 드렸으나 태상왕이 삼키지 못하고 눈을 들어 두 번 쳐다보고 승하하셨다.'는 기록만 있다.

풍질은 동의보감에서는 몸 밖에서 들어온 사기라고 말하고 '풍은 백가지 병의 으뜸이다'라고 할 만큼 그 원인은 다양하고 증상도 광범위하다.

그 당시 풍질은 현대의학에서 말하는 뇌졸중도 포함되지만 안면신경마비, 파상풍, 말초신경병증, 근병증 등 그 범위는 너무나 방대하다.

태조 이성계가 앓은 풍질이 오늘날의 뇌졸중이라고 단정 지을 만한 자세한 병력은 기록되지 않았다.

그러나 태조의 병이 갑자기 발병하고 서서히 회복되는가 싶더니 다시 재발하면서 악화되어 임종 직전에는 담(가래)이 성하고 청심환을 삼키지 못하고 운명하였다는 병의 경과를 보면 현대의학에서 지칭하는 뇌졸중 특히 뇌경색의 진행 과정과 유사하다.

아마도 처음에는 가볍게 뇌졸중이 생겼다가 회복되는 중 다시 뇌경색이 재발되면서 병이 중해져 점점 악화되었고 결국은 뇌졸중 환자의 제일 흔한 사망원인이 되는 감염 특히 폐렴에 걸려서 가래도 심해지고 음식을 삼키지 못했을 것이다.

일반적으로 뇌졸중시 흔히 병발하는 폐렴은 투병 중에 면역력이

그림 1-2 ● **태조 릉인 건원릉** 태조가 무학대사와 함께 잡아 둔 묏자리가 오늘날의 건원릉이다.

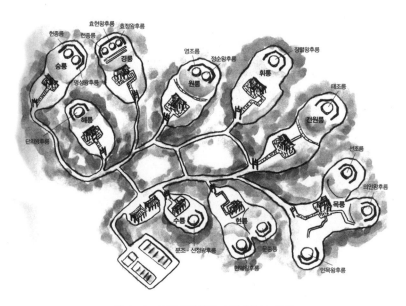

그림 1-3 ● **동구릉의 왕릉과 왕비릉의 배치도**

히포크라테스
조선 왕을 만나다

떨어져 이차적으로 세균이 쉽게 감염되어 생길 수도 있지만, 이와는 달리 사지마비, 언어장애와 함께 연하곤란(삼키는 장애)이 생겨 물과 음식물을 섭취할 때 이들이 식도 대신 기도로 들어가 기관지와 폐에 염증이 생겨 흡입성폐렴이 발병하게 되는데 이로 인해 사망하게 된다.

결국 태조 이성계는 뇌졸중으로 인한 폐렴으로 사망한 것으로 추정된다.

태조 능인 건원릉(健元陵; 사적 제193호, 그림 1-2)은 경기도 구리시 동구릉로 197번지에 위치한 동구릉에 있다.

동구릉은 조선 왕과 왕비 17위의 유택이 마련된 우리나라의 최대 왕릉군이다. 태조 건원릉, 문종 현릉, 선조 목릉, 현종 숭릉, 영조 원릉 등이 있다(그림 1-3).

참고 조선시대 전염병 역사를 보면 태조 2년(1393) 7월에 '회암사(檜巖寺)에 역질(疫疾, 전염병)이 돌자 왕사(王師) 자초(自超)를 광명사에 거처하게 하였다.'는 기록이 있는데 이 기록이 조선시대의 전염병 발생에 대한 첫 공식적인 기록으로 사료된다.

정종

- 생몰년: 1357년~1419년
- 등극시 나이: 42세
- 재위기간: 2년 2개월
- 세자기간: 10여일
- 사망시 나이: 63세
- **사인**: 미상(노환?)

과도정권을
이끈 허수아비 임금

— 퇴위 후 낙천적으로 인생을 즐기다

즉위과정

조선 제2대 왕 정종은 태조 이성계와 신의왕후 한씨 사이에 태어난 둘째 아들로, 이름은 경(曔)이고 초명은 방과(芳果)이다. 태조 1년 (1392) 8월에 영안군(永安君)에 봉해졌다.

이성계는 1392년 7월 17일 조선왕조를 세웠지만 고려를 지지하는 잔존세력이 존재하고 있어 정국이 불안해 이를 안정시키기 위해서는 하루 속히 세자를 책봉하는 일이 급선무였다. 이를 논의하기 위해서 개국한 지 1개월 여만에 태조 이성계는 개국공신인 정도전, 배극렴, 조준 등을 불렀다.

다섯째 아들 방원은 맏 형인 방우를 책봉해야 한다고 주장했지만, 태조는 방우가 역성혁명을 부정하였기 때문에 단호히 거부했다. 일

단 방우는 세자후보에서 제외되자 방원의 지지세력인 배극렴과 조준은 혼란한 시국에는 나라를 세우는데 공이 있는 자 즉 방원이 세자에 책봉되어야 한다고 주장했다. 세자 책봉에 대한 결과를 엿들은 신덕왕후 강씨는 그날 밤 울음을 터트리며 방원의 세자책봉에 대해 완강하게 항의하니 사랑하는 강씨에 약한 태조는 방원의 세자책봉을 무산시켰다.

방원의 세자책봉이 무산되자 강씨는 자신의 큰 아들인 방번을 세자로 추천하였다. 그러나 개국공신들이 방번은 '성격이 광망하고 경솔하다'며 반대하니 또 세자책봉은 무산되었다. 그러자 강씨는 자신을 지지하는 정계실력자인 정도전과 투합하여 강씨의 둘째 아들인 방석을 8월 20일 왕세자로 세우는데 뜻을 이루니, 그 당시 방석 나이 11세로, 당시 방과(정종)은 36세, 방원(태종)은 26세였다.

방석이 세자로 책봉된 후 태조, 강씨, 정도전은 방원에 대해 지나친 경계와 냉대를 하였는데 이것이 화근이 되었다.

태조 7년(1398) 8월에 태조 이성계가 1개월 여동안 병석에 눕게 되자 8월 25일 방원을 중심으로 한 신의왕후 한씨 소생 왕자들이 사병을 동원하여 '협유탈적(挾幼奪嫡)' 즉 '풋내기 어린아이를 내세우며 적장자의 권리를 빼앗았다'는 명분을 세워 정도전, 남은, 심효생 등 반대파 세력을 불의 습격하여 살해하고 세자 방석과 그의 형 방번을 죽인 제1차 왕자의 난(무인정사, 방원의 난 또는 정도전의 난)을 일으켰다.

얼마 후 왕자의 난으로 방석, 방번 형제가 살해됐다는 소식을 들은 태조는 큰 실망과 함께 왕위를 물러나 태조 7년(1398) 9월에 둘째 아들인 영안군 방과(정종)에게 왕위를 물려주고 상왕으로 남게 되었다.

원래 둘째인 영안군 방과는 왕의 뜻은 없었다. 반면 제1차 왕자의 난을 주도한 자들은 즉시 다섯째 방원을 세자로 삼고자 했으나 방원은 세인들을 의식해 무력한 방과를 과도기적 임금으로 낙점시켰던 것이다. 정종은 '당초 대의를 주창하고 개국하여 오늘에 이르기까지 업적은 모두 정안대군 방원의 공로인데 어찌 내가 세자가 될 수 있겠는가?'라고 거부하였지만 그에게는 결정권이 없었고 등 떠밀듯이 보위에 올랐다. 그때 정종 나이 42세였다.

등극 후 정종은 언제 방원에게 변을 당할지 몰라 재위 기간 중 전전긍긍하며 살았다. 때문에 재위 중에도 정종은 자신은 정치적 야심이 없음을 보여주기 위해 연회와 격구(擊毬; 말을 타고 상대방 문에 공채로 공을 쳐넣는 경기, 그림 2-1) 등 오락과 운동으로 많은 시간을

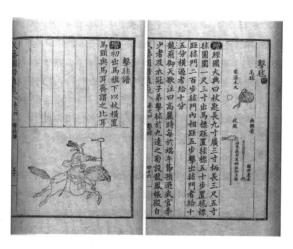

그림 2-1 ● **무예도보통지에 수록된 격구 관련 도설.** 서울대학교 규장각 소장

보냈다.

그 일례로 정종 1년(1399, 43세) 1월 9일 경연 때 지경연사 조박이 정종에게 과도한 격구를 삼가하시라고 하자 정종이 변명하기를 '과인은 병이 있어 수족이 저리고 아파 때때로 격구를 하며 몸을 움직여서 기운을 통하게 하려고 한다.'고 대답했다고 한다.

정종도 왕에 대한 뜻도 없었지만 특히 정종의 정비인 정안왕후 김씨는 왕위를 정안대군에게 물려 주는 일 만이 정종 가족들이 목숨을 부지하는 길이라는 것을 알았기 때문에 정종에게 수시로 퇴위할 것을 간절하게 부탁하였다. 그러던 중 제2차 왕자의 난이 끝나자 마자 등극한지 2년 2개월인 정조 2년(1400, 44세) 11월 정종은 동생 방원에게 왕위를 양위하고 상왕으로 물러났다.

정종의 가족들

정종은 왕비 1명, 후궁 10명 이상의 부인으로 부터 서자 18명, 서녀 9명 총 27명의 자녀를 두었다.

정비 정안왕후 김씨는 2세 연하인 정종과 결혼했으나 자녀가 없는 불임녀였다.

그녀는 아름답고 부드러운 성품에, 검소하고 공손한 심덕을 지녔고, 덕행으로 아랫 사람들을 다스렸다. 또한 진심어린 우애로 친족들과 친교를 두텁게 다져 정종이 왕위를 버리고 퇴위 후 편안한 여생을 마칠 수 있도록 큰 내조를 하였다. 그녀는 정종을 내조하면서 살다가

58세 나이에 생을 마감했다.

　정종 자녀 27명중 잠저(왕이 되기전 살던집)에 있을 때 가의궁주 유씨 부인에게 얻은 불노, 즉위 후 시비 기매에게 얻은 지운 2명은 정치적 이유로 아들로 인정 받지 못했다(정종의 가계도 참조).

　야사에 의하면 정종은 행여 자녀들이 태종에게 의심을 받을까하여 늘 아들들에게 말하기를 '너희들이 명대로 살려거든 절에 들어가 중이 되는 수 밖에 없다. 네 작은 애비는 권력의 화신이다. 권력 앞에서는 형제도 부모도 없다. 내 말 명심해라.'고 하였다고 한다.

정종의 병력

정종은 평소 좋아하는 운동으로 격구(擊毬; 말을 타고 상대방 문에 공채로 공을 쳐넣는 경기)를 즐기면서 퇴위 후 19년 동안 자유인으로 여유러운 일상을 보내면서 낙천적으로 여생을 살았다.

　조선왕조실록에 기록된 정종의 병력을 살펴보면 정종 1년(1399, 43세) 7월 6일부터 5일간 설사병(?)으로 편찮은 기록 이외는 없어 건강은 양호하였던 같다.

　세종 1년(1419, 63세) 7월 까지는 건강은 이상이 없어 격구와 연회를 즐겼다.

　그해 8월 12일 정종이 환후로 서울회관으로 피접한 사실, 그리고 9월 20일부터 환후가 위중해져, 9월 26일에 훙서하셨다는 기록만 있지 병세나 무슨 질환인지 대해서는 언급이 없다. 정종의 병은 아마도

정종의 가계도

생몰년   1357~1419
재위기간 2년 2개월
세자기간 10여일
부인   11명 이상(왕비 1명, 후궁 10명 이상)
자녀   27명(서자 18명, 서녀 9명)
사인   미상(노환?, 63세)

정안왕후 김씨(1355~1412) 무자녀, 사인; 미상(58세)

성빈 지씨 2남
      덕천군(후생, 1397~1465) 서10남
      도평군(말생, 1402~1439) 서12남

숙의 지씨 3남 1녀
      의평군(원생, ?~1461) 서장남
      선성군(무생, 생몰년 미상) 서4남, 간통죄로 유배
      임성군(호생, 생몰년 미상) 서11남
      함양옹주(생몰년 미상) 서장녀

숙의 기씨 5남 3녀
      순평군(군생, 1392~1456) 서차남
      금평군(의생, ?~1435) 서3남, 간통죄로 유배
      정석군(융생, 1409~1464) 서14남
      무림군(선생, 1410~1475) 서15남
      숙신옹주(생몰년 미상) 서차녀
      상원옹주(생몰년 미상) 서5녀
      왕자, 옹주 각각 1명씩 조졸

숙의 문씨 1남
　　　　종의군(귀생, 1393~1451) 서5남

숙의 이씨 1남
　　　　진남군(종생, 1393~1470) 서6남

숙의 윤씨 4남1녀
　　　　수도군(덕생, ?~1449) 서7남
　　　　임언군(녹생, 1399~1433) 서8남
　　　　석보군(복생, 1399~1447) 서9남
　　　　장천군(보생, 생몰년 미상) 서13남
　　　　인천옹주(생몰년 미상) 서7녀

가의궁주 유씨 1남
　　　　불로(생몰년 미상) 아들 불인정

시비 기매 1남
　　　　지운(?~1424) 아들 불인정, 난언죄로 사살

기생 초궁장 무자녀, 상왕때 사귐, 양평대군 세자 때 사통한 기생

생모 미상 4녀
　　　　덕천옹주(생몰년 미상) 서3녀
　　　　고성옹주(생몰년 미상) 서4녀
　　　　전산옹주(생몰년 미상) 서6녀
　　　　함안옹주(생몰년 미상) 서8녀

세종 1년(1419) 8월 초에 발병하여, 50여일 만에 사망하였으나 그 사인은 알 수 없다.

조선왕들의 평균수명이 47세였던 것에 반해 정종은 63세까지 살았으니 조선 임금으로서는 오래 살았다고 할 수 있는데 이는 아마도 정종의 낙천적인 삶 때문이 아닌가 싶다.

정종 능인 후릉(厚陵; 북한 보존급문화재 제551호)은 황해북도 개풍군 영정리에 있다.

참고 조선시대에는 전염병과 가뭄으로 인한 굶주림 때문에 영아 사망률이 높아 일반 백성들의 평균수명은 24세 전후로 추정되어지고 있다.

태종

- 생몰년: 1367년~1422년
- 등극시 나이: 34세
- 재위기간: 17년 10개월
- 세자기간: 9개월
- 사망시 나이: 56세
- **사인**: 뇌졸중

조선시대 왕권을 확립한 임금

— 재발성 상완신경총병증
(reccurent brachial plexopathy)으로 고생하다

즉위과정

조선 제3대 왕 태종은 태조 이성계와 신의왕후 한씨 사이에 태어난 다섯째 아들로, 이름은 방원(芳遠)이고, 태조 1년(1392) 8월에 정안군(靖案君)으로 봉해졌다.

그의 다른 형제들은 부친을 닮아 무인 기질만 강했지만, 태종은 무예 뿐 아니라 남달리 학문에도 뛰어나 성균관에서 수학했고, 고려 우왕 9년(1383) 17세에 형제 중에 유일하게 문과에 급제도 했다. 또한 고려 창왕 1년(1388) 22세에 서장관 직책으로 목은 이색과 함께 명나라에 다녀 오기도 했다.

고려 공양왕 4년(1392) 3월 이성계가 황해도 봉산에서 사냥 중 낙마하여 중상을 입은 것을 빌미로 정몽주 중심의 고려 중신들이 이성계파인 정도전, 남은, 조준 등을 숙청하고 개혁법령을 폐지하는 등 이성계를 제거하려고 하였다. 이 사실을 미리 알아챈 이성계 계빈인 강씨가 긴박한 위기감에 처한 이성계를 구하기 위해 이 사실을 급히 방원에게 알렸다. 당시 방원은 1년 전 세상을 떠난 이성계 정비 신의왕후 한씨의 묘에서 시묘살이를 하고 있었다. 계비 강씨의 소식을 접한 방원은 서둘러 해주에 가서 이성계를 송도로 모시고 와 위기를 모면케 하였다. 이후 방원은 정몽주를 제거하기로 마음을 먹고 이성계 의중을 떠받으나 이성계의 뜻이 미지근하자, 그해 4월 방원은 독단적으로 정몽주를 처리하기로 결심하고 조영규 등을 보내 선죽교에서 먼저 정몽주를 살해했다. 그리고 살해 이후는 강씨로 하여금 이성계 마음을 설득시키도록 하여 개국기여에 큰 역할을 하였다. 그러나 개국과 동시에 계비 강씨와 정도전에 의해 방원은 팽을 당했다.

태조 5년(1396) 8월 13일 신덕왕후 강씨가 41세에 세상을 떠나자 정도전 일파는 세자 방석을 보위하면서 요동정벌을 핑계로 왕자들의 사병들을 해산시키고 사병 모집을 금하고 정규군대를 강화 시켰다.

태조 7년(1398) 8월 정도전 일파로 부터 위협을 느낀 방원은 태조가 병석에 누워있는 틈을 타 동복 형제들과 모의한 후 '협유탈적(挾幼奪嫡)' 즉 '풋내기 어린아이를 내세우며 적장자의 권리를 빼앗았다'는 명분을 내세워 일거에 정변을 일으켜 정도전, 남은, 심효생 등 정적을 제거하고 방석과 방번마저 사살했다(제1차 왕자의 난, 무인정사 또는 정도전의 난).

제1차 왕자의 난에서는 태종 비인 원경왕후 민씨의 역할이 컸다. 왕자들이 태조의 병환으로 경복궁 근정전에 모여 숙직을 하고 있을 때 원경왕후 민씨는 자신이 복통으로 고생하고 있다는 구실을 만들어내어 하인을 시켜 방원을 궁으로 부터 불러 내었고, 곧 바로 방원은 처남 민무구, 민무질 등의 사병을 동원하여 일격에 정적들을 기습 공격하여 거사를 성공시켰다.

제1차 왕자의 난 이후 방원은 실권을 거머쥐고 정종을 즉위시킨 후 배후에서 정사를 조정했다.

이러던 중 제1차 왕자의 난 때 공을 세운 박포가 공적에 대한 불만을 품고 방원이 형 방간을 조만 간에 죽일려고 하는 계획을 세우고 있다는 거짓 밀고를 방간에게 한다. 이에 방간은 이를 확인도 하지 않고 먼저 거사를 일으켰다. 그러나 방원은 친 형제간에 칼을 겨누어야 한다는 사실에 못 견디도록 괴로워하고 망설이고 있을 때 부인 민씨가 방원에게 갑옷을 입혀주면서 등을 떠밀어 싸움에 나갈 것을 격려해 결국 친형제 간의 싸움에서 승리했던 것이다. 원경왕후 민씨가 큰 역할을 한 셈이다(제2차 왕자의 난, 박포의 난 또는 방간의 난).

제2차 왕자의 난 이후 방원은 정종 2년(1400) 2월 34세 때 세자로 책봉되었고, 그해 11월에 왕위로 등극하였다.

태종의 가족들

태종은 왕비 1명, 후궁 17명 이상 부인 사이에 적자 7명, 적녀 4명, 서자 10명, 서녀 16명 등 총 37명의 자녀를 두었다.

정비 원경왕후 민씨는 18세 때 두 살 연하인 태종과 혼인하여 8남

4녀를 낳았으나 아들 3명은 요절했다.

민씨는 태종이 임금에 오르기까지 내조를 아끼지 않았다.

그러나 즉위 후 태종은 왕권 확립하고 외척을 견제한다는 이유로 많은 후궁을 두고, 더나가 친정 집안까지 내치니 태종과 극도로 사이가 멀어졌다. 엎친데 덮친격으로 넷째 아들 성녕대군이 14세에 창진으로 죽자 불교에 귀의하였고 그후 불교에 전념하다가 59세 때 학질(?)로 사망하였다고 한다.

큰 아들 양녕대군은 왕세자로 책봉되었으나 자유분망한 성격 탓으로 폐세자 되었고 자유생활을 하다가 69세에 죽었다.

둘째 아들 효령은 동생 충녕대군이 세자로 책봉되자 절로 들어가 불교에 심취되었고 불도에 전심하다가 91세까지 천수를 누렸다(**태종의 가계도 참조**).

믿었던 몸종에게 배신당해 치를 떤 왕비

태종이 왕에 등극하기 전부터 원경왕후 민씨가 친정에서부터 부리던 몸종 김씨와 태종 사이에 부적절한 관계를 유지하고 있었으나, '등잔 밑이 어둡다'는 속담처럼 원경왕후 민씨는 태종이 왕으로 등극한 후에야 둘 사이 관계를 알게 되었다.

태종이 잠저 시절부터 원경왕후 민씨의 몸종 김씨와 부적절한 관계를 맺었을 계기가 되었을 것으로 추측되는 기록들이 태종실록에 실려있다. 첫 번째 기록 다음과 같다.

「기묘년(1399) 가을 9월에 태종이 송도의 추동 잠저에 있을 때 어느
날 날은 새려하여 별은 드문드문한데, 흰 용이 침실 동마루 위에 나
타났다. 그 크기는 서까래만 하고 비늘이 있어 광채가 찬란하고 꼬
리는 궁틀궁틀하고 머리는 바로 태종이 있는 곳을 향했다. 시녀 김
씨가 처마 밑에 앉았다가 이를 보았는데, 김씨는 경녕군 이비의 어
머니이다. 달려가 집찬인(執饌人) 김소근 등 여덟 사람에게 알리어
소근 등이 또한 나와서 이를 보았다. 조금 있다가 운무가 자욱하게
끼더니 간 곳을 알 수 없었다. 이후 공정왕(정종)이 아들이 없고하여
태조께 사뢰고 정안공을 왕세자로 삼았다.」
태종실록, 총서

　일개 하찮은 몸종인 김씨의 이름을 거명하여 실록에 기록한 것은
어떤 의미를 뜻하는지? 아마도 앞으로 벌어질 태종, 원경왕후 민씨와
김씨 간의 삼각관계를 알리는 의미가 아닐런지?
　두 번째 기록은 1400년 1월 28일에 일어난 2차 왕자의 난 당시 방
원(태종, 34세)이 군사를 이끌고 형 방간의 군사와 맞대응하여 싸움
터에 나가 있을 때, 원경왕후 민씨는 전쟁 결과를 몹시 애를 태우면
서 기다리고 있었다. 이때 목인해(관노 출신으로 방원을 섬겨 호군에
오름)가 탔던 정안공 집의 말이 화살을 맞고 도망해 와서 스스로 제
집 마구간으로 들어가는 것을 보았다. 이를 보고 원경왕후 민씨는 남
편이 싸움에 패한 것이라 생각하고, 자신이 직접 싸움터에 나가서 방
원과 함께 죽으려고 걸어서 나갔다. 이에 시녀 김씨(효빈 김씨) 등 다
섯 사람이 만류하였으나 그녀를 멈추게 할 수 없어서, 종 한기 등이
길을 가로 막아서 겨우 멈추게 하였다. 얼마 후 방원의 승전보를 정

사파가 가지고 온 후에야 원경왕후 민씨는 한시름을 놓고 집으로 들어갔던 일도 있었다.

이런 기록을 토대로 유추해 보면 방원과 시녀 김씨와의 부적절한 관계가 이루어진 시점은 1400년도 방원이 왕세자로 결정된 이후였을 것으로 추정된다.

태종이 왕 등극에 있어 큰 일조를 한 원경왕후 민씨와 태종 둘 사이 생긴 불화에는 여러 요인이 있겠지만 그중 태종과 민씨의 몸종인 김씨와의 부적절한 관계가 가장 큰 요인이 되었던 것으로 추측된다.

1400년 11월 13일 방원이 왕으로 즉위한 후 1개월여 만에 중전의 투기 때문에 태종이 경연청에 나와서 10여일 동안 홀로 거처한 일을 시작으로, 태종 1년(1401) 6월에는 임금이 가까이 한 궁인(아마도 시녀 김씨)을 힐문한 중궁전의 시녀들과 환관들을 내친 이후로 태종과 원경왕후 사이는 급속하게 나빠졌던 것이었다. 뿐만 아니라 태종은 평소 나라가 튼튼하려면 왕실이 튼튼해야 하고 왕자가 많아야 한다는 지론을 가지고 있었다.

태종 2년(1402) 1월 8일 왕이 첩을 몇 명까지 들일 수 있는지를 태종은 하륜과 권근과 상의하였다. 그리고 1월 17일에 하륜, 김사형, 이무 등을 가례색(조선시대 왕 또는 왕세자의 가례를 담당하던 부서) 제조에 임명하였다. 그러나 2월 11일 태조 이성계의 충고를 듣고 가례색을 파했으나 곧 태종은 3월 7일에 권홍의 딸을 공식적인 후궁으로 삼아 별궁으로 맞아 들였다. 이후 태종은 공개적으로 계속 후궁을 들이는 한편 후궁제도를 재정비하기 시작했다. 그리고 비빈의 수를 '1빈 2잉(왕비 1명, 후궁 2명)' 제도를 택하도록 명하였다.

그러나 막상 실행에 있어서는 태종도 자신이 제정한 '1빈 2잉' 제도를 무시하고 17명 이상의 후궁을 거느렸다. 세상에 '열계집 싫어하는 사내없다.'는 속담처럼 자신부터 첩의 수에는 얽매이지 않고 많은 후궁을 두었던 것이다. 태종은 자신에게 만 끄치지 않고 아들 세종에게도 왕실을 위해 후궁을 더 많이 두라고 권장하였다고 한다.

효빈 김씨는 태종 초기에 태종의 사랑을 받았지만 그녀도 더 이상 태종의 연인이 아니어서 곧 잊혀진 여인이 되었다. 결과적으로 효빈 김씨는 일시적인 태종의 불장난의 상대가 된 셈이다.

세월은 흘러 태종의 셋째 처남 민무휼과 넷째 처남 무회 형제 탄핵문제로 조정이 뒤숭숭한 때인 태종 15년(1415) 12월 15일 엎친데 덮친격으로 태종의 아이를 출산한 원경왕후의 가노 출신 김씨(효빈 김씨)를 갓 태어난 아이와 함께 원경왕후 민씨가 태종 모르게 내쫓아 처참하게 죽이려 했던 사실이 터지고 말았다. 내용인 즉

「왕비 민씨가 음참하고 교활하여 원윤 이비(효빈 김씨의 아들이며 태종의 서장자)가 처음 태어났을 때에 모자를 사지에 둔죄를 물어 태종이 춘추관에서 왕지를 내렸다. 내용인즉, '임오년(1402) 여름 5월에 민씨의 가비가 본래부터 궁에 들어온 자가 임신하여 3개월이 된 뒤에 나가서 밖에 거하고 있었는데, 민씨가 행랑방에 두고 그 계집종 삼덕과 함께 있게하였다. 그해 12월에 이르러 산삭(産朔, 해산달)이 되어 이 달 13일 아침에 태동하여 배가 아프기 시작하였다. 삼덕이 고하자, 민씨가 문바깥 다듬잇돌 옆에 내다 두게 하였으니 죽게 하고자 한 것이다. 그녀의 형으로 화상이라는 자가 불쌍히 여기

어 담에 서까래 두어 개(지붕의 방언)를 거치고 거적으로 덮어서 겨우 바람과 해를 가리웠다. 진시에 아들을 낳았는데 지금의 원윤(元尹; 대군 혹은 군의 양첩 장자) 이비이다. 그날 민씨가 그 계집종 소장, 금대 등을 시켜 부축하여 끌고 아이를 안고 숭교리 궁노인 별개의 집 앞 토담집에 옮겨 두고 또 사람을 시켜 화상이 가져온 금침, 요자리를 빼앗았다. 종 한상자란 자가 있어 그 추위를 무릅쓰는 것을 애석하게 여기어 마의(삼베옷)를 주어서 7일이 지나도 죽지 않았다. 민씨가 또 그 아비와 화상으로 하여금 데려다 소에 실어 교하의 집으로 보냈다. 바람과 추위의 핍박과 옮겨 다니는 괴로움으로 인하여 병을 얻고 또 유종이 났으나 그 모자가 함께 산 것이 특별한 천행이었다. 내가 그때에 알지 못하였다. (후략)」

태종실록 30권, 태종 15년 12월 15일

이 일을 계기로 두 민씨 형제(무휼과 무회)의 처벌을 청하는 사헌부와 사간원의 상소문이 잇따르자 민무휼·무회 형제는 귀양지에서 다시 불려나와 고문을 당한 후, 1416년 1월 13일 두형제는 스스로 목숨을 끊었다.

원경왕후 민씨는 몸종인 효빈 김씨와의 악연으로 인해 4명의 동생 중 생존한 나머지 두 동생의 목숨마저 빼앗김을 당하자 회한의 세월을 보내야만 했다.

'믿는 도끼에 발등 찍인다'는 말처럼 원경왕후 민씨는 평소 믿었던 몸종 김씨가 연적이 될줄이야 꿈에도 생각 못했을 것이다. 그러나 실제 상황이 되어 남편과의 불화, 친정 집안의 몰락의 원인 제공이 되었으니 둘 사이는 돌이킬 수 없는 철천지원수가 되었다.

원경왕후 친정 아버지인 민제는 아들들에게 생존시 일찍이 다음과 말을 하였다고 한다. "너희들이 교만하고 방자한 것을 고치지 않으면, 반드시 망하리라." 이는 민제가 아들들의 앞날을 직시하고 걱정을 하여 말해줬으나 아들들은 아버지의 말을 귀담아 듣지 않아 모두 참변을 당했던 것이다.　　　　　　　　　　　연려실기술 제2권

태종의 성격과 병력

태종은 태조 이성계와는 달리 목적을 달성하는데는 놀라운 결단력과 실천력을 발휘하는 성격의 소유자였다. 이런 성격을 프로이드 (Freud)는 공격성 에너지(aggressive drive)라고 표현한다.

공격성 에너지를 가진 사람은 자신의 목적을 추구하기 위해서는 다른 사람의 희생도 꺼리지 않는 경향이다. 태종의 강점은 공격성 에너지를 목적을 위해 잘 활용하였고 목적을 달성한 후 사회적으로 잘 승화(sublimation)[1]시켰다는 점이다.

평소 태종은 다른 임금에 비해 격구와 사냥으로 건강을 유지했다고 한다.

조선왕조실록에 기록된 태종의 병력을 보면 태종 11년(1411, 45세) 9월 이질(*)을 앓은 적이 있고 이외 특이한 병을 앓았다.

1　승화(sublimation): 본능적으로 욕동 에너지〈id〉가 자아(ego)와 초자아〈super ego〉에게 보다 용납될 수 있는 목표를 위해 전환되는 것을 일컫는 정신분석학적 용어임.

태종의 가계도

생몰년 1367~1422

재위기간 17년 10개월

세자기간 9개월

부인 18명 이상(왕비 1명, 후궁 17명 이상)

자녀 37명(적자 7명, 적녀 4명, 서자 10명, 서녀 16명)

사인 뇌졸중(56세)

원경왕후 민씨(1365~1420) 7남4녀, 사인; 열병(56세)

    양녕대군(제, 1394~1462) 왕세자 폐위

    효령대군(보, 1396~1486) 91세 졸

    충녕대군(도, 세종 1397~1450)

    성녕대군(종, 1405~1418) 창진으로 사망

    정순공주(1385~1460) 적장녀

    경정공주(?~1455) 적차녀

    경안공주(1393~1415) 적3녀, 병사

    정선공주(1404~1424) 적4녀, 병사, 남이생 모

    왕자 3명 1389년,1390년,1392년에 각각 조졸

효빈 김씨 1남

    경녕군(비, 1402~1458) 서장남, 기생 일점홍과 염문

신빈 신씨 3남7녀

    함녕군(인, ?~1467) 서차남

    온녕군(정, 1407~1453) 서3남

    왕자 조졸

    정신옹주(?~1507) 서차녀

    정정옹주(?~1455) 서3녀

    숙정옹주(?~1456) 서4녀

    소선옹주(생몰년 미상) 서5녀

    숙녕옹주(생몰년 미상) 서7녀

    숙경옹주(생몰년 미상) 서9녀

    숙근옹주(생몰년 미상) 서12녀

선빈 안씨 2남3녀
        혜령군(지, 1407~1440) 서4남
        익녕군(치, 1422~1464) 서8남, 유복자
        소숙옹주(?~1456) 서8녀
        경신옹주(생몰년 미상) 서10녀
        옹주 조졸
의빈 권씨 1녀
        정혜옹주(?~1424) 서장녀
소빈 노씨 1녀
        숙혜옹주(?~1464) 서6녀
명빈 김씨 1녀
        숙안옹주(?~1464) 서11녀
숙의 최씨 1남
        희령군(타, ?~1465) 서6남
정빈고씨(궁인 고씨) 1남
        근녕군(농, 1411~1462) 서5남
후궁이씨 1남
덕숙옹주 이씨 1남1녀
        후령군(간, ?~1455) 서7남
        숙순옹주(생몰년 미상) 서13녀
순혜옹주 장씨
혜선옹주 홍씨
        기생 가희아
신순궁주 이씨 재혼녀
의정궁주 조씨
혜순궁주 이씨 재혼녀
서경옹주(금영)
생모 미상 1남 2녀
        왕자(1400~1401) 요절
        옹주(1400~1402) 요절
        옹주(1412~1414) 요절

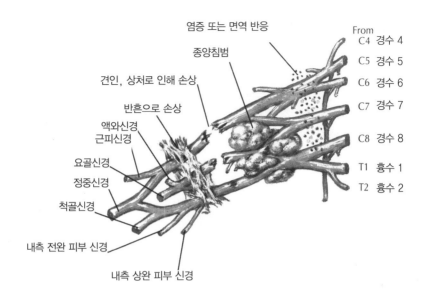

종양침범

견인, 상처로 인해 손상

반흔으로 손상

액와신경
근피신경

요골신경

정중신경

척골신경

내측 전완 피부 신경

내측 상완 피부 신경

From
C4 경수 4
C5 경수 5
C6 경수 6
C7 경수 7
C8 경수 8
T1 흉수 1
T2 흉수 2

그림 3-1 ● 상완신경총병증(brachial plexopathy)

태종은 태종 8년(1408, 42세) 1월, 태종 13년(1413, 47세) 11월과 세종 1년(1419, 53세) 4월에 3차례 씩이나 같은 병세가 재발되어 앓았다는 점이다.

증세를 간략히 요약하면 목에 종기가 생기고 이후 목이 뻐근하면서 어깨 통증이 있고 특히 우측 팔이 저리고 몹시 아팠다. 통증이 완화되면서 수일 내에 팔의 마비가 와서 그 당시 어의들은 풍질로 생각하고 통증과 마비를 완화시키기 위해 침을 놓고 뜸을 떴다. 그러나 병세의 호전이 없자 전의를 벌을 주기도 하였다. 태종의 마비증상이 심할 때는 홀(제사때 쓰던 신표)을 잡기 어려울 정도였고 그러나 마비증상은 서서히 회복되어 정사를 보는데는 지장은 없었다고 한다.

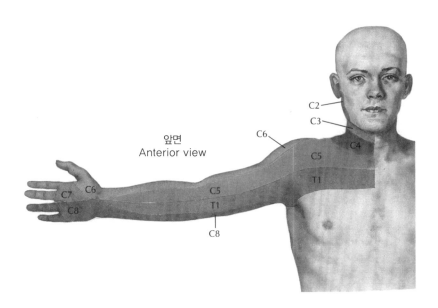

앞면
Anterior view

C2
C3
C6
C4
C5
T1
C7
C6
C5
C8
T1
C8

그림 3-2 ● 상지 피부분절 영역

이런 증세가 11년 동안에 3차례나 재발되었다는 점이다.

이 질환을 현대의학에서는 중풍이 아닌 말초신경염의 일종인 재
발성상완신경총병증(recurrent brachial plexus neuropathy)이라고
한다(그림 3-1, 3-2).

이 병은 서양에서는 대부분 유전되는 병이나 동양에서는 원인을
모르는 경우가 많다.

이 질환은 어느 년령에서나 발생할 수 있으나 20-30대 년령에서
호발한다. 병의 특징을 보면 갑작스러운 통증이 목, 어깨, 양측 팔에
서 생길 수 있으나 특히 우측 팔에서 더 많이 생긴다. 통증은 수일 내
지 2-3주 만에 소실되고, 통증 발생 후 1일 내지 1개월 내에 팔에 마

비증상이 뒤따르는 것이 이 병의 특징이다. 그러나 이런 마비증상도 수주에서 수 개월 내에 회복되지만 경우에 따라서는 3년까지 지속되기도 하고, 드물게는 경한 근마비 증상을 남길 수 있다. 또 다른 특징은 일정한 간격을 두고 재발하는 것이다.

이외 이병을 유발하는 선행인자가 있을 수 있는데 흔한 원인은 감염(infection)이다. 아마도 태종은 목에 생긴 종기(감염)가 선행되고 뒤따라 상완신경총병증이 재발되는 특이한 병을 앓았다.

그러나 태종을 사망케 한 원인은 이 질환과는 별개로 생각된다.

태종 사망 시 기록을 보면 발병 후 1개월 만에 사망하였다.

세종 4년(1422, 56세) 4월 22일 오전에 세종과 함께 매사냥을 구경하고 점심 식사도 하고 환궁하였는데 그날 오후에 태상왕(태종)이 편치 않았고 그후 병은 호전되지 않아서 5월 22일 연화당 신궁에서 사망했다.

오늘날 성인이 갑자기 사망하는 원인 중 가장 흔한 원인은 심근경색증과 뇌졸중이다. 만일 태종의 사인이 심근경색증이었다면 태종은 발병 후 하루 내지 이틀 이내에 사망하였을 것이다. 그러나 태종의 병기간이 1개월이나 길었던 점이 심근경색증보다는 뇌졸중으로 사망했을 가능성이 높다고 생각한다.

태종이 임종 시 세종에게 유언하기를 '나는 이 세상에 잔재해 있는 모든 악몽과 슬픔을 뒤집어 쓰고 갈 것이니 이 세상에서 제일 어진 성군이 되어라'고 하였다고 한다. 이런 태종의 유언 때문인지 세종은 역사에 길이 남을 성군이 되어 큰 업적을 남겼다.

태종 능인 헌인릉(獻仁陵; 사적 제194호)은 서울특별시 서초구 헌인릉길 34번지에 위치했다.

참고 태종이 앓았다는 이질은 오늘날의 세균성 이질이나 아메바성 이질과는 근본적으로 다르다.

동의보감에서는 '이질은 감질(젖이나 음식을 잘 조절하여 먹이지 못할 때) 때 생기며 그 증상은 창만(배가 부어오름)하면서 설사하는 것이다'하였다. 눈덩이가 붓고 배가 창만하면서 똥 색갈이 자주 변하고 물을 많이 마시고 점점 여위어 간다고 하였는데 전염성 유무와는 관계없이 복통과 설사를 하는 모든 질환을 총괄해서 말한 것이다.

현대에서 말하는 이질은 전염성 질환이기 때문에 개개인으로 발생하는 것보다 대부분은 집단적으로 발생하고, 변은 피와 곱이 섞이는 설사와 변을 보고도 또 다시 변을 보고 싶어하는 후증기(뒤무직, tenesmus)가 있는 것이 특징적인 임상소견이다.

상완신경총(brachial plexus)이란 팔(겨드랑이)에 신경세포가 그물코 모양의 신경섬유의 소집단을 만들고 있는 것을 말함. 척수(spinal cord)에서 나오는 척수신경(spinal nerve)중 팔에 분포된 신경은 경추신경 5번, 6번, 7번, 8번과 흉수신경 1번 까지인데 겨드랑에서 이들 신경세포가 그물코 모양의 신경세포의 소집단을 형성한다.

그리고 태종시대 전염병에 대한 일화를 소개하면 태종 13년(1413) 12월 역질(전염병)이 창궐하자 군기감에서 화약을 대궐 앞에 설치하여 역질을 쫓는 연례적인 행사를 하였다고 한다. 이는 전염병은 귀신에 씌어 생긴다고 생각하고 화포를 쏴서 귀신을 놀랍게 하면 물러날 것으로 생각하고 포를 쏘게 한 것이다.

세종

- 생몰년: 1397년~1450년
- 등극시 나이: 22세
- 재위기간: 31년 6개월
- 세자기간: 2개월
- 사망시 나이: 54세
- **사인:** 당뇨병 합병증

단군 이래
가장 위대한 임금

— 당뇨병 합병증 등
모진 병마 속에서 한글을 창제하다

즉위과정

조선 제4대 왕 세종대왕은 태종과 원경왕후 민씨 사이에 태어난 셋째 아들로, 이름은 도(繭)이다. 태종 8년(1408)에 충녕군(忠寧君)에 봉해졌고, 태종 12년(1412) 충녕대군으로 진봉되었다.

조선은 개국 이래 태종에 이르기까지 변혁의 물결을 타고 있었다면, 세종 시절부터는 덕치를 통해 국가의 안정을 찾게 되었다.

세종 즉위년(1418) 8월 10일 세종(당시 22세)은 근정전에서 반포한 즉위교서에서 '시인발정(施仁發政)' 곧 어짊으로 나라를 다스리겠다'는 통치 이념을 천명했다.

태종은 재위기간 중에 3차례의 선위파동 후 네 번째 만에 충녕에게 양위하였다.

첫 번째 선위파동은 태종 6년(1406) 8월로 세자인 양녕의 나이 13세였다.

태종이 선위를 표명한 것은 표면상 건강상 이유였으나 실은 원경왕후 민씨와 민무구 형제로 대표되는 외척세력의 힘을 약화시키고 동시에 신하들의 충성도를 시험해 보려고 했던 것이었다.

제1차 선위파동 때 민무구 형제가 양녕을 포섭하여 협유정권을 도모하려 했다는 죄목을 걸었다. 태종이 왕위에 오르기까지 원경왕후 민씨와 민무구 형제 처남들의 도움을 받은 것은 사실인지라 커나가는 외척세력을 약화시킨 뒤 태종은 일찍 왕위에서 물러나 앉아 차기 왕이 성장하여 정사를 스스로 볼 수 있을 때까지 왕권을 보호하고 왕권확립을 마무리 할려는 계획을 가졌던 것이었다.

세자인 양녕은 어린 시절에 외가에서 자란 탓에 외삼춘들과 매우 친하게 지냈다. 따라서 양녕이 세자가 된 후로 민무구 형제들은 더욱 거만해지고 세력이 커졌고, 이후 민씨 형제가 세자의 안위를 위해 효령과 충녕대군 등을 죽일 수도 있다는 소문이 태종의 귀에 솔솔 들어오고 있었다. 결국은 태종의 선위파동은 양녕과 민무구 형제들 사이를 떼어 놓기 위한 방책의 일환이었던 것이었다.

그러나 양녕은 그런 태종의 의중을 전혀 눈치채지 못했고 제왕수업에는 관심이 없고 엉뚱한 짓 즉, 여성편력에만 집중하니 세자에 대한 태종의 회의감은 점점 커져만 갔다.

제2차 선위파동은 태종 9년(1409) 8월 건강상 이유로 세자에게 선위하겠다고 하였으나 곧 일단락되었다.

태종 18년(1418) 5월에 일어난 세 번째 선위파동은 결국 폐세자

사건으로 이어져 황희 등 대신들이 폐세자를 반대하다가 유배를 당하게 되었다. 이 무렵 양녕은 몰래 궁중을 빠져나가 풍류생활을 하였을 뿐만 아니라 엄격한 궁중생활에는 적응하지 못했다.

결국은 태종 4년(1404) 11세에 세자로 책봉된 양녕은 14년 만인 25세 되던 태종 18년(1418) 6월 2일 폐세자가 되었다. 세자를 폐위 시킨 태종은 그 이튿날 평소에 마음에 두었던 셋째 아들 충녕대군을 둘째 아들인 효령대군을 제치고 세자로 책봉하고, 2개월 후인 8월 10일 전격적으로 충녕에게 선위하였다.

그러나 세종대왕이 왕으로서 처음 4년간은 태종의 영향 하에서 정사를 보았다. 따라서 마라톤 경기에서 처럼 페이스메이커(pace-maker) 역할을 잘 해준 태종의 굳건한 왕권확립 바탕 아래서 세종은 훌륭한 유교정치와 찬란한 민족문화의 꽃을 피였고, 우리나라 역사상 가장 위대한 임금이란 이름을 남겨 후대에 모범이 되는 성군이 되었다.

세종대왕의 가족들

세종대왕은 왕비 1명, 후궁 9명의 부인 사이에 적자 8명, 적녀 2명, 서자 10명, 서녀 5명 총 25명의 자녀를 두었다.

정비 소헌왕후 심씨는 영의정 심온의 여식으로 14세 때 두 살 연하인 세종과 결혼하여 8남 2녀를 두었다.

세종 즉위 초 심온은 사은사로 명나라에 갔다가 귀환 중이었다.

이때 군국대사를 현왕 세종 대신 상왕인 태종이 처리한다는 불평을 한 사건으로 옥사가 일어났다. 이 사건의 주모자로 심온이 지목되어 명나라에서 조선으로 귀환하는 중에 사사되었고, 그의 부인 안씨는 관노비가 되었다. 이 때문에 소헌왕후 심씨도 폐비시켜야 한다는 논의가 있었으나 그녀의 내조의 공이 인정되어 폐비는 모면됐다.

단종 2년(1444)에 다섯째 아들 광평대군, 그 이듬 해엔 일곱째 아들인 평원대군이 창진으로 죽으니, 이 일로 인해 심씨는 몸져 눕게되며 결국 1년 만인 세조 2년(1446) 52세 나이로 운명했다.

세종대왕 후궁들 중 특히 세종의 사랑을 받은 신빈 김씨는 6남 2녀를 낳았으나 두 딸은 일찍 죽었다. 그녀는 세종이 죽은 뒤 여승이 되어 여생을 마쳤다.

또 다른 후궁인 혜빈 양씨는 세종과 사이에 3남을 두었다.

그녀는 일찍이 어머니를 잃은 단종을 양육하였고, 단종이 즉위한 후에도 수양대군을 견제하며 왕을 보위하다가 세조 원년에 가산을 몰수당했다. 단종 3년(1455) 윤6월 세조가 왕위를 차지할려고 하자 이를 저지할려고 하다가 사살되었고 양씨 소생들도 이 사건과 금성대군의 2차 단종복위사건과 연류되어 죽음을 당했다.

셋째 아들인 안평대군은 학문을 좋아하고 시(詩), 서(書), 화(畵)에 능해 삼절(三絕)이라고 불렸으며 당대의 제일의 서예가로 명성을 떨쳤다. 계유정난 때 강화도에 유배되었다가 세조에 의해 처형되었다.

넷째 아들인 임영대군은 문종의 명을 받아 화차를 제작하였고, 세조가 즉위한 후 세조를 보좌하여 신임을 얻었다. 임영대군의 아들인 귀성군 이준은 세조 때 영위정을 지냈으며, 임영대군은 51세 나이로 사망했다.

다섯째 광평대군은 20세 때 그리고 일곱째 평온대군은 18세 때 창진(천연두)으로 병사하였다.

여섯째 금성대군은 두 차례에 걸쳐 단종복위 사건을 꾀하다가 32세 때 세조에 의해 처형되었다.

여덟째 영응대군은 세종대왕이 그의 저택인 동별궁에서 별세할 정도로 세종의 사랑을 몹시 받았다. 글씨와 그림, 음악에도 조예가 깊었으며 34세의 젊은 나이로 세상을 떠났다**(세종의 가계도 참조)**.

세종대왕의 병력

조선왕조실록의 기록에 의하면 세종 1년(1419, 23세) 4월에 임금의 몸이 불편하였다는 첫 병력이 있었고, 세종 7년(1425, 29세) 윤7월 이후부터 두통, 이질, 담병에 대한 간략한 기록 들이 있다.

그러다가 세종 13년(1431, 35세) 8월 18일에는 풍질이라고 하고 자세하게 병세에 대한 기록이 있다.

즉 그 내용을 보면 '갑자기 두 어깨 사이가 찌르는 듯이 아팠는데 이튼 날은 다시 회복되었더니 4, 5일 지나서 또 찌르는 듯이 아프고 밤을 지나매 약간 부었는데 이 뒤로 부터는 때 없이 발작하여 혹 2, 3일을 지나고 혹 6, 7일을 거르기도하여 지금까지 끊이지 아니하여 드디어 묵은병(숙질)이 되었다. 30살 이전에 매던 띠가 모두 헐거워

세종의 가계도

생몰년   1397~1450
재위기간   31년 6개월
세자기간   2개월
부인   10명(왕비 1명, 후궁 9명)
자녀   25명(적자 8명, 적녀 2명, 서자 10명, 서녀 5명)
사인   당뇨병 합병증(54세)

소헌왕후 심씨(1395~1446) 8남2녀, 사인; 화병?(52세)
　　　　왕세자(향, 문종, 1414~1452)
　　　　수양대군(유, 세조, 1417~1468)
　　　　안평대군(용, 1418~1453) 계유정난 후 살해
　　　　임영대군(구, 1420~1469) 화차제작, 세조 신임
　　　　광평대군(여, 1425~1444) 창진으로 사망
　　　　금성대군(유, 1426~1457) 단종복위 관련 살해
　　　　평원대군(임, 1427~1445) 창진으로 사망
　　　　영응대군(염, 1434~1467) 세종 총애
　　　　정소공주(1412~1424) 창진으로 사망
　　　　정의공주(1415~1477)

영빈강씨 1남
　　　　화의군(영, 1425~1460) 서장남, 단종복위 관련 유배

신빈김씨 6남2녀
　　　　계양군(증, 1427~1464) 서2남, 계유정난 협조, 주색
　　　　의창군(공, 1428~1460) 서3남, 은둔생활, 병사
　　　　밀성군(침, 1430~1479) 서5남, 수양 자문역
　　　　익현군(관, 1431~1463) 서7남, 계유정난 1등공신
　　　　영해군(당, 1435~1477) 서9남, 수양에 협조
　　　　담양군(거, 1439~1450) 서10남, 12세 사망
　　　　옹주 2명 1426년, 1429년에 조졸

혜빈 양씨(단종을 양육함) 3남

     한남군(어, 1429~1459) 서4남, 단종복위 관련 살해됨

     수춘군(현, 1431~1455) 서6남, 병사

     영풍군(전, 1434~1457) 서8남, 단종복위 관련 살해됨

숙원 이씨 1녀

     정안옹주(1438~1461) 서차녀

상침[1] 송씨 1녀

     정현옹주(1424~1480) 서장녀

귀인 박씨

귀인 최씨

소용 홍씨

사기[2]차씨 1녀

     옹주 2세 때 조졸

---

1 상침(尙寢): 내명부의 정6품 직위

2 사기(司記); 내명부 정6품 직위

졌으니 이것으로 허리 둘레가 떨어진 것을 알겠다.'라고 말했다. 이는 자세하게 당뇨 합병증인 말초신경병 증세와 체중감소가 있음을 피력한 것이다.

세종 21년(1439, 39세) 6월 21일 기록에서는 세자에게 강무를 위임하면서 '내가 젊어서부터 한쪽 다리가 치우치게 아파서 10여년에 이르러 조금 나았는데 또 등에 부종(종기)으로 아픈 적이 오래다. 아플 때를 당하면 마음대로 들어 눕지도 못하여 그 고통을 참을 수 없다. (중략)

또 소갈증이 있어 열서너 해가 되었다. 그러나 이제는 역시 조금 나았다. 지난 해(42세) 여름에는 임질을 앓아 오래 정사를 보지 못하였다가 가을 겨울에 이르러 조금 나았다. 지난 봄 강무한 뒤에는 왼쪽 눈이 아파 안막을 가리는데 이르고 오른쪽 눈도 인해 어두워서 한 걸음 사이에도 사람이 있는 것만 알겠으나 누구 누구인지를 알지 못하겠으니….'라고 언급했다.

이 기록에 의하면 세종은 20대 후반부터 당뇨병과 말초신경병증을 앓았으며, 40대에 이르러 등창(결핵성척추주위냉농양), 녹내장(안구통과 시력감퇴), 임질(아마도 성병보다는 신장장애증상-당뇨병성신증)과 당뇨병성 망막병증 증세로 고생하였고 당뇨병의 모든 합병증이 생겨 병세가 극한의 상황에 있음을 알 수 있다.

세종 31년(1449, 53세) 2월 3일에는 '나의 안질은 이미 나았고, 말이 잘 나오지 않았던 것도 조금 가벼워졌는데 오른쪽 병도 차도가 있음을 경들도 아는 바이지만 근자에는 왼쪽다리 마져 아파져서 기거할 때면 반드시 사람이 곁에서 부축하여야 하고 마음에 생각하는 것

히포크라테스
조선 왕을 만나다

몇년이 지나서 단백뇨가
심해지고 망막증이 더욱
심해짐(증식성 망막염)

중증도의 고혈압이나
부종이 나타나서 진행함

그림 4-1 ● 당뇨병 합병증

이 있어도 반드시 놀라고 두려워서 마음이 몹시 두근거리노라. 예전
에 공정왕(정종)께서 광주 기생의 이름이 생각하여도 생각이나지 않
아서….'라고 하셨다.

이 기록을 통해 세종은 경한 뇌졸중도 앓았다가 회복중이고, 말초
신경병증으로 인한 통증으로 기동하는데도 많은 어려움을 겪고 있었
음을 알 수 있었다. 또한 심적 고통과 다소 기억력 감퇴도 있었던 것
같다.

결론적으로 세종대왕은 20대 후반부터 당뇨병과 말초신경병증을
앓다가 40대에 이르러서는 당뇨병 합병증(그림 4-1)인 신증과 망막
병증, 결핵성척추주위 냉농양, 녹내장, 뇌졸중 등 여러 질환에 시달렸
고 특히 42세 이후에는 당뇨병 합병증괴 녹내장으로 시력도 극도로
떨어져 사람도 구별할 수 없었고 거동도 다른 사람의 부축을 받아야
만 할 수 있는 최악의 건강 상태였던 것 같다.

이런 극악한 상황에서도 세종대왕은 학문, 과학기술, 예술, 농업,
경제 등 모든 분야에서 훌륭한 업적을 남겨 민족문화의 꽃을 피었고

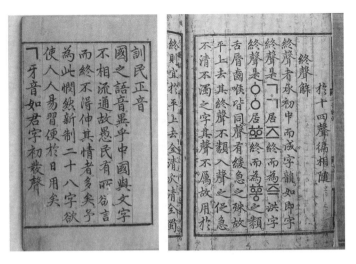

그림 4-2 ● 세종대왕이 쓴 훈민정음 서문과 종성해 간송미술관 소장

그 업적 중에서도 특히 집현전 학자들의 문헌제공을 받아 병마 속에서도 혼자서 독창적으로 훈민정음을 만드셨다니 새삼 놀랍기만 하다 (그림 4-2).

‘백성을 위한 세종대왕의 집념과 의지’ 정말 대단하기만 하다.

결국 세종 32년(1450) 2월 17일 세종의 여덟째 아들 영응대군 집 동별궁에서 54세 나이로 유명을 달리했다.

세종대왕 능인 영릉(英陵; 사적 제195호)은 경기도 여주군 능서면 영릉로 269-50번지에 위치했다.

참고 세종께서 임질을 앓아서 오랫동안 정사를 보지 못했다는 기록을 보고 세종이 정말 성병인 임질에 걸려 고생한 것으로 오해하시는 분들이 많은데, 당시의 임질은 현대에서 볼 수 있는 성병인 임질과는 전혀 다르다.

현대의 임질은 임질균에 의해 전염되는 성병으로 남녀 간에 서로 성 상대자를 바꿔가면서 여러 사람과 성행위를 하였을 때 주로 발생하는 성접촉성 전염병이다.

세종께서 언급한 임질을 동의보감에서 살펴보면 '임병(임질, 淋疾)은 오줌이 방울 방울 나오는 병으로 오줌이 방울방울 떨어지면서 잘 나오지 않으며 통증을 느끼며 오줌이 나오다가도 곧 막히는 증상을 일으킨다. 임병은 신장이 약하고 방광에 열이 있기 때문에 생긴다.'고 하였다. 오늘날의 신장, 전립선, 방광, 요로에 생긴 모든 질환에서 나타나는 소변볼 때 느끼는 불편 증상을 총괄해서 말한 것이다. 아마도 세종은 당뇨병 합병증인 신증으로 소변장애에 불편함을 느껴 피력한 것이지 성병에 걸린 것은 아니다.

실제로 조선시대에 성병에 대한 기록을 찾기란 쉽지 않다. 그러나 조선시대 왕들 중에 창병을 비롯한 여러 가지 피부병(예로 순조의 오래 지속된 다리종기와 사망시 상황)으로 고생한 경우가 있는데 야사에서는 혹시 이러한 증상이 성병에 의한 것이라고 추정하는 사람들은 있으나 근거는 희박하다.

제5대 **문종**

- 생몰년: 1414년~1452년
- 등극시 나이: 37세
- 재위기간: 2년 3개월
- 세자기간: 28년 4개월
- 사망시 나이: 39세
- **사인**: 결핵성뇌수막염

세자로서
좋은 업적을 남긴 임금
― 등창은 결핵성
척추주위냉농양(cold abscess)이었다

즉위과정

조선 제5대 왕 문종은 세종대왕과 소헌왕후 심씨 사이에 태어난 맏
아들로, 이름은 향(珦)이다.

세종 3년(1421) 문종 나이 8세 때 왕세자로 책봉되어 28년 4개월
동안 세자 직위를 지켰다. 특히 세종 24년(1442) 문종 나이 29세에
세종의 건강(눈병) 때문에 외교관계와 군정 이외 사무를 세자가 처리
했고(세종실록 96권, 세종 24년 6월 16일), 세종 27년(1445) 32세부
터는 세종의 건강이 더욱 악화되어 세자의 섭정(대리청정)이 시작되
었다.

문종실록 1권, 총서

그림 5-1 ● 문종 즉위년에 제작된 세종대왕의 금보(金寶). 선왕(세종)에게 올리는 추상존호를 새긴 도장. 국립고궁박물관 소장

때문에 세종 치세 후반기는 문종의 치세도 포함되었다고 할 수 있다.

문종은 천성이 효성스럽고, 성품이 너그럽고 밝았으며, 품행은 단정하고 어질었고, 우애가 깊었다(그림 5-1). 또한 학문을 좋아했고 천문, 역산(일월 및 오성의 움직임을 계산하는 법) 및 산술에 뛰어났으며, 성리학에도 조예가 깊었고 초서와 예서를 잘 썼다.

세종에 대한 문종의 효심 일화가 있어 살펴보면 다음과 같다.

세종은 앵두를 무척 좋아하였다고 한다. 문종은 세종을 위해 후원에 앵두나무를 심어 철이 되면 앵두를 따다 세종에게 직접 바쳤다고 한다. 세종이 몹시 기뻐하면서 '여러 곳에서 진상한 앵두가 많지만 어찌 세자가 손수 심어서 따온 앵두와는 비교가 되겠느냐?'고 하셨다고 한다. 그 당시 궁 안은 앵두나무로 천지가 되었으니 세종을 위해 문종이 직접 심은 나무들이었다고 한다.

중종실록 10권, 중종 5년 3월 17일; 용재총화 제2권

세종 30년(1450) 2월 세종이 54세로 승하하자 8년 간의 대리청정을 끝내고 왕에 등극하니 조선시대에서 자연스럽게 적장자가 왕으로 계승한 첫 사례로, 문종 나이 37었다.

원래 병약했던 문종은 세자시절 업무과중과 세종 임종 전후로 너무나 무리하여 즉위 시에는 건강이 악화된 상태였다. 병세는 즉위 후에도 더욱 심해져 재위기간 대부분은 병석에 누워서 정사를 보야만 했다.

문종의 가족들

문종은 세자빈 3명, 후궁 8명 사이에 적자 1명, 적녀 2명, 서자 2명, 서녀 3명 총 8명의 자녀를 두었다.

문종은 세자시절인 세종 9년(1427) 4월 14세 때 네 살 연상인 휘빈 김씨와 혼인하였으나 문종이 부인에게 관심을 보이지 않자 김씨가 문종의 사랑을 되돌려 받을려고 해괴한 비방을 썼는데 이를 안 소헌왕후 심씨가 국모의 자질이 없다고 폐출시켰다.

이후 세종 11년(1429) 10월 15일에는 16세 동갑내기 순빈 봉씨와 두 번째 혼인을 했으나 역시 문종의 무관심으로 봉씨가 동성애에 빠져 세종 18년(1436) 10월 26일에 역시 폐출되었다.

현덕왕후 권씨는 세종 13년(1431) 3월 14세 때 왕세자의 후궁으로 간택되어 승휘에 책봉되고 얼마 후 양원이 되었다. 세종 18년 (1436) 3월 19세 때 권씨는 문종의 첫 딸을 출산하였다. 같은 해 봉씨가 폐출되자 그 이듬 해에 권씨 20세에 세자빈으로 책봉되었다. 세종 23년(1441) 7월 23일 원손(단종)을 출산하고 이튿날 24일 24세에 산후후유증으로 사망했다. 그녀가 죽은지 9년 후 문종 즉위년(1450) 7월 8일 현덕왕후로 추존되었다.

문종 자녀 8명 중 외아들 단종, 단종보다 다섯 살 연상인 경혜공주, 서녀인 경숙옹주 단 3명 만이 생존하였고 나머지 자녀들은 어린 나이에 요절했다.

단종 누나 경혜공주는 남편 정종이 단종복위와 관련하여 죽은 후 여승이 되었으며 38세 젊은 나이로 사망했다(**문종의 가계도 참조**).

문종의 병력

조선왕조실록에 기록된 문종의 병력을 보면 세종 31년(1449, 36세) 10월 25일 세자의 등창 기록을 시작으로 사망 시까지 등창이 호전과 악화가 반복되는 병의 경과, 치료법, 문종의 병 쾌유를 위한 기도를 했다는 기록이 있다.

그중 특이한 치료법으로 거머리(水蛭; 수질)을 이용해서 고름을 배농시키는 방법이었다. 문종의 등창이 큰 경우 지름이 약 한자(30 cm)에 이르고 상처부위도 5내지 6인치에 달했다고 한다.

결국 문종은 3년 동안 등창인 결핵성 척추주위냉농양과 사투를 벌이다가 결핵성 뇌수막염으로 문종 2년(1452, 39세) 5월14일 강녕전에서 39세 나이로 사망했다.

문종의 가계도

생몰년 1414~1452
재위기간 2년 3개월
세자기간 28년 4개월
부인 11명(세자빈 3명, 후궁 8명)
자녀 8명(적자 1명, 적녀 2명, 서자 2명, 서녀3명)
사인 결핵성뇌수막염(39세)

현덕왕후 권씨(1418~1441) 1남2녀, 사인; 산후후유증(24세)
  왕세자(홍위, 단종 1441~1457)
  공주(?~1433) 장녀, 조졸
  경혜공주(1436~1473) 차녀

폐세자빈 김씨(1410~1429) 무자녀, 해괴한 비방사건으로 폐출됨

폐세자빈 봉씨(1414~1436) 무자녀, 동성애 사건으로 폐출됨

숙빈 홍씨 1녀
  옹주(1441~1444) 서차녀

숙의 문씨 무자녀, 83세 졸

사칙[1] 양씨 2녀
  경숙옹주(1439~?) 서장녀
  옹주(1450~1451) 서3녀

소용 권씨 무자녀

소훈[2] 윤씨 무자녀

소용 정씨 1남, 왕자 조졸

승휘 유씨 무자녀

후궁 장씨 1남, 왕자 조졸

---

1 사칙(司則): 태종5년(1405년)에 설치한 동궁(東宮)에 속한 종6품의 내명부품계. 예의와 알현에
 관한 일을 맡음

2 소훈(昭訓): 조선시대의 동궁에 속한 종5품 내명부품계

문종 능인 현릉(顯陵; 사적 제193호)은 동구릉에 있다.

그러면 문종이 앓은 등창이란 대체 무슨 병인가?

농양(膿瘍, 곪음)에는 온농양(溫膿瘍)과 냉농양(冷膿瘍)이 있다.

일반적으로 세균(박테리아)에 의해 급성적인 농양(abscess)이 생길 때에는 농양부위가 붉고 화끈거리며 통증이 있어 온농양(hot abscess)이라고 불리우나 통속적으로는 농양이라고 칭한다.

그러나 결핵균(結核菌)이나 진균(眞菌, fungus)에 의해 생긴 만성적인 농양은 농양부위에 색깔이 없고 화끈거리거나 통증이 없어 냉농양(cold abscess)이라고 한다.

냉농양의 원인은 결핵균과 진균 등이 원인이 될 수 있으나 대부분은 결핵균이다.

냉농양은 신체 어느 부위에나 생길 수 있으나 척추주위, 목, 복부, 사지 등에 잘 생기며, 목에 생길 때에는 림프절(lymph node)을 따라 구술알 처럼 줄줄이 달려 있다고 하여 연주창(連珠瘡)이라고 하고, 척추주위에 생긴 냉농양을 흔히 등창이라고 한다. 그러나 척추주위 냉농양은 척수염(myelitis)이나 척추카리에스(TB spine)을 흔히 수반한다.

세균성 농양은 완전히 배농하고 소독만 잘해도 항생제 사용없이도 완치될 수 있다. 그러나 냉농양은 연주창처럼 환자 자신도 모르게 치유되는 경우도 있지만 많은 경우 완전 배농하고 소독을 철저히 해도 재발되어 완치가 어렵고, 경우에 따라서는 고름길의 통로인 루(fistula)를 형성하여 고름이 시도 때도 없이 줄줄 흐르고 악취를 내는 경우도 있다. 반드시 배농과 함께 항결핵제를 장기간 사용해야만 완치 될 수 있다. 결핵성 척추주위냉농양(등창)을 제때에 치료안하면 경우에 따라서는 결핵성뇌수막염으로 발전되어 사망하게 된다.

참고 왕의 호칭은 묘호(廟號), 시호(諡號), 존호(尊號)가 있다.

묘호(廟號)는 왕이 죽고 난 뒤에 붙여진 이름으로 왕이 사망하여 삼년상을 마친 뒤에 왕의 신주를 종묘에 모실 때 사용되는 호칭이다.

왕의 묘호에서 붙혔던 '조(朝)'와 '종(宗)'의 차이는 〈예기(禮記)〉에 보면 '공이 있는 자는 '조'가 되고, 덕이 있는 자는 종이 된다'는 기록이 있는데, 일반적으로는 나라를 세운 국왕은 '조'를 붙이고, 수성한 왕은 '종'을 붙였다. 원래는 중국 황제만이 '조'와 '종'의 묘호를 사용할 수 있었으나, 조선의 왕과 신하들은 조선국가와 왕권의 정통성을 강조하고 중국에 대한 자주의식을 나타내기 위해 '조와 종'의 묘호를 사용했다.

조선시대 27명의 국왕 중에 태조, 세조, 선조, 인조, 영조, 정조, 순조 등 7명만 묘호에 '조'를 썼다. 태조는 조선을 건국한 창업 군주라는 점에서, 인조는 병자호란의 위기를 극복한 점을, 세조는 국가를 재조(再造)한 공덕으로 묘호에 '조'자를 썼다. 나머지 조자를 붙인 왕들은 원래 '종'자로 끝나는 묘호를 썼다가 나중에 '조'로 새로 추존된 경우이다. 그리고 조선왕 중에 연산군과 광해군은 묘호가 없다.

시호(諡號)는 왕의 사후에 생전의 업적을 평가하여 결정했는데, 중국 천자에게서 받은 시호와 조정신하들이 올리는 시호 두가지가 있었다.

존호(尊號)는 왕의 공덕을 찬양하기 위해 올리는 호칭이다. 존호는 기본적으로 왕이 생전에 받는 이름이지만 경우에 따라서는 왕이 승하한 이후 생전의 공덕을 새롭게 평가하여 올리는 경우도 있었는데 이를 '추상존호(追上尊號)'라고 한다.

예를 들어 세조의 경우 '세조 혜장 승천체도열문영무 지덕융공성신명예흠숙인효 대왕'이 정식 호칭인데 이 중 '세조'는 묘호, '혜장'은 명나라의 천자가 내려준 시호, '승천체도열문영무'는 계유정난으로 왕위에 오른 세조의 공덕을 기려 1457년에 올린 존호, '지덕융공성신명예흠숙인효'는 신하들이 올린 시호이다.

이외 왕의 혼령을 모신 곳, 왕의 무덤에도 각각 정해진 호칭이 존재하였다. 왕의 무덤을 '능'이라고 하였는데, 각 왕릉에도 능호(陵號)를 붙였다.

단종

- 생몰년: 1441년~1457년
- 등극시 나이: 12세
- 재위기간: 3년 2개월
- 세자(손)기간: 4년
- 사망시 나이: 17세
- **사인**: 질식사

기구한 운명을 타고난 임금

― 사약 대신 교살로 질식사하다

즉위과정

조선 제6대 왕 단종은 문종과 현덕왕후 권씨 사이에 태어난 외아들로, 이름은 홍위(弘暐)이다.

세종 30년(1448) 4월 3일 8세 때 왕세손에 책봉되었다. 단종이 10세 때 세종대왕이 승하하고, 이어 문종도 승계한 지 3년 3개월 만인 39세에 사망하니, 12세 어린 나이로 1452년 5월 18일 왕위에 오르게 되었다.

한편 어머니인 현덕왕후 권씨도 단종이 태어난 지 하루만에 산후 후유증으로 사망하여 세종대왕 후궁인 혜빈 양씨에 의해 단종은 양육되었다.

단종이 왕으로 오를 때에는 세종과 세종비, 문종과 문종비 모두가 사망하여 홀홀 단신인 셈이었다. 단종을 키운 세종의 후궁인 혜빈 양씨만 생존하였지만 그 당시 후궁은 수렴청정을 할 수 없었다. 그래서 단종 즉위 교서에서 밝혔던 것처럼 임시체재로 들어간 것이다. 즉 '모든 업무를 매양 대신에게 물어 한결같이 열성(대대의 임금)의 헌장에 따라서 어려움을 크게 구제하기를 바란다'는 것이었다. 즉 영의정 황보인, 좌의정 정분, 우의정 김종서의 의정부 삼정승이 단종을 보좌하는 비상체제로 간다는 뜻이었다. 그러나 실제로는 고명대신인 황보인과 김종서 두 사람이 단종을 보필하며 황표정사를 통해 이끌었다.

황표정사(黃標政事)란 두 정승이 정책사항이나 인사대상자의 이름에 황색점을 찍어 올리면 단종은 그 위에 형식적으로 점을 찍어 추인하는 방식이었다. 단종실록 2권, 단종 즉위년 7월 4일

이렇게 되자 의정부의 권한이 막강해져 신하들은 황보인과 김종서의 눈치를 보게 되었다.

이렇듯 왕권이 약해지고 신권이 강해지자 당시 36세인 수양대군을 비롯한 안평대군, 금성대군 등 왕족들이 반발했고, 성삼문, 신숙주 등 집현전 출신 신료들도 황표정사의 폐단을 거론하고 의정부 권한 확대를 우려했다.

단종의 가족들

단종은 왕비 정순왕후 송씨, 후궁 숙의 김씨, 숙의 권씨 3명의 부인 사이에 자녀는 없었다.

정순왕후 송씨는 단종이 왕이 된 그 이듬 해인 단종 2년(1454) 1월에 15세 때 한 살 연하인 단종과 혼인했으나, 18세 때인 세조 3년 (1457) 6월 단종이 영월 청룡포에 유배간 후 다시는 만날 수 없게 되었다.

단종 유배와 동시에 송씨도 부인으로 강등되어 궁궐에서 추방되었고, 그 후 동대문 밖 숭인동 청룡사 앞 동망봉 기슭에 천막을 짓고 시녀들과 함께 살았다.

동망봉 아래 청계천의 영도교에는 애절한 사연이 있는데 단종과 정순왕후 송씨가 그 다리에서 이별한 뒤 다시는 만나지 못했다. 그래서 사람들이 '영 이별다리'라 불렀다가 후세에 '영원이 건너가신 다리'라는 뜻으로 영도교(永渡橋)라 불리워 졌다. 그 후 단종을 그리워하며 한 많은 인생을 살았던 정순왕후 송씨는 82세까지 살았다(**단종의 가계도 참조**).

단종의 병력

조선왕조실록 기록에 의하면 단종은 구역질 이외는 건강에 이상은 없었다.

단종의 가계도

생몰년	1441~1457
재위기간	3년 2개월
제세자(손)기간	4년
부인	3명(왕비 1명, 후궁 2명)
자녀	없음
사인	질식사(17세)

정순왕후 송씨(1440~1521) 무자녀, 사인; 노환(82세)

숙의 김씨 무자녀

숙의 권씨 무자녀

단종 즉위년(1452년, 12세) 7월 6일에 황보인 등이 아뢰기를 '졸곡(卒哭; 상례에서 삼우가 지난 뒤 때를 가리지 않고 곡을 하는 무시애곡無時哀哭)을 끝내기 위하여 3개월 안에 강일(剛日) 즉 甲, 丙, 戊, 庚, 壬의 일을 택하여 지내는 제사) 전에 만일 병이 있으면 육즙을 진상하는 것은 세종의 유교입니다. 이제 성상께서는 춘추가 아직 어리고 혈기가 충실치 못하시고 또 구역질 증세가 있으시니 놀랍고 두려움을 이기지 못하겠습니다. 청컨대 육즙을 조금 진어하소서.'라고 하니 전교하기를 '내가 본래 구역질 증세가 있으니 어찌 소식을 해서 그레하겠느냐?' 하며 통곡하였다.

또 같은 해 7월 12일에는 '내가 병이 없고 음식도 평상시 같이 하니 어찌 고기를 먹겠는가?'라고 말하였다. 그러나 세조와 여러 신하들이 육즙을 진어할 것을 여러번 청하니 마지 못해 윤허하셨다는 기록이 있다.

단종의 죽음에 대해서는 세조실록에서는 '노산군이 이를 듣고(금성대군과 장인 송현수가 처형당했다는 소식), 또한 스스로 목매어서 졸하니 예로서 장사 지냈다.'고 하여 스스로 자결한 것처럼 기록되어 있다.

그러나 연산군과 중종 때의 문관 이자(李耔)는 '음애일기(陰崖日記)'에서 세조실록을 격렬히 비난했다. '실록에는 노산군이 영월에 있다가 금성대군이 실패했다는 소식을 듣고 자진하였다.' 하는데 이는 단지 당시 여우나 쥐새끼 같은 무리들이 간사하고 아첨하는 붓장난이며, 후일에 실록을 편수한 자들은 모두 당시에 세조를 따르던 자들이었기 때문이라고 주장하였다.

'육신록(六臣錄)'. '병자록(丙子錄)', '단종출손기(端宗黜遜記)' 등의 기록은 다음과 같이 기록하고 있다.

세조 3년(1457, 17세) 10월 세조가 금부도사를 보내서 노산군을 죽인다고 하니 금부도사 왕방현이 사약을 가지고 영월 땅에 이르렀다고 한다.

이 기록들에서는 단종이 금부도사에게 시절을 한탄했다고 한다.

'내 선왕이 나라를 부탁하시는 말씀과 어루만져 위로하고 도와주신 은혜를 입어서 백성의 임자가 되었으므로 소홀함이 없도록 노력하고 부덕한 일이 없도록 하여 선왕의 성덕을 저버린 바 없으며 백성들 사이에 원한 받은 일 없이 3년을 지냈는데, 왕위를 빼앗고 나라를 탈취한 자가 탕왕과 무왕¹을 표본으로 삼는구나.'라고 말하고 단종은 하늘을 보고 탄식했다.

그리고 '푸른 하늘이 이렇게 앎이 없단 말인가?' 단종이 말을 마치며 눈물이 떨어져 옷깃을 적셨다고 한다.

금부도사가 앞에 나가 무릎을 꿇고 아뢰었다.

'상명(임금의 명령)이 내려 졌으니 전지(왕명서)를 들으시고 약그릇을 잡으심이 옳으시나이다.' 그러자 단종이 호통을 치며 거절하자 이때 관가에서 심부름하던 공씨 성을 가진 나장(羅將; 조선시대 죄인을 압송하거나 매를 때리는 일을 담당하는 병조에 속한 하급직원)이 나섰다. '왕명을 받아 왔으니 그냥 돌아갈 수 없으리라.'하면서 그가 활시위로 목을 조르니 그 때가 10월 21일 유시였다.

---

1 중국 은나라 탕왕과 주나라 무왕은 모두 그의 주군을 내쫓고 나라를 빼앗은 임금들임.

그림 6-1 ● 단종이 자신의 기막힌 신세를 한탄하면서 바라보았던 영월 땅 　청령포의 과거

그림 6-2 ● 영월 　청령포의 현재

단종은 사약대신 교살(질식사)된 것이다.

단종 능인 장릉(莊陵; 사적 제196호)은 강원도 영월군 영월읍 영흥리 산133-1번지에 위치했다.

끝으로 단종이 노산군으로 강등되어 영월에 유배되어 청룡포(그림 6-1, 6-2)를 바라보면서 자신의 신세를 읊은 시 '영월군 누대에서 짓다.'를 보면 단종의 애절한 심정을 헤아릴 수 있을 것이다.

'원통한 새 한 마리 궁궐을 떠나니　　　　　一自冤禽出帝宮

외론 몸 그림자 하나 푸른 산속을 헤매구나　孤身隻影碧山中

밤마다 잠을 청하나 잠은 오지 않고　　　　假眠夜夜眠無假

해마다 쌓인 한 삭여도 다하지 않네　　　　窮恨年年恨不窮

울음소리 새벽 산에 끊기고 그믐 달만 밝은데　聲斷曉岑殘月白

핏빛 물 봄 골짝에 떨어진 꽃잎 붉도다　　　血流春谷落花紅

하늘은 귀머거리인 양 애절한 하소연 못 듣는데　天聲尙未聞哀訴

어찌하여 근심어린 사람 귀만 밝은가?'　　　何奈愁人耳獨聽

제7대 # 세조

- 생몰년: 1417년~1468년
- 등극시 나이: 39세
- 재위기간: 13년 3개월
- 사망시 나이: 52세
- **사인**: 불안신경증

조카를 몰아내고
왕위를 찬탈한 임금

— 죄의식 속에서
괴로워하다가 생을 마감하다

즉위과정

조선 제7대 왕 세조는 세종대왕과 소헌왕후 심씨 사이에 태어난 세종의 둘째 아들로, 이름은 유(瑈)이다. 세종 27년(1445)에 수양대군에 봉해졌고, 39세의 늦은 나이에 보위에 올랐다.

단종 즉위 후 황보인과 김종서의 독선으로 신권이 강해지고 왕권이 약화되지 수양대군을 비롯한 왕족과 집현전 출신 학자 중심의 신료들은 의정부 권한 확대를 우려했다.

그 무렵 수양대군이 어린 왕을 보필한다는 명목으로 조정에 드나들자 황보인, 김종서는 왕자들 가운데 비교적 온건한 안평대군과 손을 잡고 수양대군을 견제했다. 이를 눈치 챈 수양대군은 명나라 고명사은사를 자청하여 다녀와 그들의 경계심을 늦춘 다음, 단종 1년

(1453) 10월 10일 전격적으로 김종서, 황보인 등 조정대신들과 안평대군을 제거한 계유정난을 일으켰다.

계유정난에 이어 그해 10월에 일어난 이징옥의 난을 진압한 후 수양대군은 영위정으로 올라 실제로 정권을 장악했다.

계유정난 그 이듬 해 1월에 단종은 송현수 딸 송씨를 왕비로 맞아 혼인하였다. 그러나 이후 수양의 심복들은 직 간접적으로 단종을 괴롭히며 양위를 요구했다. 단종 3년(1455) 윤6월 금성대군, 혜빈 양씨 등 수 많은 종친과 궁인, 신하들을 죄인으로 몰아 유배형에 처하니 단종은 더 이상 버티자 못하고 수양대군에게 왕위를 넘겨 주고 말았다. 그 당시 세조 나이는 39세였다.

조카의 보위를 빼앗은 세조는 세조 2년(1456) 윤6월 사육신들이 벌인 단종 복위사건을 빌미로 단종을 노산군으로 강등시키고 영월 청령포에 귀양을 보냈다. 그리고 세조 3년(1457) 9월에 유배 중인 금성대군이 순흥부사 이보흠과 함께 상왕복위를 위해 벌인 계획이 관노의 고발로 수포로 돌아가자 세조는 노산군을 서인으로 강등시키고 한 달 뒤인 10월 21일 단종이 자결한 것처럼 처리하였으나 실은 교살된 것이었다.

조카를 몰아내고 왕위에 오른 세조의 심사가 편할리 없었겠지만 '후원에 행차하여 활쏘기를 관람하며 시를 짓다'에서는 자신의 등극을 정당화하고 있다.

'수족과 같은 신하들이 풍운처럼 모여들어   股肱會風雲
어려운 시대를 구원할 자로 나를 추대하였지   推我濟時難

천하의 요사스러운 기운도 맑아지고	八極妖氣淸
사방의 만물이 한가로워 졌으나	四方民物閒
조정에 임하니 두려운 바 있도다	臨朝正有懼
간언을 만나 나를 따라 어기지 말라는 것	遇諫從弗咈
지극한 다스림은 비단 지금 뿐만 아니러니	致治非獨今
잔치 베풀어 후일까지 드리운다네.'	胎燕垂後日

사후어제시(射侯御製詩); 세종실록 10권, 세조 3년 11월 27일

세조는 왕위에 오른 것이 자신의 뜻이 아니라 어려운 시대를 구할 인물로 신하들이 자신을 추대한 것이라 변명하고 있는 것이다.

세조의 가족들

세조는 왕비 1명, 후궁 3명 사이에 적자 2명, 적녀 2명, 서자 4명 총 8명의 자녀를 두었다. 세조는 3명의 후궁이 있었는데 이 후궁들은 왕이 되기 전 일이며 즉위 후에는 한명의 후궁도 두지 않았다.

정비 정희왕후 윤씨는 11세 때 한 살 연상인 수양대군과 혼인하였고, 38세때 왕비로 책봉되었다. 그녀는 정유정난 시 사전에 역모정보가 누설되자 수양대군과 동조자들이 어려움에 처해 역모를 주저하고 있을 때 윤씨는 수양대군에게 손수 갑옷을 입혀주고 거사를 결행하라고 격려하여 세조를 도왔다. 세조 사후에는 성종 때 조선시대 처음으로 수렴청정을 하였고 정치 일선에 물러난 윤씨는 7년 간 세조

와 지냈던 온양의 온궁에서 휴식을 취하면서 평안한 삶을 살다가 그녀 나이 66세에 사망했다.

정희왕후 윤씨 소생으로는 의경세자(도원군, 덕종), 해양대군(예종), 의령공주와 의숙공주 2남 2녀가 있었다.

의경세자는 18세에 책봉되었으나 20세 때에 뇌염으로 사망했다.

그러나 의경세자는 인수대비 한씨(소혜왕후)와 사이에 월산대군, 자을산군(성종)과 명숙공주 2남 1녀를 두었다(**의경세자의 가계도 참조**).

세조 장녀 의령공주(세희)에 대한 기록은 없어 어린 나이에 일찍 요절한 듯하며, 차녀인 의숙공주는 정인지의 며느리였으며 자녀를 낳지 못했다(**세조의 가계도 참조**).

세조의 성격과 병력

세조는 즉위 후 왕위 찬탈에 대한 합리화를 위해 중앙집권제를 확립하여 국가의 안정과 질서를 찾는데 주력하였고 불교의 진흥과 불경 출판사업에 진력했다.

자신의 뜻대로 왕위를 차지한 임금이라는 측면에서는 태종의 성격과 비슷한 점이 있다. 그러나 태종은 자기가 성취한 일련의 사건들을 잘 승화시킨 반면, 세조는 그렇치 못했다.

첫째로는 세조는 자기가 행한 일들 때문에 재위기간 내내 죄의식을 갖고 마음의 갈등을 죽을 때까지 가졌다는 점이 다르다.

둘째로는 태종은 왕이 되기까지 자신을 힘껏 밀어 주었던 왕비 민

세조의 가계도

생몰년   1417~1468
재위기간 13년 3개월
부인   4명(왕비 1명, 후궁 3명)
자녀   8명(적자 2명, 적녀 2명, 서자 4명)
사인   불안신경증(52세)

    정희왕후 윤씨(1418~1483) 2남2녀, 사인; 노환(68세)
        도원군(장, 의경세자 1438~1457) 뇌염
        해양대군(황, 예종, 1450~1469)
        의령공주(생몰년 미상)
        의숙공주(?~1477) 정인지 며느리

    근빈 박씨 3남
        덕원군(서, 1449~1498) 서장남, 남이 역모사건으로 공신됨
        창원군(성, 1457~1484) 서차남, 방탕생활
        왕자 조절

    폐소용 박씨 1남
        왕자(지, 1459~1463) 서3남

    숙원 신씨 무자녀

의경세자(덕종)의 가계도

생몰년   1438~1457
사인   뇌염(20세)

    소혜왕후 한씨(인수대비, 1437~1504) 2남 1녀, 사인: 홧병(68세)
        월산대군(정, 1454~1488) 풍류생활
        자을산군(혈, 성종, 1457~1494)
        명숙공주(1455~1482)

    귀인 권씨, 귀인 윤씨, 숙의 신씨 무자녀

씨와 처남들도 왕권 강화에 방해가 될가 봐 민씨를 내치고 수 많은 후궁들을 들였다. 반면 세조는 왕비 윤씨만을 끝까지 사랑했고 왕이 된 후에는 후궁을 두지 않고 조강지처 만을 지켜주었다.

단종과 세조의 관계를 심리학자들은 대상관계이론(object relation theory)으로 설명한다.

프로이드가 발전시킨 정신분석 이론에서는 우리의 마음에는 '자기표상(self representation)', '대상표상(object representation)', '자기와 대상이 맺고 있는 관계'의 세 가지로 이루어진 대상관계가 존재한다고 한다.

단종은 '초라한 자기'와 '대단한 대상', 그리고 '대상에 의존해야 하는 자기'라는 대상관계가 있었고, 세조는 '강한 자기'와 '연약한 대상' 그리고 '대상을 보호해야 하는 자기'라는 대상관계가 있었다는 것이다.

대상관계이론은 어린시절 양육자나 환경에서 만들어진다고 한다.

단종의 경우 태어나자 마자 어머니를 잃었고 아버지인 문종도 정사와 병약함으로 잘 보살펴 주지 못했다. 그런데 조부인 세종은 대단한 사람이었고 신하들도 뛰어났고, 그뿐 아니라 수양, 안평 등 숙부들도 위대해 보였을 것이다. 결국 이러한 환경은 단종에게 자신감을 잃게 했고 스스로 하기 보다는 자신보다 강한 누구에게 의존해야만 한다는 생각이 자신도 모르게 자리 잡았을 것이다. 나중에 단종의 대상관계를 그대로 받아줄 사람을 찾던 중 그대상이 바로 수양대군이었을 것이다.

수양대군도 단종의 대상관계에 맞물려 돌아 갈수 있는 대상관계를 가지고 있었기 때문에 모든 상황이 빠르고 순조롭게 진행된 것이다.

어쩌면 겉으로 보기에는 수양대군이 단종의 왕위를 찬탈한 것처럼 보이지만 실은 그 이면에는 단종이 수양으로 하여금 왕위를 빼앗아 가도록 여건을 만들어 준 것 뿐이었다.

그 결과 단종은 주변 사람들로부터 동정도 얻고 왕의 책무도 덜게 되었으며, 수양은 온갖 비난을 받으면서 왕의 역할을 맡아 막중한 부담을 얻게 되었으니 단종과 수양의 관계는 어쩌면 인간 힘으로서는 막을 수 없었던 하늘의 뜻이라고 할 수 있다.

조선왕조실록에는 세조가 앓았던 병의 증세나 질환에 대한 기록은 없고 단지 언제 임금이 편찮하였다는 기록만 있고, 일반인들이 알고 있는 세조의 피부병에 대해서도 한마디 언급이 없다.

세조 3년(1457, 41세) 3월 신하들에게 시를 받치게 하는 자리에서 세조는 '나는 소년시절에 기운이 웅장하고 마음이 씩씩하니 스스로 유예(遊藝; 육예를 배움)를 평생의 업으로 하려고 하였으나 지금은 그렇지 않다. 만약 한 갓 부녀에 의빙(의거; 어떤 힘을 빌려 의지함)되어 절제할 소이(까닭)를 알지 못하였다고 하면 정치를 하고 오랑캐를 굴복시키는 일이 아니었을 것이다.'라고 말했다.

이렇듯 수양의 소년시절은 건강한 신체를 가진 평범한 범인이었고 정치에도 전혀 뜻이 없음을 알 수 있다. 그러나 단종이 즉위하면서 심리학자들이 말하는 단종과 수양 사이에 대상관계가 형성되면서 왕의 꿈을 가진 것 같다.

첫 질병기록은 세조 4년(1458, 42세)에 있으나 임금이 편찮하셨다는 정도이고, 세조 9년(1463, 47세) 1월, 4월 및 6월 3차례 있었다.

그러나 세조10년(1464, 48세)부터는 병세가 심상치 않았고 그해 4월 16일은 의원에게 온탕을 효력있게 이용하는 절목(조목; 낱낱의 항목)을 내렸고, 그 해 5월 2일은 흥복사 터에 다시 사찰을 복원하여 원각사로 삼을 것을 명하였고 두 차례 사면령도 내렸다.

세조 12년(1466, 50세) 10월 2일에 '꿈속에 나는 생각하기를 현호색(양귀비목 현호색과의 다년초, 뿌리는 약용으로 쓰임)을 먹으면 병이 나을 것이라고 여겨서 이를 먹었더니 과연 가슴과 배의 아픈 증세가 조금 덜어지게 되엇으니 이것이 무슨 약인가?'하니 한계희가 '현호색이란 것은 흉복통을 치료하는 약입니다.'라고 대답하였다.

이에 현호색을 가미한 칠기탕(아픈 증상을 치료하는 처방약)을 올렸더니 과연 병환이 나았다고 한다. 이와 같이 현호색을 먹고 흉복통이 쾌유되었다는 기록만 있고 병에 대한 기록은 없다.

세조 14년(1468, 52세) 5월 28일에 '내가 잠저(임금이 되기 전 살던 집)로부터 일어나 창업의 임금이 되어 사람을 죽이고 사람을 형벌한 것이 많았으니 어찌 한 가지 일이라도 원망을 취함이 없겠느냐? 주역에 소정(小貞)은 길하고 대정(大貞)는 흉하다.'고 고뇌를 토로하면서 세조의 죄의식 심정을 간접적으로 털어 놓았다.

같은 해 7월 19일에는 세자에게 전위하는 것에 대해 논의하였으나 신료들의 반대로 세자 대리청정인 집단지도 체재를 시행하기로 했다.

7월 20일에 다시 대사면령을, 8월 1일에는 수릉(壽陵; 임금이 죽기 전에 미리 준비해 두는 무덤) 마련을 지시하였고, 7월 25일 이후 효령대군 사저, 자을산군 사저, 수강원으로 3차례 이어(임금이 거처하는 곳을 옮김)를 하였다.

8월 27일과 9월 3일 또 다시 대사면령을 내렸고 불상을 모셔 놓고 기도를 하는 등 세조는 죽음에 즈음하여 죄를 씻을려고 모든 방법을 동원했다.

그러나 이러한 조치는 하등 도움이 안되었을 뿐 아니라 오히려 마음의 갈피를 잡지 못했고 두려움만 더해졌다. 세조가 수릉을 준비하면서 뿌린 눈물은 세조의 과거 죄 때문에 입은 심적 고뇌를 단적으로 입증해 준다.

야사에서는 문종 비인 현덕왕후 권씨의 원혼이 떠돌아 다닌다는 궁중내 소문과 세조 꿈에 현덕왕후가 '네가 내 아들을 죽였으니 나도 네 아들을 죽이겠다.'는 꿈을 꾸었다고 한다. 그러나 세조의 큰 아들인 의경세자는 1457년 9월에 죽었고, 단종은 같은 해 10월에 죽어 의경세자가 단종보다 빨리 죽었으니 현덕왕후의 저주의 꿈은 사실이 아닌 것 같다.

또 꿈에서 현덕왕후 권씨가 세조에게 침을 뱉은 자리는 피가 나도록 긁어도 가려워서 전의가 약을 지어주어 복용해도 낫지 않았다는 후설도 있다.

꿈이란 평상시 품고 있었던 생각이나 희로애락 등이 잠을 통해 표출되는 가상이거나 가끔은 실상의 현상이라는 점을 감안하면 일부는 수긍이 가기도 한다.

요약하면 세조는 계유정난 이후 단종, 친형제들, 친척과 대신 등

그림 7-1 ● 충청북도 보은 속리산 내에 있는 암자인 복천암

많은 사람들을 유배보내거나 살해했는데, 이후 국정이 안정되자 죄책감으로 시달렸고, 그로 인해 불면증, 가끔은 악몽(nightmare)에 시달리는 신경쇠약자가 되었다. 이는 곧 심신탈진으로 이어져 더 이상은 생명을 지탱하지 못할 정도로 육체도 망가져 사망한 것으로 추정된다.

세조는 사망 직전에 가망이 없음을 느끼고 즉시 서둘러 세자에게 양위를 하고, 1468년 9월 8일 수강궁에서 사망하였다. 당시 세조 나이는 52세였다.

세조 능인 광릉(光陵; 사적 제197호)은 경기도 남양주시 진접읍 광릉수목원로 354번지에 위치했다.

참고 속리산 내에 위치한 복천암(福泉庵)이란 암자는 세조가 난치병을 치료하면서 부터 널리 알려진 전설의 절이다(그림 7-1).

이 암자는 충북 보은군 내속리면 사내리 속리산에 있는 법주사의 산내 암자이다. 문장대로 가는 길목에 있고, 신라 성덕왕 19년(720)에 세워진 절이다.

세조는 이 암자에서 신미(信眉)와 학조(學祖)라는 두 고승과 함께 3일 동안 기도를 드린 뒤 암자에 이르는 길목의 목욕소(沐浴沼)에서 목욕을 하고 피부병이 나았으므로 절을 중수하였고, 또 만년보력(萬年寶歷)이라고 쓴 사각옥판(四角玉板)을 하사하였다고 한다. 오늘날도 난치병 치료에 효험이 있다고 알려져 찾는 사람들이 끊이지 않는다고 한다.

예종

- 생몰년: 1450년~1469년
- 등극시 나이: 19세
- 재위기간: 1년 2개월
- 세자기간: 10년 9개월
- 사망시 나이: 20세
- **사인**: 심근경색증?

족질로
고생했던 임금

— 족질은 급사할 수
있는 희귀질환이었을 것이다.

즉위과정

조선 제8대 왕 예종은 세조와 정희왕후 윤씨 사이에 태어난 차남으로 이름은 황(晄)으로, 세조 1년(1455) 8월에 해양대군(海陽大君)으로 봉해졌다. 세조 3년(1457) 9월 형인 의경세자가 20세로 사망하자, 그해 12월 15일 11세 나이로 왕세자로 책봉되었다.

　세조 14년(1468) 9월 7일 세조의 병이 점점 위중해지자 세조는 세자에게 양위를 선언하였고, 이에 정인지 등이 "성상의 병환이 점점 나아가시는데 어찌하여 갑자기 자리를 내어 놓으려고 하십니까? 신 등은 옳지 못하다고 생각합니다."라고 반대를 하자, 세조가 노하여 말하기를 "운(運)이 다하면 영웅도 마음대로 못하는데 너희들이 나의 하고자 하는 뜻을 어기니, 이는 나의 죽음을 재촉하는 것이다."라고 하였다. 그리고는 내시(內侍)로 하여금 면복(冕服)을 가져오게 하여 친히 세자에게 내려 주니, 세자가 굳이 사양하였으나 할 수 없었고, 날이 저물자 세자가 수강궁(壽康宮) 중문(中門)에서 즉위(卽位)하였다.

막상 예종은 즉위을 하였지만 왕권을 전적으로 행사할 수 없는 처지였다. 왜냐하면 아직 20세 성년이 되지 않은 데다가 건강마저 좋지 않았기 때문이다. 이런 이유로 예종 때 정희왕후 윤씨가 국정에 관여하게 되었으나, 그녀가 직접 정무를 판단하여 시행하기 보다는 원상의 도움을 받아 처리하였다.

정희왕후는 성격이 대담하고 결단력이 강한 여자였기에 예종의 유약한 성품을 잘 떠받쳐 주었다. 또 예종도 세자 시절에 왕의 서무에 참여한 일이 있어 국사 처리가 전혀 생소한 것은 아니었다.

예종의 가족들

예종은 정비 2명, 후궁 3명 3명의 부인 사이에 적자 2명, 적녀 2명 총 4명의 자녀를 두었다.

정비인 장순왕후 한씨는 한명회 셋째 딸로 16세 때 다섯 살 연하인 예종과 혼인하여 인성대군 이분을 낳고 산후 5일 만에 산후후유증으로 세조 6년(1460) 17세의 나이로 요절했다. 또한 인성대군도 3세 때 전염병으로 사망했다.

계비인 안순왕후 한씨는 세조 8년(1462) 세자빈으로 간택되어 가례를 올렸고, 예종이 왕에 즉위하자마자 왕비로 책봉되었다. 그녀는 제안대군, 현숙공주와 혜순공주 3명의 자녀를 낳았다. 안순왕후 한씨는 연산 4년(1498) 12월 23일에 사망하였다는 기록이외는 출생 연도 등 다른 기록은 없다.

제안대군은 예종의 차남으로 세종의 일곱째 아들 평원대군에 양자로 입적되었다. 그는 12세 때 김수말의 딸 김씨와 혼인했으나 어머니 안순왕후 한씨가 그녀를 내쫓아 14세에 다시 박중선의 딸인 박씨와 재혼했으나 후사를 보지 못했다. 또한 제안대군은 박씨의 동성애 사건으로 그녀와 이혼하였으며 측실에서만 2명의 아들을 얻었다. 그는 늘 쫓겨난 첫 부인 김씨를 잊지 못하다가 20세 때 성종의 배려로 김씨와 다시 만남을 가졌으나 오래 동안 이어지지는 못했다. 제안대군은 안순왕후 한씨가 죽은 후 홀로 살면서 평생 여자를 가까이 하지 않았고 노래를 즐기고 사죽관현(피리와 거문고) 연주를 하는 것을 낙으로 삼았다. 제안대군은 일부로 일생동안 어리석은 행동을 하여 60세의 수를 누릴 수 있었다(**예종의 가계도 참조**).

예종의 병력

말년에 병석에 누워있던 세조는 세조 12년(1466)부터 세자(예종)에게 승명대리(承命代理; 대리청정)를 명하여 정사를 돌보게하여 경험을 쌓게하였고, 정희왕후는 예종이 성년이 되지 않았다는 이유로 즉위 후 섭정을 하였다.

예종의 가계도

생몰년 1450~1467
재위기간 1년 2개월
세자기간 10년 9개월
부인 5명(왕비 2명, 후궁 3명)
자녀 5명(적자 3명, 적녀 2명)
사인 심근색증?(20세)

장순왕후 한씨(1445~1461) 1남, 사인; 산후후유증(17세)
　　　　인성대군(분, 1461~1463) 장남, 풍질

안순왕후 한씨(?~1498) 2남2녀, 사인; 위장병
　　　　제안대군(현, 1466~1525) 차남, 풍류생활
　　　　대군(1467~1467) 조졸
　　　　현숙공주(1464~1502) 임사홍의 아들과 혼인
　　　　혜순공주(1468~1469) 조졸

공빈 최씨

상궁 기씨

후궁 이씨

기록에 의하면 예종은 세자시절 사냥 특히 매사냥을 즐겨했고 세조와 함께 자주 사냥을 다녔다. 그러나 어린 시절부터 병약했고 특히 즉위 이후 건강은 좋지 않았다.

예종은 7세 때인 세조 2년(1456) 5월 창진을 앓았다.

세조 10년(1464) 1월 12일 세조가 15세인 세자에게 금기할 음식을 가르치고 패를 만들어서 차게하고 이르기를

'믿지 못할것이 기력이요, 믿지 못할것이 천명이다. 하지 아니하려고 하여도 되는것이 명이요, 믿고서 보전하는 것이 명이요, 방탕하여 잃은 것도 명이요, 알지 못한다고 하여 명에 미를 수 없는 것이다. 뜻이 있어 삼가는 자이면 어찌 예정되어 있는 것에 기인하는 것이 아님을 알겠는가?'라고 하였다. 미리 예종의 운명을 예측하고 한 말씀이었던가?

조선왕조실록에 기록된 예종의 병력을 보면 예종 1년(1469, 20세) 1월 6일 족질 때문에 목면산과 백안산 등에 기도를 한 적이 있었다. 그때 한명회와 신숙주가 문안하고 말하기를 '지난 번에 전지하시기를 족질로 인하여 인견하지 못한다고 하시었는데 지금 기도 드리니, 놀라고 두려워 어찌할 바를 모르겠습니다.'하니 임금이 말하기를 '내가 어릴 적부터 발에 헌데(痒處; 양처)가 있었는데 추위가 심해지면서 아프기 시작하였으나 지금은 좀 나왔다.'하고 곧 술을 먹이게 하였다.

같은 해 11월 18일 기록에는 승정원에게 전지하기를 '내가 족질로 오랫 동안 정사를 보지 못하였는데 지체된 일이 없느냐?고 하였다.

그리고 9일후인 11월 27일 갑자기 임금이 불예(不豫; 왕이나 왕

비가 편치 않음)하여 승지들이 모여서 직숙하였고, 11월 28일 임금의 병이 위급해져 진시에 임금이 자미당에서 사망하니, 예종은 발병 2일 만에 갑자기 사망하였다.

성종 즉위년(1469) 12월 1일 신숙주 등 9명의 원상과 승지 등이 빈청에서 정희왕후 윤씨에게 놀라운 사실을 주청했다.

'어제 염습할 때 대행왕(예종)의 옥체가 이미 변색된 것을 알았습니다. 서거한지 겨우 이틀인데도 이와 같은 것은 반드시 병환이 오래되었는데 외인은 미처 알지 못했던 것입니다.'하니 정희왕후 윤씨는 놀라지 않았다. 그리고 말하기를 '대행왕이 일찍히 발병을 앓았는데 병이 나았을 때는 반드시 내게 매일 세 번씩 조회했고, 병이 발생했을 때도 사람을 시켜 문안하기를 그치지 않았으니 내가 어찌 이 지경에 이르게 될 줄 생각했겠는가? 세조께서 일찍히 작은 질병을 만나면 외인에게 알리지 못하게 한 것이 여러 번이었다.'고 하셨다.

지금까지 기록을 종합해 보면 세조나 정희왕후 윤씨는 예종의 족질을 오래전부터 알고 있었으며 족질은 어릴 적부터 생긴 고질병이었으나 갑자기 사망할 줄은 몰랐던 것 같다. 예종의 갑작스러운 죽음(急死; sudden death)의 소식을 듣고서도 정희왕후 윤씨가 당황함이 없이 너무나 담담한 표정으로 즉시 자을산군을 차기 왕 계승자로 발표하는 모습, 또 사후 예종 시신의 검시 소견을 토대로 당시에 예종 독살설을 제기한 사람들도 있었다.

그러나 예종은 독살보다 지병에 의해 사망했을 가능성이 훨씬 높다.

그러면 예종이 앓았다는 고질병인 족질과 급사의 원인이 된 정체는 과연 무슨 병이었을까?

현대의학적으로 고찰해 보면 다음과 같은 결론을 내릴 수 있을 것 같다.

흔히 발에 생길수 있는 병은 수 없이 많으나 대부분은 피부, 근육과 인대, 말초신경, 혈관을 침범하여 생기는 병들이다. 이중에서 젊은 나이에 갑자기 죽음을 초래시킬 수 있는 병은 혈관을 침범하는 혈관염 이외는 없다.

혈관염에도 여러 종류의 질병이 있으나 예종처럼 청소년기에 갑자기 사망에 이르게 되는 질환으로 가장 먼저 고려해야 할 병은 희귀병인 결절성주위동맥염(polyarteritis nodosa)일 것이다.

결절성 주위동맥염은 폐를 제외한 모든 기관과 내부 장기, 그리고 신체 외부 모든 곳에 분포된 동맥이나 세동맥에 염증성 괴사(inflammatory necrosis)를 일으키는 질환으로, 원인은 모르나 자가면역 질환으로 추종하고 있다.

이 질환은 모든 년령에서 발생하나 특히 20-30대에 호발되며, 남녀 모두에서 똑같이 생긴다.

잘 침범되는 장기를 보면 신장, 근골격, 말초신경, 피부, 위장, 심장, 뇌 순이며, 증상은 침범된 장기에 따라 다양하다. 그러나 이 질환은 나이가 어릴수록 심장에 영양을 공급하는 관상동맥을 잘 침범하는데 이 경우 급사의 원인이 될 수 있다.

아마도 예종은 어릴 적부터 결절성주위동맥염으로 인한 발의 피부, 말초신경, 관절에 분포된 동맥에 염증이 생겨 족질 형태로 앓았고 족질이 악화되었다가 호전되는 과정을 밟다가 임종 시에는 심장의 영양을 담당하는 혈관인 관상동맥이 막혀 생긴 심근경색증으로 돌연사 한 것으로 추종된다.

　실은 예종은 외부 동맥뿐 아니라 내장 즉 신장과 심장 등에 분포된 동맥도 오래 전부터 병변이 있었으나 외견상으로 나타나지 않아 모르고 지낼 가능성이 높다. 그러나 실은 내부장기의 모든 혈관에도 혈관염이 생겨 서서히 진행되었으며 임종 직전에 심장에 영양을 공급하는 관상동맥이 혈관염으로 인해 갑자기 막혀 심장근육이 괴사되는 심근경색증을 일으켜 심장마비로 사망한 것으로 사료된다.

　이를 뒷받침해 주는 중요 기록이 있는데 아래와 같은 사실이다.

　성종 즉위년에 신숙주등 원상과 승지 등이 예종을 염습할 때 예종의 시신을 보고 사망한지 겨우 이틀 만에 시신이 변색한 것에 대해 놀라 정희왕후에게 보고를 한다.

　추론하면 예종은 어릴 적부터 결절성 주위동맥염을 앓아 이로 인해 신체 대부분의 동맥들은 염증이 생겼으며, 생존 시에는 족질 증상이외 다른 자각 증상이 없어 모르고 지냈으나 실은 혈관염으로 인해 전신적인 혈액순환 장애는 있었던 것이다. 예종의 시신이 사후 이틀 만에 변색한 것은 독살에 의한 것은 아니고 혈관염으로 인해 전신 혈액순환장애가 생겨 시신이 변색된 것으로 추측된다.

　사후 예종 시신의 변색 소견은 예종이 동맥염을 앓아 평소에도 혈액순환이 잘 되지 않았다는 것을 뒷받침 해주는 중요한 증거가 되는 것이다.

　예종 능인 창릉(昌陵; 사적 제198호)은 경기도 고양시 덕양구 서오릉로 334-92번지에 위치한 서오릉에 있다.

　서오릉은 서쪽에 다섯 기의 능이 있다고 해서 붙여진 이름이다.

서오릉은 원래는 추존 덕종왕(의경세자, 성종의 부친)의 경릉 터로 정해지면서였다. 이후 예종의 창릉, 숙종의 명릉, 숙종 왕비 인경왕후의 익릉, 영조 원비 정성왕후의 홍릉이 들어서면서 지금의 모습을 갖추게 되었다.

제9대 **성종**

- 생몰년: 1457년~1494년
- 등극시 나이: 13세
- 재위기간: 25년 1개월
- 사망시 나이: 38세
- **사인:** 장결핵

도학정치를
펼친 임금

— 배꼽 밑 종기는
장결핵과 연관된 소견이다

즉위과정

조선 제9대 왕 성종은 세조 장남인 의경세자와 소혜왕후 사이에 태어난 차남으로, 이름은 혈(娎)이다. 세조 7년(1461) 1월에 자산군(者山君)에 봉했으나, 세조 10년(1464) 자을산군(者乙山君)으로 군호를 개명해 주었다. 세조 3년(1457) 9월 의경세자가 20세에 죽자 세조는 자을산군을 궁중에서 거처하게 했다.

성종실록 총서에서는 자산군이 어렸을 때 어느 날 형 월산대군과 함께 대궐 처마 밑에서 글을 읽고 있었는데 요란한 천둥소리가 나더니 곁에 있던 어린 환관이 갑자기 벼락을 맞아 죽었다. 곁에 있던 모든 사람들이 놀라 허둥댔는데 자산군은 조금도 두려워 하지 않고 평소처럼 행동했다고 한다. 이러한 대담한 성품이 세조의 맘에 들게 한 요인이었다.

예종 1년(1469) 11월 28일 20세인 예종도 재위 1년 2개월 만에 갑자기 세상을 떠나자 즉시 세조비인 정희왕후 윤씨는 한명회, 신숙주 등 원상들과 후사를 논하고 다음과 같은 전교를 내렸다.

'원자(제안대군; 예종의 아들)는 바야흐로 포대기 속에 있고(당시 4세), 월산군은 본디부터 질병이 있다. 자을산군(성종)은 비록 나이가 어리지만 세조께서 매양 그 기상과 도량을 일컬으면서 태조에 견주기까지 했으니 그에게 상을 주관하게 하는 것이 어떻겠는가?'는 내용이었다.

그리고 정희왕후와 원상들은 자신들의 정치적 야합이 구설수에 오를 것을 염려했었는지 예종이 죽은 당일에 서둘러 즉위식을 치렀다. 그 당시 자을산군 나이 13세였다.

자을산군의 등극은 원자 제안대군, 장남 월산대군에 이어 서열 3위인 자가 서열을 무시하고 왕으로 오른 파격적인 처사였다.

성종이 즉위한 후 임금이 어린 관계로 신숙주 등이 대비(大妃)에게 같이 정사(政事)를 청단(聽斷; 송사를 자세히 듣고 판단함)하기를 청하자, 대비가 전교(傳敎)하기를,

"내가 복이 적어서 이러한 자식(子息)의 흉사(凶事)를 당했으므로, 별궁(別宮)으로 나아가 스스로 보양(保養)하려고 한다. 더구나 나는 문자(文字)를 알지 못해서 정사(政事)를 청단(聽斷)하기가 어려운데, 사군(嗣君; 왕위를 이은 임금 즉 성종)의 어머니 수빈(粹嬪; 인수대비 한씨)은 글도 알고 또 사리(事理)도 알고 있으니, 이를 감당할 만하다."라고 거절하였다.

이후에도 대신들이 청원하자 대비는 두세 번이나 사양했고, 그래도 신숙주 등이 굳이 청하자 대비는 마지못해 수렴청정을 수락하였다. 그리고 성종 7년(1476) 1월까지 수렴청정이 이어졌다.

정희왕후는 정무를 임금에게 맡기면서 다음과 같이 하교하였다.

"국가의 모든 정무(政務)는 진실로 마땅히 1인(一人; 임금을 지칭한 말)에게 들어 처리해야 할 것이다. 간혹 모후(母后)가 있어 정무에 참여하는 일이 있으나, 이것은 한때의 임시 편의(便宜)일 뿐이다. (중략)

마침 지금은 임금의 나이가 이미 장성(長成)하고 임금의 학문도 이미 성취되어 만기(萬幾; 임금이 보살피는 여러 가지 정무)를 재결(裁決)함이 문득 규정과 법도에 합당하니, 나 같은 늙은 부인(婦人)이 마땅히 다시 쓸데없이 간섭할 바는 아니다. 그런 까닭으로 지금부터 국가의 모든 정무(政務)는 참여해 아는 바가 없이, 모든 백성으로 하여금 임금의 정치를 모두 우러러보게 하고, 나는 다만 한가롭게 여년(餘年)을 보전하여 태평을 영원히 보고 있을 뿐이다. 그대 의정부(議政府)에서는 이 뜻을 잘 알아서 중앙과 지방에 알아듣도록 타이르라."하였다.

성종실록 63권, 성종 7년 1월 13일

성종의 가족들

성종은 왕비 3명, 후궁 11명 이상 사이에 적자 4명, 적녀 4명, 서자 17명, 서녀 13명 총 38명의 자녀를 두었다.

후비 공혜왕후 한씨는 한명회의 막내딸로 12세 때 한 살 연하인 성종과 혼인 하였으나 후손없이 19세에 병사하였다.

제1계빈인 제헌왕후 윤씨는 19세 때 두 살 어린 성종의 후궁으로 들어와 공혜왕후가 죽자 22세 때 왕비로 책봉되었다. 왕비 책봉 전 왕자를 생산하였으나 요절하였고, 왕비 책봉된 뒤 3개월 만에 연산군을 낳았다. 그후 3년 만에 그녀의 질투로 인해 사약을 받고 28세에 죽음을 당했다.

제2계비인 정현왕후 윤씨는 제헌왕후가 폐서인 된지 1년여 만에 19세 나이로 24세의 성종과 혼인하여 중종, 순숙공주, 신숙공주 등 1남 4녀를 낳았고 폐비윤씨를 거울삼아 '인내의 여인'으로 살다가 69세까지 수를 누렸다(**성종의 가계도 참조**).

성종의 병력

성종은 조선왕들 중에 드물게 키가 컸으며 여자와 술을 좋아했다고 한다.

조선왕조실록에서 성종의 병력을 보면 세조 13년(1467, 11세)에 성종은 더위에 약한 체질이라고 언급한 것이 첫 기록이다.

성종 7년(1476, 20세) 12월 6일 '내몸에 종기가 나서…'라고 종기에 대한 첫 언급 이후 성종 14년(1483, 27세) 6월 25일에는 '지금 서증(暑症)을 앓고 있고 또 작은 종기가 났다.' 하였고, 성종 15년(1484, 38세) 3월 27일 '전에 앓던 창구(부스럼이나 종기가 터져서 생긴 구멍)가 지금도 아물지 않아 목욕하고 재결하지 못하니 정희왕후 연제를 친행하는 것을 정지시킨다.'고 하였다. 이는 성종도 결핵성 냉농양을 앓고 있음을 시사한다.

성종 19년(1488, 32세)에는 '성종의 가래가 검붉은 피가 섞여 나오기 시작하였는데 가슴이 상한 결과이다.' 하였는데 이 때 폐결핵으로 가래에 피가 섞여 나온 것이다.

성종은 더위에 약한 체질이고 20세 이후부터 결핵 증세가 있었던 것이다. 결핵 이외 두통, 치통, 치질, 임질(신장장애), 수전증도 있었고 식상증(음식을 소화시키지 못해 복통과 토사를 일으키는 증세)와 이질(만성설사)도 있었다.

성종 25년(1494, 38세) 8월 22일 성종이 이질(설사)증세가 있기 때문에 조계를 정지하면서 '지난 밤과 오늘 아침에 뒷간에 여러번 다녔기 때문에 이를 정지한다'고 하였으니 이는 장결핵도 병발하여 설사가 심해짐을 의미한다.

이후 병세가 악화되었고 그해 11월 2일 '나의 천증(喘症; 숨결이 가쁜 증상)이 오래도록 낫지 않아 약을 올리게 하였다.'고 하였는데 이는 폐결핵도 진행되어 호흡곤란을 느낄 정도였던 것 같다.

12월 2일 의원이 '신등이 듣건대 성상의 이질이 낫지 아니하고 또 후설(목구멍과 혀를 아울러 이르는 말)이 건조한 증세가 있다고 하는데 어떠하신지요?' 하니 '나의 설사는 이미 멈추어졌다. 다만 밤이면 기침이 나고 목이 마를 뿐이다.'고 하셨다.

12월 20일 기록에는 '배꼽 밑에 작은 덩어리가 생겼는데 지난 밤부터 조금씩 아프고 빛깔이 조금 붉다.'고 하셔 이는 아마도 장결핵

성종의 가계도

생몰년 1457~1494

재위기간 25년 1개월

부인 14명 이상(왕비 3명, 후궁 11명 이상)

자녀 38명(적자 4명, 적녀 4명, 서자 17명, 서녀 13명)

사인 장결핵(38세)

공혜왕후 한씨(1456~1474) 무자녀, 사인; 폐결핵?(19세)

폐제헌왕후 윤씨(1455~1482) 3남, 사인; 사약(28세)
　　　대군(효신, 1475~1475) 조졸
　　　왕세자(융, 연산군, 1476~1506)
　　　대군(1478~1479) 조졸

정현왕후 윤씨(1462~1530) 1남 4녀, 사인; 뇌수막염(69세)
　　　진성대군(역, 중종, 1488~1544)
　　　순숙공주(1478~1488) 장녀, 병사
　　　신숙공주(1481~1486) 차녀, 병사
　　　공주(1485~?) 3녀
　　　공주(1490~?) 4녀

명빈 김씨 3남3녀
　　　무산군(종, 1490~1525) 서11남, 문장, 문필에 능함
　　　휘숙옹주(생몰년 미상) 서차녀, 연산군과 통정함
　　　경숙옹주(1483~?) 서5녀
　　　휘정옹주(생몰년 미상) 서9녀
　　　왕자 2명 조졸

귀인 정씨 2남2녀
　　　안양군(항, 1480~1505) 서차남, 자기 어머니를 때려 죽임
　　　봉안군(봉, 1482~1505) 서5남
　　　정혜옹주(?~1507) 서10녀
　　　옹주 조졸

귀인 엄씨 1녀
　　　공신옹주(생몰년 미상) 서3녀

귀인 남씨

소의 이씨

숙의 하씨 1남
      계성군(이순, 1478~1504) 서장남

숙의 홍씨 7남3녀
      완원군(수, 1480~1509) 서3남, 병사
      회산군(염, 1481~1512) 서4남
      견성군(돈, 1482~1507) 서6남, 이과모반으로 사사됨
      익양군(회, 1488~1552) 서7남, 중종반정공신
      경명군(침, 1489~1526) 서9남
      운천군(인, 1490~1524) 서13남
      양원군(희, 1492~1551) 서14남
      혜숙옹주(생몰년 미상) 서장녀
      정순옹주(?~1506) 서6녀
      정숙옹주(1492~?) 서11녀

숙용 심씨 2남2녀
      이성군(관, 1489~1552) 서8남
      영산군(전, 1490~1538) 서12남
      경순옹주(1482~?) 서4녀
      숙혜옹주(1486~1525) 서7녀

숙원 권씨 1남1녀
      전성군(변, 1490~1505) 서10남
      경휘옹주(생몰년 미상) 서8녀

숙원 윤씨

생모 미상 1남
      왕자(금수, 1493~?) 조졸

* 성종의 사랑을 받은 기생; 기생 소춘풍

으로 인해 복부 임파선까지 결핵이 번진 것을 의미한다.

12월 23일 '내가 음식을 먹지 못해 밤에는 조금 열이 있었다.'고 말하였고, 송흠이 임금의 병세를 말하기를' 성상의 몸이 몹시 여위셨고 맥도 부삭〈浮數; 부맥(손가락으로 누르지 않고 피부에 가볍게 손을 대기만 해도 맥의 움직임을 느낄 수 있는맥)과 삭맥(빨리 뛰는 맥)이 동시에 발생하는 맥상〉하여, 어제는 육지였는데 오늘은 칠지였습니다. 그리고 얼굴 빛이 위황(위험하고 매우 급함)하고 허리 밑에 적취(배나 가슴, 옆구리에 살덩어리가 불룩 솟아 오른 것을 말함)가 있고 내쉬는 숨도 많고 들어마시는 숨은 적으며 입술이 또 건조하십니다.'고 성종의 병세가 위급함을 설명한 것이다.

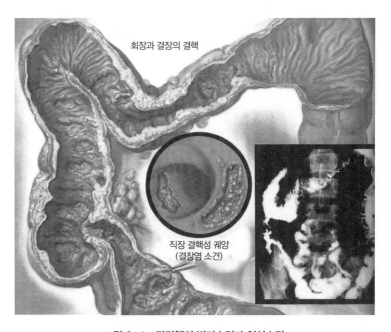

회장과 결장의 결핵

직장 결핵성 궤양
(결장염 소견)

그림 9-1 ● 장결핵의 병리소견과 영상소견

12월 24일 전명춘 진찰 소견에도 배꼽 밑에 종기가 있다고 하였으며, 그날 오시에 38세로 사망하였다(그림 9-1).

지금까지 병세와 병경과를 종합해보면 성종은 20세부터 결핵증세가 시작되었으며 폐결핵 뿐만 아니라 만성 설사와 식상증 증세를 일으키는 소화기계 결핵 즉 장결핵도 병발했으며, 복부에는 냉농양이 생겨 특히 배꼽 밑의 종기는 루(fistula)를 형성하여 농양의 창구도 생기고 이차 세균 감염으로 종양부위에 통증도 생기고 냄새도 풍겼을 것이다.

결국 성종은 결핵 합병증으로 사망한 것이다.

성종 능인 선정릉(宣靖陵; 사적 제199호)은 서울특별시 강남구 선릉로 100길 1번지에 위치했다.

사약

성종의 제1계빈인 제헌왕후 윤씨는 사약을 받고 사망했는데 이외도 송시열과 장희빈도 사약을 받고 죽었고, 단종은 사약을 내리자 거절하고 마시지 않았다고 한다.

그러면 대체 사약의 정체는 무엇일까?

사약은 왕족 또는 사대부가 죄를 지었을 때 임금이 내리는 극약이다.

사약의 역사를 보면 중국에서 전해진 것으로 사료된다.

고대 중국에서는 사약의 재료로 짐새의 독(짐독)을 사용했다고 한다.

짐새는 검은 자색의 깃털, 긴목, 붉은 부리를 가진 새로 수리나 독수리와 비슷하다고 한다. 전해오는 이야기로 짐새는 독사만 먹고 살았기 때문에 독사의 독이 짐새의 온몸에 퍼져 있다고 한다. 이 짐새의 깃털을 술에 담가서 독주로 사용하였다고 한다.

그러나 진나라 이후에는 짐독이 아닌 비상을 사용한 독살 방법이 일반적으로 사용되었고 이외 뿌리에 독성 성분이 있는 부자를 비상과 함께 조제하였을 것이라는 추측도 있다.

조선시대에서 내의원 사약제조법은 비밀이라 알려진 것은 없으나, 혈관확장제, 비상. 수은 혹은 온갖 독성의 재료를 섞은 혼합제일 것이라고 추정한다. 비상, 부자 이외 생금, 생청, 게의 알, 독초들이 사약의 원료로 사용되었다고 한다.

제일 흔히 사용한 재료는 비상이다.

폐비 윤씨에게 사약으로 내린 비상은 조선시대 제일 흔히 사용한 사약의 원료이다.

비상(비광석)은 비소산, 비소산화물, 비소·화물 등 비소(As)를 함유한 혼합물 형태로 존재한다. 대체로 비소산화물은 흰색을 띠고, 비소황화물은 붉은색을 띠는데, 비소황화물로는 웅황(As_2S_3), 계관석(AsS), 독사(FeAsS) 등이 있다.

헌종 1년(1834)에 이규경(李圭景)이 저술한 『오주서종박물고변(五洲書種博物考辨)』에는 조선시대 비상을 정제하는 방법이 기록되어 있다. 이 책에서는 그 당시 사용되던 비상제법으로는 명대(明代) 송응성(宋應星)이 지은 『천공개물(天工開物)』에 나온 방법을 포함해 세가지 방법을 소개하고 있다. 그 중 명대의 천공개물에 나온 방법을 소개하면 다음과 같다.

「우선 아래가 둥근 흙가마[土窯]를 만들어 놓고 그 위에 비석광을 넣는다. 흙가마 윗부분에 둥근 굴뚝[曲突]을 만들고 다음에 쇠솥[鐵釜]을 거꾸로 굴뚝 입구에 덮고 밑에서 석탄으로 불을 때면 비석에서 승화된 기체가 굴뚝을 따라 올라가서 솥 위에 부착된다. 부착된 물질의 두께가 한 치[一寸]쯤 되는 것을 기준 삼아 불을 끄고 기체가 식기를 기다렸다가 다시 불을 때어 종전과 같이 한다. 이렇게 되풀이하여 한 솥안에 여러 층이 되면 솥을 들어 내려 깨뜨려서 비상을 취한다. 비상 아래 철가루가 있는 까닭은 솥을 깰 때에 부스러진 찌꺼기이다.」

비소의 치사량은 약 120 mg로, 주사나 입으로 복용하면 빨리 혈류로 통해 간, 신장 등 전신으로 퍼져 수분에서 수시간 내에 증상이 생긴다. 특히 심한 위장관 장애증상, 심한 체액 감소, 급성 신부전증을 일으켜 사망하게 된다.

작용기전은 비소가 인체에 들어가면 사람의 에너지원인 ATP 생산을 방해한다. 따라서 세포 호흡을 방해하게 되어 많은 장기가 기능을 잃게되어 결국 세포의 괴사(壞死; 조직이나 세포가 부분적으로 죽는 일)가 생기고, 세포 호흡을 방해하여 세포독성 작용을 일으켜 죽음에 이르게 한다.

일반적으로 사약을 받고 죽을 때 피를 토하는 것으로 알고 있는데, 사약 중에 출혈을 일으켜 피를 토하게 하는 약물은 없다.

조선시대 법의학서인 『증수무원록언해』에서 비상을 먹고 자살한 사람들의 모습을 묘사한 부분이 있어 소개하면 다음과 같다.

「비상에 중독되어 죽은 자는 만 하루가 지나면 온몸에 작은 포진이 발생하고, 몸의 색깔도 청흙색으로 변하고, 눈동자와 혀가 터져 나오고 입술이 파열되고 두 귀가 부어서 커질 뿐아니라 복부도 팽창하고 항문이 부어 벌어진다.」

이 기록처럼 비소 중독에 의한 사망시 출혈되어 피를 토하는 경우는 없다.

흔히들 연산군 어머니인 폐바 윤씨가 사약을 받고 죽을 당시 남겨진 피묻은 적삼을 연산군 외할머니가 간직했다가 후에 연산군에게 그 옷을 보여줌으로서 피의 숙청이 벌어진 것으로 알고 있는데, 폐비 윤씨가 죽을 당시 남긴 옷에 묻은 것은 피가 아니고 약물이라는 사실이 연려실기술에 기술되어 있다.

「윤씨가 죽을 때에 약을 토하면서 목숨이 끊어졌는데, 그 약물이 흰 비단 적삼에 뿌려졌다. 윤씨의 어미가 그 적삼을 전하여 뒤에 폐주에게 드리니 폐주는 밤낮으로 적삼을 안고 울었다. 그가 장성하자 그만 심병(心病)이 되어 마침내 나라를 잃고 말았다.」 연려실기술 제6권

즉 폐비 윤씨가 사약을 먹고 약을 토했는데 그 약물이 흰 비단 적삼에 묻혀져 비상 성분 중 붉은색을 띠는 비소황화물로 인해 옷이 붉

그림 9-2 ● 부자(초오)

게 물둘자 피를 토해 얼룩진 것으로 잘못 알려진 것이다.

또 사약을 먹으면 대부분 사람이 즉시 죽는 것으로 알고 있지만 죽지 않은 경우가 실제로는 더 많았다고 한다.

조선왕조실록에서는 단종이 스스로 자결한 것으로 기록되어 있으나 실은 자살이 아니라 금부도사가 사약을 먹을 것을 애원하자 단종이 이를 완강히 거절하였다. 그러자 금부도사 옆에 있던 나장이 활시위로 단종의 목을 졸라 질식사 시켰던 것이다.

두 번째로 사용된 재료는 부자이다(그림 9-2).

부자(附子)는 미나리아재비과에 속하는 투구꽃의 덩이뿌리로 오두(烏頭)라고도 한다. 옛날에 뿌리줄기를 짓 찍어서 화살촉에 발라 동물사냥에 이용했고, 마늘쪽 모양으로 생긴 뿌리를 부자라 한다.

부자 다진 물을 사약으로 쓰는데 뜨거울 때 마시는 부자는 사약이 되지만, 식혀서 마시게 되면 보약이 된다고 한다. 그래서 사약으로 마시고 죽지 않으면 더 먹이고 그래도 죽지 않으면 방안에 가두고 불

그림 9-3 ● 천남성 알뿌리

을 때워 약기운이 퍼지게 하였다고 한다.

부자를 그대로 말린 것을 생부자, 소금물에 담갔다가 석회가루를 뿌려서 말린 것을 백하부자, 약 섭씨 120도로 가열하여 다소 유효 성분이 변질한 것을 포부자라고 하며 모두 약용으로 쓰인다.

부자의 주성분은 아코니틴(aconitine)으로, 성인의 피하 치사량은 2~4 mg 정도로 맹독성이며, 생약의 경우 5 gm 이상 먹으면 위험하다.

이외 독성이 강해 장희빈 독살시 사약으로 사용했다는 여러해살이 풀인 천남성(天南星)은 코닌(conine, 폴리아세틸 알카로이드)을 함유했다(그림 9-3).

천남성은 피부에 닿기만 해도 물집이 생길 정도로 강한 독성을 지녔다. 그러나 코닌은 끓이면 중화되어 약용으로도 활용한다.

코닌은 중추신경계의 니코티닉 아세틸콜린 수용체(nicotinic acetylcholine receptors, nAChR)에 작용해 큐라레(curare)와 같은 양상으로 신경근접합 부위에서 근육을 마비시켜 호흡근육이 마비되고 뇌와 심장에 허혈증상을 일으켜 사망에 이르게 한다.

소크라테스도 천남성과 동일한 독성인 코닌을 함유한 독당근(snake weed, poison hemlock)을 먹고 사사되었다.

그러나 사약을 먹은 후 체질에 따라 죽지 않은 경우가 더 많았다고 한다. 이럴 경우 사약을 가져갔던 금부도사가 활줄로 목을 졸라 죽이는 경우도 비일 비재하였다고 한다.

예로 단종도 사약을 거절하자 관노가 활시위로 목을 졸라 질식사시켰던 것이다. 송시열 경우 특이체질이라 사약을 네 사발 마시고도 약기운이 잘 돌지 않았다고 한다. 야사에서는 칭송을 받고 있던 송시열인지라 금부도사도 감히 활줄로 목을 감지 못하고 '제발 대감 죽어주시오'라고 간청하자 송시열이 손톱으로 입천장을 긁어서 상처를 낸 후 사약을 한 사발 더 마시고 죽었다는 일화가 있다.

1. 조선 초기부터 '내관(內官)' 또는 '여관(女官)' 등으로 불리던 궁녀조직이 성종 대에 와서 '경국대전'에 '내명부(內命婦)'라 명시되고 조선 말까지 그대로 일컬어 왔다.

   내명부에는 정1품에서 정9품, 종1품에서 종9품 까지의 18품계로 이루어졌다.

   왕의후궁은 정1품에서 정4품, 종1품에서 종4품 까지 8품계로 이루어졌고, 궁녀직은 정5품에서 정9품, 종5품에서 종9품 까지 10품계로 이루어졌으며, 상궁은 정5품이다.

조선의 내명부

왕의 후궁				세자의 후궁	
품계	명칭	품계	명칭	품계	명칭
정1품	빈	종1품	귀인	종2품	양제
정2품	소의	종2품	숙의	종3품	양원
정3품	소용	종3품	숙용	종4품	승휘
정4품	소원	종4품	숙원	종5품	소훈
				종6품	수칙

2. 종실의 여식들의 명칭은 조선초기에는 적실녀, 서녀 구분없이 군주(君主) 또는 현주(縣主)라고 불렸고, 세종 22년(1440)부터는 현주, 향주(鄕主), 정주(亭主)로 구분하여 불렀으나, 성종 때 경국대전이 완성된 이후부터는 종실의 적실녀는 군주, 종실의 서녀는 현주라고 불렀다.

	조선초기	세종22년	성종
군주	종실의 여식	–	종실의 적실녀
현주	종실의 여식	세자궁인의 여식과 대군정실의 여식	종실의 서녀
향주	–	군정실의 여식과 대군아들의 여식	
정주	–	나머지 종실의 여식	–

히포크라테스
조선 왕을 만나다

제10대 연산군

- 생몰년: 1476년~1506년
- 등극시 나이: 19세
- 재위기간: 10년 9개월
- 세자기간: 11년 10개월
- 사망시 나이: 31세
- **사인:** 전염병 혹은 사살?

흥청망청
제멋대로 살다간 임금
— 죽음은 미스테리로 남다

즉위과정

조선 제10대 왕 연산군은 성종과 폐비 윤씨(폐 제헌왕후) 사이에 태어난 아들로 이름은 융(懳)이다. 성종 14년(1483) 2월 8세 때 왕세자로 책봉되었다.

성종은 정비 공혜왕후 한씨와 혼인한 지 여러해가 지났으나 병약해 자식이 없자, 성종 4년(1473) 3월 19일 폐비 윤씨를 성종의 후궁으로 간택하여 숙의로 봉했다. 일년이 지난 성종 5년(1474) 4월 15일 공혜왕후가 19세 나이로 세상을 떠나자, 성종 7년(1476) 8월 9일 폐비 윤씨가 22세 나이에 왕비로 책봉되었다.

숙의시절인 성종 6년(1475) 폐비 윤씨는 아들을 낳았지만 이 아이는 곧 죽었고, 왕비가 된 후 성종 7년(1476) 11월 6일 이융(연산군)

을 낳았고 그 이후 또 득남을 하였으나 이 아들도 요절했다.

윤씨는 원래 질투심 특히 여자에 대한 질투심이 남달리 강한 여자였다. 왕비가 된 후 성종 8년(1477, 23세)에는 후궁들을 주살하기 위해 극약인 비상을 숨겨두었다가 발각되어 빈으로 강등될 뻔 했지만 성종의 선처로 무마되었다. 그러나 2년 뒤인 성종 10년(1479, 25세) 그녀는 투기로 성종 용안(임금의 얼굴)에 손톱 자국을 냈다는 이유로 인수대비(소혜왕후)의 노여움을 사게 되었고 폐비가 될 처지에 이르렀다. 대신들은 중전 윤씨가 세자의 친모라는 이유로 폐비를 반대했지만, 성종은 그해 6월 중전을 폐하고, 성종 13년(1482, 28세) 8월 16일 윤씨에게 사약을 내린 다음 '윤씨지묘(尹氏之墓)'라는 묘비명을 쓰게하였다. 그리고 성종은 윤씨 사후 100년 동안 폐비문제를 거론하지 말라는 유명까지 남겼다.

그 당시 세자 융은 어려서 자신의 친어머니가 폐출되어 사살된 사실도 모르고 자랐다. 세자 융은 그 후 왕비로 책봉된 정현왕후 윤씨를 친어머니로 알고 자랐는데, 천륜을 속일 수 없었던지 세자는 정현왕후를 별로 따르지 않았고, 역시 정현왕후도 세자에게 사랑을 주지 못했다. 게다가 할머니인 인수대비는 지나칠 정도로 세자 융을 혹독하게 대했다.

이런 성장 배경 탓인지는 몰라도 세자는 결코 정상적인 아이로 자라지는 않아, 자신의 내면을 쉽게 드러내지 않고 음흉한 구석이 있었고 괴팍하고 변덕스러웠다. 게다가 학문을 싫어했고 학자를 좋아하지 않았으며 고집스럽고 독단적인 성향이 있었다.

성종 7년(1476) 폐비윤씨가 왕비로 책봉되자 왕자 융도 연산군으로 책봉되었고, 윤씨가 폐출된 지 5년 만인 성종 14년(1483) 2월 8세 나이로 세자로 책봉되었다가, 성종 25년(1494) 12월 성종이 승하하자 19세 때 왕으로 등극했다.

어머니에 대한 복수

성종에 이어 왕으로 등극한 연산군은 즉위한 지 몇 달 안된 연산군 1년(1495) 3월 16일에 어머니 윤씨가 폐비된 사실을 알게 되었다.

> 「왕이 성종(成宗)의 묘지문(墓誌文)을 보고 승정원에 전교하기를,
> "이른바 판봉상시사(判奉常寺事) 윤기견(尹起畎)란 이는 어떤 사람이냐? 혹시 영돈녕(領敦寧) 윤호(尹壕)를 기무(起畝)라 잘못 쓴 것이 아니냐?" 하매,
> 승지들이 아뢰기를, "이는 실로 폐비(廢妃) 윤씨(尹氏)의 아버지인데, 윤씨가 왕비로 책봉되기 전에 죽었습니다." 하였다.
> 왕이 비로소 윤씨가 죄로 폐위(廢位)되어 죽은 줄을 알고, 수라(水剌)를 들지 않았다.」

어머니가 폐비된 것을 알게 된 연산군은 성종의 유명을 어기고 1495년 3월 25일 윤씨를 제헌왕후로 추승하고, 묘도 회묘(懷墓)에서 '효사묘(孝思墓)'로 바꿨다가 이후 다시 회릉(懷陵)으로 격상시켰다.

어머니 윤씨가 폐위된 사실만 알고 사사된 사실을 모르고 지내던

연산군은 연산 10년(1504) 3월에서야 윤씨가 억울하게 누명을 쓰고 사사된 사실을 알게 되자 갑자사화를 일으키고 대대적인 피의 숙청을 단행하였다.

일차적으로 연산군은 윤씨를 폐위시키는데 주된 역할을 한 성종의 두 후궁 정씨와 엄씨를 즉시 잡아 들였다. 그리고 정씨 아들 안양군으로 하여금 궁중내에서 그녀들을 때리게 해 만신창으로 만들어 죽게 하였다.

「항과 봉이 나오니 밤이 벌써 3경이었다.

　　항과 봉은 정씨(鄭氏)의 소생이다. 왕이, 모비(母妃) 윤씨(尹氏)가 폐위되고 죽은 것이 엄씨(嚴氏)·정씨(鄭氏)의 참소 때문이라 하여, 밤에 엄씨·정씨를 대궐 뜰에 결박하여 놓고, 손수 마구치고 짓밟다가, 항과 봉을 불러 엄씨와 정씨를 가리키며 '이 죄인을 치라.' 하니 항은 어두워서 누군지 모르고 치고, 봉은 마음속에 어머니임을 알고 차마 장검을 대지 못하니, 왕이 불쾌하게 여겨 사람을 시켜 마구 치되 갖은 참혹한 짓을 하여 마침내 죽였다.

　　왕이 손에 장검을 들고 자순 왕대비(慈順王大妃; 성종의계비 정현왕후 윤씨 즉 중종의 어머니) 침전 밖에 서서 큰 소리로 연달아 외치되 '빨리 뜰 아래로 나오라.' 하기를 매우 급박하게 하니, 시녀들이 모두 흩어져 달아났고, 대비는 나오지 않았다. 그런데, 왕비 신씨(愼氏)가 뒤쫓아가 힘껏 구원하여 위태롭지 않게 되었다.」

연산군일기 52권, 연산 10년 3월 20일

그러고도 분이 안 풀린 연산군은 자신의 조모인 인수대비의 숙소로 쳐들어갔다. 그 당시 인수대비는 병이 들어 건강이 좋지 않아서 1504년 1월부터 정승들이 대비의 상제를 의논할 정도로 위중한 상태였다.

연산군일기 52권, 연산 10년 1월 5일

야밤에 대비 숙소로 쳐들어가 인수대비가 정씨와 엄씨 두 후궁과 똑 같은 한패라 하면서 병상에서 난동을 부리면서 연산군은 자신의 머리로 인수대비를 들이 받았다.

「왕이 항과 봉의 머리털을 움켜잡고 인수 대비(仁粹大妃) 침전으로 가 방문을 열고 욕하기를 '이것은 대비의 사랑하는 손자가 드리는 술잔이니 한 번 맛보시오.'하며, 항을 독촉하여 잔을 드리게 하니, 대비가 부득이하여 허락하였다. 왕이 또 말하기를, '사랑하는 손자에게 하사하는 것이 없습니까?'하니, 대비가 놀라 창졸간에 베 2필을 가져다 주었다. 왕이 말하기를 '대비는 어찌하여 우리 어머니를 죽였습니까?'하며, 불손한 말이 많았다. 뒤에 내수사(內需司)를 시켜 엄씨 · 정씨의 시신을 가져다 찢어 젓담그어 산과 들에 흩어버렸다」

연산군일기 52권, 연산 10년 3월 20일

충격을 받은 인수대비는 자리에 누운 뒤 다시 일어나지 못했고 한 달여 뒤인 연산 10년(1504) 4월 27일 68세 나이로 세상을 떠났다.

한편 폐비 윤씨에게 사약을 가져가 올린 좌승지 이세좌는 갑자사화 이전인 연산 9년(1503) 9월 11일 인정전에서 열린 양로연에서 어

사주를 회배할 때 임금의 옷에 술을 엎지른 실수를 저질렀다. 이로 인해 연산군의 분노를 사서 무안에 부처되었다가 이후 온성과 평해에 이배되었다가, 연산 10년(1504) 1월 11일 석방되었다. 그러나 그가 석방된 지 2개월만인 연산 10년 3월에 폐비 윤씨가 사사될 때 사약을 가져가 드린 장본인이 이세좌라는 사실을 알게 된 연산군은 이세좌와 그의 모든 일가친척을 유배보냈다. 다음 조치로 이세좌에게는 거제도로 유배 가던 중 곤양군 양포역에 이르러 연산군이 자살 명령을 내렸다. 그러자 이세좌는 목매 자결하였다.

연산군일기 52권, 연산 10년 4월 9일

성종이 윤씨를 폐출하려고 할 때 이에 찬성한 윤필상, 한치형, 한명회, 정창손, 심회, 어세겸,, 이파, 김승경, 이극균과 성준 그리고 폐비 윤씨 사사 때 사약을 받들고 간 이세좌와 권주를 갑자사회 때 연산군은 십이간(十二奸)으로 몰았다. 그리고는 이극균은 사사, 성준은 교살했으며, 윤필상은 사약을 먹어도 죽지 않아 스스로 목매어 자결했다. 또한 사약을 받들고 간 이세좌는 유배 중 목매어 자결했고, 권주는 사사됐다. 이미 갑자사화 이전에 사망한 한치형, 한명회, 정창손, 심회, 어세겸, 이파, 김승경 7명은 부관참시를 당했으며, 그들 가족과 제자들까지도 처벌을 받았다.

이외 폐비 윤씨가 폐비되기 전 수상한 행동을 성종에게 일러바쳤던 성종의 유모 봉보부인(임금의 유모, 종1품직) 백씨 "어리니(於里尼)'와 전언(典言; 상궁의 감독을 받아, 왕의 명령을 전하는 일과 왕에게 아뢰는 일을 맡아보던 종7품직) 두대(豆大)도 부관참시하였다. 부관참시에도 분이 안풀린 연산군은 '뼈를 갈아 바람에 날리기(쇄골

표풍; 碎骨飄風)' 형벌을 가하기도 하였다.

연산군일기 52권, 연산 10년 4월 23일과 6월 28일; 연산군일기 57권, 연산 11년 1월 26일

연산군과 흥청

연산군은 1494년 12월 왕위에 등극하여 연산 4년(1498, 23세) 무오
사화(사화는 '사림의 화'의 준말)를 겪기 까지는 폭군의 모습은 아니
었다.

무오사화를 계기로 대신들의 집요한 간언으로 자신과 대립하게
되자 사림세력과 일부 훈신세력까지 축출하고 왕권을 강화하는 발판
을 만들었다. 그리고 연산 10년(1504) 갑자사화 이후 29세 때부터 주
색에 빠진 폭군으로 변하였다.

이로 인해 연산군은 재위 12년(1506) 9월 중종반정으로 31세 나
이에 왕위에서 쫓겨났다.

연산군이 폐위되어 창덕궁 정문인 돈의문을 나와 동대문 쪽으로
가는 동안 수 많은 도성 주민들이 몰려들어 야유를 퍼부었다고 한다.
그들은 약속이나 한 듯 노래 가락에 맞춰 아래와 같은 가사를 불렀다
고 한다.

'충성도 거짓이요, 거동은 교동일세
일만흥청 어디두고 석양 하늘에 뉘 따라 가는고?
두어라 교동 또한 가시집이니 날 새기 무방하고 조용도 하네.'

연산군은 백관들이 쓰는 사모(紗帽; 모자)의 앞뒤에 '충성(忠誠)'
이라 새기게 했는데 충성이란 사모를 쓴 백관들이 반정을 일으켜 쫓
아내니 가히 충성의 '사모(紗帽)'가 아니라 거짓 즉 사모(詐謀)라는
야유였다.   연산군일기 63권, 연산 12년 9월 2일

또 연산군은 궁궐 주변의 민가를 철거하고 마음 내키는대로 거동
하였는데, 결국 그 거동이 교동(강화도 유배지)으로 귀결되었다는 비
웃음이다. 교동 또한 가시집이란 가시덤불에 둘러 싸인 교동의 '가시
집'이 발음상으로 기생들의 '가시집'과 같으니 그 곳에서 조용히 있다
가 죽으라는 야유였다.

'일만흥청'은 실로 연산군의 '황음무도(荒淫無道; 거칠고 음란한
행동을 일삼으면서 인간의 도리를 행하지 않음)'를 상징했다.

본래 흥청의 기원은 장악원 소속의 기생이었다.

장악원에는 주로 연주를 담당하는 남성예술가와 춤과 노래를 하
는 여성예술가를 양성하는 곳이었다.

남성예술가는 297명의 악생(음악연주와 무용을 담당한 음악인)
들과 518명의 악공(음악연주만을 담당한 음악인)들, 여성예술가는
150명의 기생이 중심이었다.

장악원에 소속된 150명의 기생은 기본적으로 관비였다. 관비는
3년에 한 번씩 선발하여 충원했고 궁궐 밖에서 거주하면서 궁중잔치
가 있을 때마다 입궁하였다. 그런데 연산군은 이같이 장악원 기생 수
를 늘려 자신이 관할하려고 하였다. 연산 10년(1504) 10월에 장악원
기생수를 150명에서 300명으로. 또 같은 해 12월에는 1,000명으로
증원했다. 연산군은 장악원 기생들에게 특별히 처용무를 가르치도

록 하였으며 그들을 위해 '흥청'과 '운평(運平)'이라는 이름을 짓기도
했다.

흥청이란 '사예(邪穢; 사악하고 더러움)를 깨끗이 씻는다.'는 뜻
이고, 운평이란 '태평한 운수를 만났다.'는 뜻이라고 했다(연산 10년
12월 22일). 다시 말해 흥청이란 부정한 것을 씻고 청정한 것을 부
흥시키겠다는 의도이고 운평은 그렇게 해서 태평성대를 이루겠다는
의도라 하겠다. 이렇게 입궁한 흥청은 최초 300명에서 시작, 500명,
1,000명, 2,000명으로 크게 늘었다. 연산 12년(1506) 3월 27일자 기록
에는 '흥청 일만 명에게 지급할 잡물과 그릇 등을 마련하라.'는 내용
이 있는데 연산군은 흥청수를 일만 명까지 늘릴 계획이었던 것 같다.

또 실록에 의하면 연산군은 거사(擧舍)라 하는 가마형의 작은 밀
실을 만들어 궐 밖으로 행차할 때 가마꾼들에게 메고 가게 하다가 돌
연 색정이 솟구치면 거사를 길가에 세워 놓고 흥청과 함께 거사 안에
서 즐겼다니 정말 흥청망청 제멋대로 살았던 임금이었다.

연산군일기 63권, 연산 12년 7월 7일12년7월7일

연산군의 가족들

연산군은 폐비 신씨 이외 소용 장씨, 후궁 정금 등 14명 이상 후궁들 사
이에 적자 5명, 적녀 2명, 서자 3명, 서녀 6명 총 16명의 자녀를 두었다.

폐비 신씨는 성종 때 우의정과 좌의정을 지낸 신승선의 딸로, 네
살 연하인 연산군과 혼인하였으며, 연산군이 19세에 왕위에 오르자

23세에 왕비가 되었다. 연산군과 폐비 신씨 사이에는 5남 2녀를 낳았는데 5남 1녀는 어릴 때 요절했고 폐세자 이황(10세)과 창녕대군은 중종 반정 직후 사약을 받고 사살되었다.

연산군 정비인 신씨는 중정반정 후 폐비가 되었고, 어염집 아낙네보다 더 고달프고 설움 많은 일생을 보냈으나 66세까지 살았다.

중종반종 후에도 유일하게 생존한 연산군 적녀인 휘순공주(수억)는 슬하에 구엄(*)이란 아들을 두었는데 구엄(연산군 외손자)이 귀양지까지 연산군을 따라가 연산군을 보살폈고 연산군 사후에도 제사를 모셨다고 한다 .

연산군과 후궁들 사이에서 3남 6녀의 소생이 있었으나, 어린 서자 2명(양평군 이성, 이돈수)도 적자 2명과 함께 중종반정 직후 사약으로 살해되었다. 결국 생존한 연산군의 철 모른 4명의 아들들은 강제로 사약을 먹여 살해한 것이다. 이는 한 명이라도 연산군 후손이 남아 있을 경우 명나라에서 중종의 차기 왕 승계를 인정해 주지 않을 우려가 있었기 때문에 무참하게 어린 생명을 앗아간 것이다(**연산군의 가계도 참조**).

> **참고** 구엄(연산군의 외손자)의 조부인 구수영은 세종의 여덟째 아들인 영응대군의 사위로, 그의 아들 구문경이 연산군 딸 휘순공주(수억)에게 장가들어 구엄을 낳았다. 구엄의 조부인 구수영은 연산군의 사돈으로, 연산군 집권 시에는 사방에서 미녀를 구해 연산군에게 미녀들을 상납해 연산군의 절대적인 신임을 얻었고, 이런 행각은 연산군 폐위 직전까지 계속되었다고 한다. 그러나 구수영은 한 순간에 중종반정에 가담하여 중종 때 반정공신이 됐으니 '이 세상에서 믿을 만한 사람 한 사람도 없다.'는 말에 공감을 갖게 한다.

연산군의 성격과 병력

연산군의 일련의 행위 원인을 심리학자들은 다음과 같이 설명한다.

연산군의 아버지인 성종은 학문 못지 않게 사냥과 시를 즐기며, 술과 여자에 탐닉했다. 연산군이 술과 여자를 좋아한 점은 성종의 모습을 꼭 빼 닮았다. 성종과 연산군이 끊임없이 여인의 품을 떠나지 못하고 여색에 빠진 이유는 이들의 어린 시절 부모 사랑의 결핍에 있다고 한다.

인간은 어린 시절에 부모 특히 어머니에게 충분한 사랑을 받아야 한다.

특히 아이들에게 필요한 것은 따뜻한 어머니 품속이다. 따뜻한 엄마의 가슴과 숨결, 아빠의 품은 아이들에게 심리적 편안함을 가져다 준다.

성종과 연산군은 어린 시절에 이 부분에 문제가 있었다.

성종은 태어나자마자 아버지를 잃고 한없이 엄격하기만 한 어머니(인수대비) 밑에서 자랐다. 따뜻한 위로와 격려보다는 엄격한 분위기에서 성종은 자랐다.

연산군은 성종보다 더욱 어려웠다. 폐비 윤씨는 연산군이 태어난 지 얼마 안되어 투서사건이 일어났고 극도로 스트레스를 받아 연산군에게 집중하기 어려웠다. 연산군이 태어난지 1년 정도 되자 인수대비는 연산군을 엄마 품에서 떼어 놓았고, 4세부터는 의붓 어머니인 정현왕후 윤씨 손에 자라 연산군은 따뜻한 모정을 전혀 느끼지 못하고 성장했다.

연산군의 가계도

생몰년	1476~1506
재위기간	10년 9개월
세자기간	11년 10개월
부인	폐비 신씨외 14명 이상 후궁
자녀	16명(적자 5명, 적녀 2명, 서자 3명, 서녀 6명)
사인	전염병? 혹은 사살(31세)

폐비 신씨(1472~1537) 5남 2녀, 사인; 노환(66세)
      원자(1494~1494) 조졸
      왕세자(황, 1497~1506) 사약
      창녕대군(성, 1501~1506) 사약
      *대군(총수, 생몰년 미상) 조졸
      대군(영수, 1503~1503) 조졸
      휘순공주(수억, 1495~?) 아들 구엄
      공주(생몰년 미상) 조졸

숙의 이씨(정이) 1남
      양평군(인, 1498?~1506) 서장남, 사약

숙의 윤씨

숙의 곽씨

숙의 권씨

숙의 민씨

숙용 장씨(장녹수) 1녀
      옹주(영수, 생몰년 미상) 서장녀, 조졸

숙용 전씨(전전비)

숙용 조씨

숙원 최씨

숙원 김씨(김귀비)

궁인 김씨(숙화) 나주 기생출신

내인 정금 1녀
  옹주(함금, 생몰년 미상) 서3녀, 조졸

궁인 김씨(숙화) 나주 기생

생모 미상, 2남4녀
  **돈수(?~1506) 서차남, 사약
  왕자(1505~?) 서3남, 조졸
  옹주(생몰년미상) 서차녀, 조졸
  옹주(복억, 1499~?) 서4녀, 조졸
  옹주(복합, 1501~?) 서5녀, 조졸
  옹주(정수, 1505~?) 서6녀, 조졸

* 참고: 연산군일기 51권, 연산 9년(1503) 10월 18일
   '둘째대군이 졸하였으니, 이총수 아기의 산소 자리 본 관원을 가두고 국문하라. 대저 산소자리
   를 보는 것은 동생에게도 모두 길하게 하려는 것인데, 지금 이영수. 총수 두 아이가 잇따라 죽
   으니 이는 자리 보는데 조심하지 않았기 때문이다.'
** 이돈수는 숙의 이씨 아들이라는 설도 있음.

남자들은 여자 품에 안기면 어린 시절 따뜻한 엄마 품에 안긴 듯한 착각을 한다. 어린 시절 부모에게 받은 것을 배우자에게 바라지만 조건 없는 헌신적인 부모의 사랑을 느끼지 못한다. 결국 배우자에게 부모의 품을 기대했다가 그것이 채워지지 않으면 끊임없이 다른 사람을 찾는다는 것이다.

끊임없이 여자문제로 말썽을 일으키는 남성들이 가지고 있는 공통적인 심리상태는 어린 시절 부모 사랑결핍 때문에 생긴 아무리 채워도 채위지지 않는 공허감을 가지고 있다는 점이다.

성종의 여성편력은 도를 지키면서 하였지만, 반면 연산군은 도를 넘어 광적이었다. 이런 차이점은 성종에게는 엄격하고 차갑고 냉정하지만 어머니라는 존재가 옆에 있었지만, 연산군은 그런 어머니마저 없었기 때문이다. 아무리 불안정하고 양가적 성격으로 자녀를 키울 자격을 갖추지 못한 어머니라도 어머니존재는 아이에게는 유일한 절대적이고 필수적인 것이다.

조선왕조실록에 기록된 연산군의 병력을 보면 성종 24년(1493, 18세) 8월에 얼굴에 난 종기, 연산군 1년(1495, 20세) 소변을 자주 보는 증세, 연산군 9년(1503, 28세) 1월 결막염, 연산군 11년(1505, 30세) 10월 번열증 이외는 특별한 병력은 없다.

그러나 연산군은 연산군 12년(1506, 31세) 9월 강화도 교동으로 유배간지 2개월 만에 역질(전염병)로 갑자기 사망하였다는데, 운명하기 전에 연산군은 '물도 마실 수 없었고 눈도 뜨지 못할 정도'였다고 한다.

중종실록 1권, 중종 1년 11월 7일

그림 10-1 ● 강화 교동의 연산군 위리안치 장소로 추정되는 곳에 세워진 비석

그러나 전염병으로 연산군이 사망하였다면 그 당시 연산군과 같이 생활했던 나인이나 지키는 병사들 중 적어도 한 명 이상은 전염병에 걸렸을 것인데, 한 사람도 전염병에 걸려 고생했다는 기록은 없으니 연산군의 죽음은 미스테리로 남았다(그림 10-1).

그 당시 상황으로는 연산군은 조용히 죽어 줘야 할 사람이었던 것 같다.

만의 하나 명나라에서 중종 즉위에 대해 시비를 걸가를 두려워하여 네 명의 연산군 아들들을 반정 직후 곧 사살했듯이 연산군을 살해했을 가능성이 높다. 그리고 뜻밖의 변고가 생겨 연산군이 복위라도 하면 그 뒤에 따를 피바람을 상상만 해도 무서웠을 것이다. 따라서 반정 당일 활을 가져오라고 소리쳤던 연산군은 귀양간지 두 달 만에 의문의 죽임을 당했을 것이다. 그 당시에도 의문은 있었다. 그러나 특히 반정세력 사이에서는 연산군은 모두를 위해 살아 있어서는 안되는 인물이라는 것이 지배적 생각이었을 것이다.

연산군 묘(사적 제362호)는 서울특별시 도봉구 방학동 산77번지에 위치했다.

연산군 시대에 있었던 전염병 예방에 대한 일화를 소개하면;

연산군 11년(1505) 12월 24일 '역질을 쫓기 위하여 포(砲)를 쏘는 것은 벽사(辟邪; 귀신을 물리치는 것)하는 것이니, 어찌 세시(歲時; 설)에만 할 것인가. 사시(四時) 개화(改火; 대궐 안에서 나무를 서로 비벼 신화(新火)를 만들어 구화(舊火)를 바꿈)할 때에도 아울러 행하는 것이 무방할 것이다. 역질을 쫓는 사람의 복색은 봄에는 푸르게, 여름에는 붉게, 가을에는 희게, 겨울에는 검게 절후에 따라 바꿔 입게 하되, 세시에는 네 가지 색깔을 같이 쓰게 하라. 역질을 쫓을 때 사람의 수(數)가 너무 많으니, 앞으로는 좌우 상(廂)을 합쳐 한 상으로 만들어 줄일 수 있는 사람은 줄이되, 방상씨(方相氏; 주나라 때 주로 역질을 쫓아내는 일을 담당한 벼슬 이름)와 귀신을 부르는 사람은 줄이지 말라. 그리고 노니는 사람을 4대(隊)로 만들어, 사시에 아울러 쓰게 하라.'하였다.

연산군 12년(1506) 1월에는 역질이 두려워 쇠똥을 불태우게 하고, 역질 귀신을 쫓을 때에는 복숭아 나무 칼과 판자를 쓰게 하였는데 오늘 날도 제사 상에 복숭아를 놓지 않는데 그 이유를 이런 연유에서 알 수 있다.

같은 해 3월에는 '역질 귀신을 쫓은 후에는 각처에 벽사하는 부적을 붙이게 하였다.'

[개화는 불을 새롭게 한다는 뜻으로, 행화(行火; 절기에 따라 불씨를 바꾸는 일)는 내병조(內兵曹; 조선시대 각 궁궐내에 설치하던 병조에 딸린 관청)에서 매년 사시의 입절일(立節日) 즉 계절의 첫 절일 입춘, 입하, 입추와 입동과 계하(季夏, 음력 6월)의 토왕일(土旺日; 음양 오행에서 말하는 음력 6월에 토기가 왕성한 날 대체로 입추 전 18일 동안을 말함)에 시행했다.

절기에 따라 개화 시 사용되는 나무가 달랐다. 즉 봄에는 느릅나무와 버드나무, 여름에는 살구나무와 대추나무, 가을에는 떡갈나무와 졸참나무, 겨울에는 회화나무와 박달나무, 그리고 윤 6월 개화 시에는 뽕나무와 산뽕나무를 사용했다.]

히포크라테스
조선 왕을 만나다

제11대 중종

- 생몰년: 1488년~1544년
- 등극시 나이: 19세
- 재위기간: 38년 2개월
- 사망시 나이: 57세
- **사인**: 담낭암

얼떨결에 왕에 오른 임금

— 우측 견비통은
담낭이상을 알리는 전조징후였다

즉위과정

조선 제11대 왕 중종은 성종과 정현왕후 윤씨 사이에 태어난 성종의
둘째 아들로, 이름은 역(懌)이다. 성종 25년(1494) 4월에 진성대군
(晉城大君)으로 봉해졌다.

　연산 12년(1506) 9월 2일 박원종, 성희안, 유순종 등이 연산군의
폭정에 항거하여 반정을 일으킨 다음 연산군 후임으로 진성대군(중
종)을 국왕으로 추대하니 그 당시 진성대군 나이 19세였다.

　반정 당시 진성대군은 자신을 찾아온 반정군을 연산군 측이 자기
를 죽일려고 보낸 사람들로 오인하고 자살할 결심을 하였다. 그때 부
인 신씨가 밖으로 나가서 집 주변을 살펴보니 말머리가 집 밖으로 향
해 있는 것을 보고 군사들이 진성대군을 보호하러 왔음을 눈치채고

남편에게 알려 주어 자살을 멈추게 하였다고 한다.　　　연려실기술 제7권

　　연산군 시절에는 진성대군은 왕권 도전은 감히 꿈도 꿀 수 없었고 정치에도 관심이 없었다. 그러나 자신의 의지와는 관계없이 공신들에 의해 떠밀리듯 옥좌에 앉게 되었다. '잠에서 깨어나 보니 일약 스타가 되어 있더라.'는 말처럼 진성대군은 자고나니 왕이 되어 있었다. 자력에 의한 것이 아니라 타의에 의해 왕위에 올랐던 것이다.

　　반정 이전에 반정세력과 진성대군 사이엔 사전 교감은 없었고, 사실 반정세력도 진성대군이 임금감이어서 반정을 일으킨 것이 아니라 연산군의 폭정을 참고 견디다가 더 이상 참을 수 없어 연산군을 끌어내리기 위해 실행한 반정이었다.

중종의 가족력

중종은 왕비 3명, 후궁 9명 사이에 적자 2명, 적녀 5명, 서자 12명, 서녀 6명, 성별 미상 1명 총 26명의 자녀를 두었다. 숙의 나씨는 분만 중 태아와 함께 사망하였다.

　　후비 단경왕후 신씨는 13세 때 한 살 연하인 진성대군과 혼인하였으나 중종반정 후 왕비로 책봉된 지 7일 만에 연산군의 처남인 신수근 딸이라는 이유로 폐위되었다. 폐위된 후 그녀는 일생동안 중종만을 그리워 하면서 살았으며 '인왕산 치마바위'의 전설을 남기고 71세에 생을 마감하였다.

　　제1계비인 장경왕후 윤씨는 영돈녕부사 윤여필 여식으로 16세 때

궁중에 들어와 숙의로 봉해진 후, 단경왕후가 폐위되자 그 이듬 해인 17세 때 왕비로 책봉되었다. 그러나 그녀는 경빈 박씨 등 후궁들 때문에 허수아비 왕후로 지내다가 인종을 낳은지 7일 만에 산후후유증으로 죽으니 그녀 나이 17세였다.

제2계비인 문정왕후 윤씨는 영돈녕부사 윤지임의 딸로 17세 때 40세인 중종과 결혼 했다. 결혼 후 내리 딸만 셋을 낳은 후 35세 때 명종을 낳았다.

명종 즉위년(1545) 7월 그녀의 나이 45세 때 명종이 12세 나이로 왕위에 오르자, 8년 동안 수렴청정을 하여 막강한 권력을 행사했다. 그녀는 성질이 독하고 질투가 많은 여인이었다. 인종 집권 시에도 툭하면 인종을 찾아가 '우리 모자(문정왕후와 명종)를 언제쯤 죽일거냐?'고 하면서 인종을 괴롭혔다고 한다. 또한 명종 집권 시에는 왕이 그녀의 청을 들어주지 않는다고 매질을 하거나 폭언을 쏟아 놓기도 하였다고 한다. 그녀는 명종 때 모든 권력을 누리다가 65세에 사망하였다(**중종의 가계도 참조**).

중종의 병력

조선왕조실록에 의하면 중종 27년(1532) 45세 때 종기로 고통을 받았고, 그 이듬 해 2월에는 약방조제 장순손에게 종기 치료에 거머리 효과를 피력했다. '여러약을 먹어도 낫지 않고 진물과 고름이 섞어 나오기에 거머리로 시험해 보니 고름이 삭아서 편안해졌다.'고 하였

중종의 가계도

생몰년 1488~1544
재위기간 38년 2개월
부인 12명(왕비 3명, 후궁 9명)
자녀 26명(적자 2명, 적녀 5명, 서자 12명, 서녀 6명, 성별 미상 1명)
사인 담낭암(57세)

단경왕후 신씨(1487~1557) 무자녀, 사인; 노환(71세),
　　　왕비책봉 7일만에 폐비

장경왕후 윤씨(1491~1515) 1남1녀, 사인; 산후후유증(25세)
　　　왕세자(호, 인종, 1515~1545)
　　　효혜공주(1511~1531) 적장녀

문정왕후 윤씨(1501~1565) 1남4녀, 사인; 폐렴(65세)
　　　경원대군(환, 명종 1534~1567)
　　　의혜공주(1521~1563) 적차녀, 병사
　　　효순공주(1522~1538) 적3녀, 난산으로 사망
　　　경현공주(1530~1584) 적4녀
　　　인순공주(1542~1545) 적5녀, 조졸

경빈 박씨 1남2녀(작서의 변때 살해됨)
　　　복성군(미, 1509~1533) 서장남, 작서의 변 때 살해
　　　혜순옹주(1512~1583) 서장녀
　　　혜정옹주(1514~1580) 서차녀

희빈 홍씨 5남
　　　금원군(영, 1513~1562) 서3남
　　　봉선군(완, 1528~1547) 서6남, 양재역 벽서사건 연류 사살
　　　왕자 3명 조졸

창빈 안씨 3남1녀

　　　영양군(거, 1521~1561) 서4남
　　　덕흥대원군(초, 1530~1559) 서7남, 3형제를 둠
　　　　　하원군(정)
　　　　　하릉군(인)
　　　　　하성군(연, 14대 선조)
　　　왕자 조졸
　　　정신옹주91526-1552) 서6녀

귀인 한씨 1남

　　　왕자(1528~1528) 조졸

숙의 홍씨 1남

　　　해안군(희, 1511~1573) 서차남

숙의 이씨 1남

　　　덕양군(기, 1524~1581) 서5남

숙의 나씨 분만 중 태아와 함께 사망

숙의 김씨 1녀

　　　숙정옹주(1525~?) 서5녀

숙원 이씨 2녀

　　　정순옹주(1517~ ?) 서3녀
　　　효정옹주(1520~1544) 서4녀, 출산 중 사망

다. 중종도 결핵성 냉농양을 앓았음을 알 수 있다.

이외 두통, 천식, 갈증증세, 치통과 만성 치주염의 병력도 있다.

중종 39년(1544, 57세) 초에는 감기 때문에 기침이 심했다. 그리고 같은 해 10월 5일에 '견갑이 찌르듯이 아픈 곳에 구고고를 바르시고 사향원과 마황산을 드시는 것이 좋습니다.'라고 내의원제조 강현이 아뢴 내용에서 중종이 견비통으로 고생하고 있었음을 처음 알 수 있었다. 10월 6일에는 '내가 지난 봄부터 오른쪽 어깨 통증이 있어 약을 쓰고 치료했더니 여름 철에는 낫는듯 했는데 근래에 다시 통증을 느낀다. 지난 새벽에는 땀이나더니 지금은 덜 한듯하다. 이것이 어찌 고통스러운 병이겠는가?… (중략).

'내가 과거의 행적을 생각하면 오히려 병이 없는 셈이다. 그러나 나이가 들면 병이 쉽게 생기는 법이라, 금년부터는 질병이 잦아서 태묘(太廟; 역대 제왕의 위패를 모시는 사당)의 친제나 능을 참배하는 일도 하지 못하였고 기타 시사나 행행(임금이 궁궐 밖으로 거동하는 일) 또한 전과 같이 부지런히 하지 못하여 매우 미안하다.'는 내용을 보면 그간 중종은 우려할만한 병도 없이 건강은 좋았으나, 57세 되는 봄부터 병이 발생하였고, 시초의 증상은 우측 견비통이었음을 알 수 있다.

그해 10월 24일에는 '내가 그저께부터 산증(疝症; 아랫배가 당기는 증상)과 복통이 있었으나 우선 증세를 보아 약을 의논하려 했는데 어제부터는 대소변이 보통 때와 같지 않으므로 부득이 약방에 말하고 의논하는 것이다. 금년에는 내가 여러 차례 이 병을 앓았는데 이번에도 안에서 치료하려고 했으나 하루 이틀 사이에 차도가 있을 것 같지 않으므로 직접 증세를 말하여 경에게 약을 의논하는 것이다.'라고 정원에게 전교하여 산증과 복통의 약을 의논한 것이다. 이때는 담석증에서나 볼 수 있는 극심한 산통(疝痛; 극심한 경련통)을 여러 차례 경험하고 정원에 약처방을 전교한 것이다.

10월 12일에는 소변은 잠시 통했으나 대변이 불통한지가 이미 3일이나 되었다는 기록이 있는데 이는 소화불량과 식욕부진으로 변비증이 생겼음을 말해 준다. 10월 29일에는 약간의 병세 호전이 있다가, 11월 8일 대변이 잦아졌다. 11월 13일 부터 병세가 악화 되어 위독해져 11월 14일에는 혼수로 빠졌는데 아마도 간성혼수 가능성이 크고, 11월 16일에 사망하였다.

지금까지의 병력을 요약하면 중종 나이 57세 된 봄에 우측 견비통이 처음 발생하였고, 이런 견비통이 여러 차례 반복해서 나타나더니 몇 개월 후부터 발작적인 산증과 복통 그리고 변비와 같은 위장장애가 뒤따라 나타났는데 이는 담낭이나 담도의 이상을 의미하는 소견들이다. 그러다가 임종 시에는 혼수에 빠졌고, 결국 발병 후 7~8개월 만에 죽음을 맞이한 것이다.

현대의학에서는 관련통(연관통; referred pain)이라는 통증이 있다.

어떤 한 내장 기관에 통증의 원인이 있으면 대부분의 통증은 이 내장 부위에 생기는 것이 원칙이나 이와는 달리 신체의 다른 부위 표면에서 생긴 것처럼 통증을 뇌가 잘못 인식하여 이 내장기관과 연관이 있는 신체 표면에서 통증을 느끼게 되는데 이를 관련통(연관통, 투사통)이라 한다.

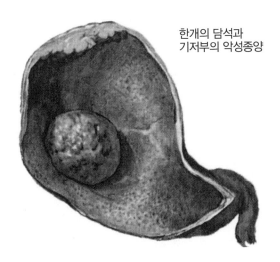

한개의 담석과
기저부의 악성종양

그림 11-1 ● 담낭암 담낭 내에 담석도 있다.

질병의 원인에 따라 통증을 느끼게 되는 연관부위가 거의 지정되어 있다.

예를 들면 요로결석처럼 요도에 이상이 있을 때는 돌이 생긴 곳은 요도이지만 실제로 통증은 사타구니에 생기며, 췌장염 등 췌장에 이상이 있을 때에는 복부가 아닌 좌측 가슴에, 심근색증의 경우 아픈 것은 심장이지만 왼쪽 팔이 아프고, 담도질환일 때는 우측 상복부가 아닌 오른쪽 견갑부에 통증이 생긴다.

중종의 병원인은 담낭 내에 있었으나 초기에는 복통 대신 관련통인 우측 견비통만 있다가, 병이 진행됨에 따라 담낭의 본연의 증상인 산증과 복통, 대변장애가 나타났다.

담낭 질환하면 대표적인 증상으로 통증과 황달을 들 수 있는데 중종에서는 통증만 있고 황달은 없었다. 이유는 아마도 중종의 담낭질환은 담즙이 내려가는 길목에 있지 않고 담도를 막지 않은 담낭의 깊숙한 내측 부위에 위치하였기 때문일 것이다(그림 11-1).

우측 견갑통으로 시작하는 대표적인 담도질환은 담석증이다. 만일 중종이 담석증만 있었다면 생명에는 지장이 없었을 것이다. 그러나 중종은 발병 7-8개월 만에 사망하였으니 암 말고는 단기간 내에 사망케 하는 질환은 없다.

담낭에 생기는 종양은 대부분 악성 종양이고, 많은 경우 담석증과 같이 병발한다. 따라서 초기에는 담석증으로 오진하기도 한다.

담낭암은 대부분 노년층에서, 그리고 남자보다 여자에서 잘 생기며, 발병하면 1년을 생존하기 힘들다.

결론적으로 비교적 건강했던 중종은 57세 되는 봄에 발생한 담낭암으로 갑자기 사망한 것이다.

중종 릉인 정릉(靖陵; 사적 제199호)은 선정릉에 있다.

> **참고** 중종 19년(1524) 가을부터 이듬해 봄까지 평안도 전역에 여역(癘疫, 전염병)이 크게 번져 많은 백성들이 죽자 중종은 의관 김순몽 등에게 명하여 온역(溫疫)에 필요한 모든 방문(方文)을 뽑아 책으로 엮어서 한글로 번역한 간이벽온방(簡易辟瘟方)을 만들어 중종 20년(1525) 5월에 널리 보급하였다.

인종

- 생몰년: 1515년~1545년
- 등극시 나이: 31세
- 재위기간: 9개월
- 세자기간: 24년 7개월
- 사망시 나이: 31세
- **사인**: 열탈진

효심이 깊었던 임금

— 지극 정성도
병이 되어 열탈진으로 운명하다

즉위과정

조선 제12대 왕 인종은 중종과 장경왕후 윤씨 사이에 태어난 중종의 장남으로, 이름은 호(岵)이다.

인종은 중종 15년(1520) 4월 6세에 세자로 책봉되어 무려 24년 7개월 동안이나 세자로 머물려 있다가, 중종 39년(1544) 11월 중종이 승하하자 왕에 등극하니 그 당시 인종 나이 30세였다.

중종은 반정에 의해 왕위에 등극한지 7일 만인 1506년 9월 9일 공신들에 의해 정비인 단경왕후 신씨가 강제로 폐출되자, 중종 2년(1507) 6월에 장경왕후 윤씨를 새로운 왕비로 맞이하였다. 그러나 생모 장경왕후 윤씨는 인종을 낳은지 7일 만인 중종 10년(1515) 3월 16일 산후후유증으로 세상을 떠났다.

장경왕후 사후 인종은 계비인 문정왕후 윤씨에 의해서 양육되었다. 평소 인종은 문정왕후 윤씨에게 효성을 다했지만 그녀는 인종을 차갑게 대하였다.

야사에 의하면 문정왕후 윤씨는 인종 재임 중 독설, 화재, 독살 등 모든 수단방법을 가리지 않고 동원해 인종을 괴롭혀 스스로 왕위를 포기하도록 그녀는 부단하게 방해공작을 하였다고 한다.

인종의 가족들

인종은 왕비 1명, 후궁 4명 사이에 자녀는 없었다.

정비 인성왕후 박씨는 11세 때 한 살 연하인 인종의 세자빈으로 간택되었고, 31세 때 왕비가 되었지만 슬하에 자녀는 없었다. 인종사후 32년 동안 홀로 지내다가 64세 일기로 세상을 떠났다.

후궁으로 귀인정씨(정철의 큰누나) 등 4명이 있었으나 자식은 두지 못했다(인종의 가계도).

인종의 성격과 병력

인종은 성품이 조용하고 형제 간의 우애가 돈독했던 것으로 전해지고 있다. 3세 때부터 글을 읽을 정도로 총명하였고, 8세 때 성균관에 들어가 매일 세 차례씩 글을 읽었다고 한다. 게다가 철저한 금욕생활

인종의 가계도

생몰년 1515~1545
재위기간 9개월
세자기간 24년 7개월
부인 5명(왕비 1명, 후궁 4명)
자녀 무자녀
사인 열탈진(31세)

인성왕후 박씨(1514~1577) 무자녀, 사인; 폐결핵?(64세)

숙빈 윤씨

혜빈 정씨

귀인 정씨(정철의 누나)

양제 윤씨

을 추구해서 동궁에 머물 당시에도 옷을 화려하게 입은 궁녀는 모두 내쫓아 냈고 일체 여자를 가까이 하지 않아 당시 세자들과는 별 다른 점이 있었다고 한다.

인종은 남성 불임증 환자였다.

부왕 중종이 사망하기 전 수개월 동안의 병환 중에는 매일 자리를 뜨지 않고 병간호를 했고, 사망 후 6일 동안은 식음을 전폐하고, 5개월 동안 소리를 내어 곡하면서(무시애곡; 無時哀哭), 죽을 조금씩 먹었지만 육식, 소금이나 장은 전혀 섭취를 안했다니 부모에 대한 효성은 지극하였다. 따라서 몸은 극도로 쇠약해져 왕 즉위 후에는 건강은 극악의 상태였다고 한다.

조선왕조실록의 기록을 보면 인종 1년(1545, 31세) 1월에는 선왕의 상을 치르는 동안 식사를 제대로 하지 못해 수척해 졌다고 했으며, 같은 해 2월 7일에는 인종의 얼굴이 초췌할 뿐 아니라 병의 증세까지 이미 생겨서 잠을 이루지 못하고 심기가 답답하고 열이 나서 때때로 놀라고 두근거리신다 하였고, 2월 10일에는 내의원 제조 등이 우유와 육선을 드실 것을 권하기도 하였다고 한다.

그 이후 인종의 병세는 호전됨이 없이 지속되다가 6월에 들어 예년에 비해 더위가 심해 더위 증세까지 겹쳐 원기가 날로 쇠약해지고 병세는 이미 걷잡을 수 없는 상황에 도달했으나 선왕 사후의 모든 제례는 중단하지 않고 손수 집행하였다고 한다.

그러던 중 같은 해 6월 22일 문정왕후 윤씨가 처음으로 베푼 주다례에 참석한 후 설사가 심해졌다. 설사는 그치지 않았고 6월 26일에는 헛소리하는 증세를 보였다는데 이때 아마도 탈수와 전해질 장애가 심해졌기 때문일 것이다.

6월 28일에는 열이 심해졌고, 6월 29일 갑자기 고열로 헛소리를 하면서 혼돈에 빠졌고, 7월 1일 청연루 아래 소침에서 훙서하셨다고 한다.

결국 인종은 무리한 과로와 더위에 지친 탈진 상태에서 식사부족, 특히 탈수와 전해질 결핍, 수면부족 등 복합적 요소가 열탈진을 가중시켜 사망에 이르게 한 것으로 사료된다.

더운 환경에서 발생할 수 있는 온열질환(溫熱疾患)에는 열경련(Heat Cramp), 열피로(Heat Fatigue), 열사병(Heat Stroke) 등이 있다.

열피로는 열탈진(Heat Exhaustion)이라고도 하며 가장 흔한 온열질환이다.

열탈진은 더위로 인한 두 가지 요인에 의해 생길 수 있는데, 하나의 요인은 수분부족, 또 다른 요인는 전해질 결핍이다.

열탈진 증상은 외부온도에 대한 심혈관계 반응의 실패로 인해 나타난다.

더운 날씨에 수분 섭취가 부족한 상황에서는 체온은 상승한다.

전해질 소실은 고체온을 일으키지 않지만 저나트륨혈증과 저염소혈증, 저카리혈증 등을 초래하여 의식장애나 마비증상을 일으킬 수 있디.

열탈진 증상으로는 쇠약감, 피로, 불안, 구갈, 현기, 두통, 식욕부진, 구토, 실신이며, 심해지면 과호흡, 근협동장애, 판단장애, 혼돈 등이 생기기도 한다.

빠른 시일 내에 환자를 시원한 곳으로 옮기고 수분과 전해질을 공급하면 대부분 회복되지만 치료가 지연되거나 방치하면 사망에 이르게 된다.

열경련은 가장 경미한 열증후군으로 고온에서 과도하게 일을 하거나 운동을 한 후 주로 사지근육에 나타나는 짧고 간헐적인 경련으로, 심한 통증이 있는 것이 특징이다.

열사병(Heat Stroke)은 더운 환경에서 특히 밀폐된 공간에서 오래 머무를 경우 발생하며, 체온이 40도 이상으로 올라가 치명적일 수 있다. 중추 신경계 이상이 발생하고 정신 혼란, 발작, 의식 소실이 일어나고 사망할 수도 있다.

인종은 열탈진이라는 것을 알고 체온을 낮춰주고 수분과 전해질만 충분히 공급해 주었다면 쉽게 회복되어 생명을 잃지는 않았을 것을 그런 간단한 조치를 취하지 못해 젊은 나이에 효심 깊은 임금이 세상을 떠났다니 안타깝다.

인종 능인 효릉(孝陵; 사적 제200호)은 서호릉에 있다. 얼마나 인종이 부모에 대해 효성스러웠으면 능호도 효릉이라고 지었을까?

그러나 효성도 무모하게 하면 병의 근원이 되어 사망할 수 있으니 조심해야 할 것 같다.

제13대 **명종**

- 생몰년: 1534년~1567년
- 등극시 나이: 12세
- 재위기간: 22년
- 사망시 나이: 34세
- **사인**: 심화병과 열탈진

마마보이로
왕위를 지킨 임금

— 마음속의 울화가 병이 되다

즉위과정

조선 제13대 왕 명종은 중종과 두번째 계빈인 문정왕후 윤씨 사이에 태어난 중종의 차남으로, 이름은 환(峘)이다. 중종 34년(1539) 12월에 경원대군(慶原大君)에 봉해졌다.

인종 1년(1545) 7월 1일 인종이 31세에 열탈진으로 사망하자, 그 해 7월 6일 경복궁 근정전에서 경원대군(명종)이 12세 나이로 왕에 등극했다.

모후(母后)인 문정왕후 윤씨는 3명의 딸을 낳은 뒤 35세 늦은 나이에 경원대군인 명종을 얻었다. 그 당시에는 장경왕후 윤씨 소생인 이호(인종)는 20세로 총명해, 경원대군의 왕위 계승은 사실상 불가능하였다. 그러나 인종이 즉위 9개월 만에 후사없이 죽자 경원대군이 어린 나이에 보위에 오르게 되었고, 왕이 어려 문정왕후 윤씨가 정권을 장악하게 되었다.

명종 즉위 시 45세였던 문정왕후 윤씨는 중종 생존시 중종과 '논어'를 강론할 만큼 유식한 여인이었다고 한다.

그녀는 명종이 즉위하자마자 과거 세조비 정희왕후 윤씨의 예에 따라 자신이 수렴청정하며 국사를 원상들과 의논하여 처리하겠다고 선언했다. 이전에도 대비가 섭정을 했지만 발을 드리우고 직접 신하들과 정사를 논하는 수렴청정은 문정왕후 윤씨가 처음이라고 한다.

> 「영의정 윤인경과 좌의정 유관이 대왕 대비전에 아뢰기를,
> "(전략)
>
> 정희 왕후 때의 《일기》에는 수렴(垂簾; 발을 드리움)한 사실이 보이지 않습니다. 그러나 수렴하는 것은 예로부터 있어 온 일이니 지금도 설치하지 않을 수 없습니다. 정원에게 그에 대한 의절(儀節)을 갖추게 하는 것이 어떻겠습니까?" 하니, 답하기를, "예와 이제는 일이 다른 법이다. 그러나 큰 일을 결단하려 해도 요즈음 몸이 불편하여 인견할 수 없다. 일의 대소를 막론하고 원상이 힘을 다해 조처하도록 하라." 하였다.」
>
> 명종실록 1권, 명종 즉위년 7월 9일

문정왕후 윤씨 수렴청정과 승려 보우

문정왕후 윤씨가 수렴청정하기로 결정되자 세조 비인 정희왕후가 행

한 수렴청정 때와는 달리 발을 드리고 문정왕후가 직접 정사에 참여했다.

문정왕후는 수렴청정을 시작한 후 첫 척결문제로 인종의 외삼촌인 윤임의 일파를 제거하는 일이었다.

중종 32년(1537) 이후부터 조정 신하들 사이에는 대윤(大尹)과 소윤(小尹)의 설이 있었는데 일을 좋아하는 군소배들이 부회(附會; 이치에 맞지 않는 말을 억지로 자기에게 유리하게 한 것)하여 말이 많았다.

인종이 승하한 뒤에 윤원형은 기회를 얻게 되자 이기, 임백령, 정순봉, 최보한 무리들과 은밀히 결탁하고 비밀리에 윤임 등에게 보복할 생각을 품고 위험한 말을 꾸며 만들어내어 사람들을 두렵게 만들었다. 즉 윤임이 자신의 조카인 계림군 이류를 왕으로 추대하려고 한다는 말을 만들어 퍼트렸던 것이다. 계림군 이류는 성종의 서장자인 계성군의 양자로, 월산대군(성종의 친형)의 아들 덕풍군의 차남이다.

명종이 즉위한 후 1개월여 만인 명종 즉위년(1545) 8월 22일 이기, 임백령 등이 변고를 고하자 문정왕후 윤씨는 좌찬성 이언적 등과 논의한 후 윤임, 유관, 유인숙의 일을 논하고 그들의 죄를 청했다. 이것이 을사사화의 시발점이 되었던 것이었다. 8월 24일에 윤임은 해남(海南)에 안치(安置)하고, 유관은 서천(舒川)에 부처(付處)하고, 유인숙은 무장(茂長)에, 윤흥인(尹興仁)은 낙안(樂安)에 유배하도록 하였다. 그러나 배소로 가던 윤임은 충주에서 사사되었다. 또한 계림군 이류(성종 형 월산대군의 손자)도 9월 1일 불궤로 고변되자 안산으로 피신하였으나 잡혀 서울로 압송되어 참수됐다.

윤임 일당을 제거한 후 명종 2년(1547) 9월 18일 부제학 정언각이 양재역 벽에 붙은 익명서를 가져와 관련자 처벌에 대해 의논했다. 익명서 내용인 즉,

「그 글은 붉은 글씨로 썼는데 '여주(女主)가 위에서 정권(政權)을 잡고 간신(奸臣) 이기(李芑) 등이 아래에서 권세를 농간하고 있으니 나라가 장차 망할 것을 서서 기다릴 수 있게 되었다. 어찌 한심하지 않은가. 중추월(仲秋月) 그믐날'이라고 하였다.」

그 이튿날 정언각이 이 사건의 주범으로 이완, 심영, 임형수라고 고하고, 이들 일당을 처형할 것을 주장하였고, 이를 계기로 윤임의 잔당세력과 정적들을 완전히 제거하였다. 이때 중종의 서자이자 희빈 홍씨의 아들인 봉성군 이완도 역모의 빌미가 될 수 있다는 이유로 함께 처형하였다. 을사사화 여파로 수년 동안 윤원형의 반대파로 몰려 100여명 사람이 처형되었고, 이후 모든 권력은 문정왕후 윤씨 손에 의해 좌지우지되었다.

문정왕후 윤씨와 중 보우와의 만남과 인연은 다음과 같다.

중 보우는 15세인 중종 25년(1530)에 금강산 마하연암으로 출가하여 6년 만에 하산했다. 명종 3년(1548) 보우는 함흥을 떠나 호남으로 내려가는 도중 병을 얻어 경기도 천보산 회암사에 머물며 요양하고 있었다. 이때 평소 친분이 두터웠던 함경감사 정만종이 보우대사의 인품과 도량에 대해 문정왕후에게 알리자, 불심이 깊은 문전왕후

는 보우가 망설이고 사양할 틈도 주지 않고 그해 12월 15일에 그를 봉은사 주지로 부임시켰다.

문정왕후 신임을 얻은 보우는 명종 5년(1550) 12월 15일 문정왕후에게 선(禪), 교(敎) 양종을 부활시키는 비방기를 내리도록 했다. 이로 인해 조선 개국 후 사라졌던 선종(참선 수행으로 깨달음을 얻는 것을 중요시하는 불교의 한 종파)과 교종(부처님의 설교인 경륜을 중심으로 수행하는 불교의 한종파)이 명종 6년(1551) 5월에 부활되었고, 그후 연산군 때 사라졌던 승과제도도 부활되었다. 이후 서산대사 휴정(休靜)이나 사명당 유정(惟政) 같은 고승들도 발탁되었다.

이후 보우는 승려들에게 무한 공양하게 하는 불교의식인 무차대회(無遮大會)를 열어 국고를 낭비하고 국사에도 간여하자, 세간에 보우는 요승이라는 규탄의 소리가 높아졌다. 그러나 보우는 '지금 내가 없으면 후세에 불법이 영원히 끊어질 것이다.'라는 사명과 신념을 가지고 불법을 보호하고 종단을 소생시키기 위해 목숨을 걸었다. 하지만 그가 꿈꾸었던 세상은 오지 않았고, 그 당시 항간에는 문정왕후 윤씨와 보우 관계에 대한 이상한 소문도 나돌았다고 한다.

명종 20년(1565) 4월 6일 문정왕후 윤씨가 사망하자마자 조야의 배불상소와 함께 유림들이 요승 보우를 극형에 처하라고 들고 일어났으나, 명종은 그를 죽이지 못하고 제주도로 유배보냈다. 그러나 그해 10월 제주목사로 부임한 변협이 보우를 잡아 장살시켰다.

명종의 가족들

명종은 왕비 1명, 후궁 7명 사이에 한명의 아들만 두었다.

정비 인순왕후 심씨는 12세 때 두 살 연하인 경원대군과 가례를 올렸고, 14세 때 왕비로 책봉되었다.

명종과 인순왕후 심씨 사이에는 외아들인 순회세자가 있었다. 순회세자는 7세 때 세자로 책봉되었고 9세 때 윤씨와 가례를 올렸으나 13세 어린나이에 요절해서 자식이 없었다.

그래서 인순왕후 심씨는 명종 사후 중종의 일곱째 서자인 덕흥군의 3남 하성군(선조)를 양자로 입적시킨 후 왕위를 잇게 했다. 인순왕후는 선조 즉위 후 잠시 동안 수렴청정을 하였으나 몇 개월 후 수렴청정을 철회하였다. 수렴청정을 접은 후 7년 뒤인 44세 나이로 창경궁에서 생을 마감하였다.

명종에게는 8명의 후궁이 있었으나 자녀는 없었다(**명종의 가계도 참조**).

명종 모후의 성격과 명종의 병력

문정왕후 윤씨는 주변 사람들이 자신을 공격하거나 해를 입힐 것이라는 의심과 불신을 가진 편집성 성격(paranoid personality)의 소유자였을 것이라고 심리학자들은 추정 한다.

편집성 성격을 가진 문정왕후는 명종 어릴 적부터 명종을 다그쳤

명종의 가계도 1534~1567

생몰년 1534~1567

재위기간 22년

부인 8명(왕비 1명, 후궁 7명)

자녀 1명

사인 심화병과 열탈진(34세)

인순왕후 심씨(1532~1575) 1남, 사인; 폐결핵?(44세)
　　　순회세자(부, 1551~1563)

경빈 이씨

순빈 정씨

귀인 신씨

소의 신씨

숙의 한씨

숙의 정씨(정귀붕의 딸)

숙의 정씨(정수의 딸)

고 그녀 자신의 기준에 조금이라도 어긋나면 용서해주지 않았다. 즉위 후에도 그녀 자신의 주장이 관철되지 않으면 명종에게 대놓고 욕을 하거나 심지어는 뺨을 때리기도 했는데, 요즈음으로 말하면 지성을 갖춘 치마바람 어머니의 원조라고 할 수 있겠다.

이러한 간섭은 명종 20년(1565) 문정왕후 윤씨가 65세로 숨을 거두었을 때까지 지속되었다. 그녀는 죽으면서도 자기 혈족인 윤원형과 보우대사를 그녀 사후에도 잘 보살펴 달라는 유언을 할 정도로 사사건건 간섭을 하여 명종이 왕의 책무를 할 수 없도록 하였다. 그로부터 2년 만에 명종은 자기 뜻을 펼쳐 보지도 못하고 젊은 나이에 요절했다.

명종실록 총서에는 '어린 나이로 왕위에 올라 모비가 청정하게 되었으므로 정치가 외가에 의해 좌우되었다. 그리하여 뭇 간인이 득세하여 선량한 신하들이 귀양 또는 살해되었으므로 주상의 형세는 외롭고 위태로웠다. 친정한 뒤에도 오히려 외척을 믿고 환관을 가까이하여 정치가 날로 문란해지더니 끝내는 다행이 깨달아서 이양과 윤원형 무리를 내쳤으므로 국가가 안정되었다. 재위 23년에 수는 34세였다.'라고 기록될 만큼 명종은 재위기간 내내 문정왕후 윤씨와 윤씨일가의 간섭과 폭정에 시달려 요샛 말로 마마보이로 지냈던 것이다.

조선왕조실록에 기록된 병력을 보면 명종 20년(1565, 32세) 7월 11일에 '근년 이래 성후가 허약하여 자주 편찮으셨는데 망극한 변고를 만난 뒤부터 슬퍼함이 과도하여 더욱 여위고 피곤하시게 이르시니….'라는 기록이 있는데 순회세자 죽음과 모후 사망 이후 마음의 고통이 더해 병이 심해지고 여기에 해수(1565년 9월 26일)가 겹쳐 가을 내내 병고에 시달렸다.

　명종 21년(1566, 33세) 9월 13일에는 '나는 약질로 본디 심열이 있어 병이 잦은듯 하다. 10년 이래로 더욱 더한 것 같다. 계해년인 명종 18년(1563, 30세)에 세자를 잃고 매우 상심해 하던 나머지, 또 큰 상사를 만나(명종 20년 문종왕후 사망), 지금 한없이 슬퍼하는 중에 있으며 또 족통이 있는지 거의 일년이 되니 심열이 자연 없을 수 없다. 또한 건강한 임금과 같지 않아 근년에 심열이 더 발생했다. 지난 가을 큰 병을 치른 후로는 정신이 반은 상실되어 마음이 산란하다.'고 자신의 건강과 병에 대해 토로하였다.

　같은 날 또 말하기를 '어제 적어서 아뢴 고문과 시는 마음을 다스리는 방법에 매우 적합하니 마땅이 벽에 붙여놓고 항시 볼 것이다,'라 할 정도로 마음의 병이 깊었던 것 같다.

　명종 22년(1567, 34세) 6월 9일에는 '나는 기가 평소 위가 뜨겁고 아래는 냉한 증세가 있는데 여름과 가을 사이에 의례 증세가 더 심하게 나타난다. 요즈음 일기가 불순해 위의 열이 점점 평소보다 더해지며 손이 떨리기도 하여 글씨를 제대로 쓰지 못하겠다.'라고 하여 자신의 마음의 병이 더위와 겹쳐 심해짐을 말했다.

　6월 26일에는 '평소 심열이 있는데 지금 더운 철을 만났으므로 자연 서로 도와 생긴 것이다.'라고 피력한 후 6월 28일 위독해져 같은 날 경복궁 양심당에서 34세 나이로 승하했다.

　명종은 평소 허약 체질에 모후로부터 받은 심한 스트레스가 울화로 쌓여 10년 이상 심화병(홧병)을 앓고 있었으며 여기에 세자의 죽음으로 심적 고통이 심해졌고, 사망하던 해 여름 더위로 인해 열탈진

그림 13-1 ● 명종 릉인 강릉 어머니인 문정왕후 태릉도 함께 있다. 죽어서도 어머니 곁을 벗어나지 못하고 있다.

도 엎친데 겹쳐 사망한 것으로 추정된다.

명종 능인 강릉(康陵; 사적 제201호)은 서울특별시 노원구 화랑로 681번지에 위치했다(그림 13-1). 강릉은 명종 어머니인 문정왕후 윤씨 묘인 태릉(泰陵)과 함께 있는데 죽어서도 어머니 곁을 헤어나지 못하고 있는 것 같다.

제14대 **선조**

- 생몰년: 1552년~1608년
- 등극시 나이: 16세
- 재위기간: 40년 7개월
- 사망시 나이: 57세
- **사인**: 다계통위축증

변덕이 죽 끓듯 하던 임금

— 병도 뇌의 다계통위축증
(multiple system atrophy)이었다

즉위과정

조선 제14대 왕 선조는 중종과 후궁 창빈 안씨 사이에 태어난 중종의
일곱째 서자인 덕흥군 이초의 셋째 아들로, 초명은 균(鈞)이었으나
연(昖)으로 바꾼 하성군(河城君)이다.

명종 25년(1567) 6월 명종이 34세 나이로 후사없이 승하하자
16세 나이로 경복궁 근정전에서 왕위로 즉위했다.

중종과 장경왕후 윤씨 사이 인종, 문정왕후 윤씨 사이 명종 2명의
적자가 있었고, 여러 후궁들에서 7명의 아들이 낳았는데, 7명의 서자
중 막내가 덕흥군 이초였다.

(참고로 중종은 후궁들과 사이에서 원래 11명의 아들을 낳았으나
그중 4명은 조졸하였음.)

명종 22년(1567, 34세) 6월 28일 명종의 병이 매우 위중해졌다. 명종은 이날 밤에 대신들을 불러 들였는데, 영의정 이준경이 대기하고 있다가 들어가 임금 손을 잡았으나 이미 말을 하지 못하고 선조가 운명했다. 이에 이준경이 명종비 인순왕후 심씨에게 후사를 물으니 을축년(1565)에 결정한 사항대로 시행하라고 명종이 유언했다고 말했다.

실은 선조가 사망할 때 후계자에 대한 유언은 없었는데, 인순왕후 심씨는 하성군을 후계자로 삼으려고 이준경에 거짓말을 하였던 것이다.

참고로 을축년에 결정된 사항이란 명종 20년(1565) 7월에 명종이 병을 앓아 위독해 정신이 혼미한 상태에서, 덕흥군 세아들(하원군, 하릉군, 하성군) 중 셋째인 하성군을 자신의 후계자로 삼도록 말을 한적이 있었다. 그러나 명종은 병이 회복되어 정신이 들자, 후계자 논의는 없던 일로 하였다.

1568년 7월에 16세 나이로 선조가 왕위에 오르자, 영의정 이준경의 간청에 의해 명종비 인순왕후 심씨가 수렴청정을 하게되었다.

「이준경 등이 아뢰기를,

"사자(嗣子)가 처음으로 들어오고 또 나이가 어리니 모든 정무(政務)는 수렴(垂簾)하고 임시로 함께 처분하셔야 합니다." 하니, 전교하기를,

"내가 본래 문자(文字)를 모르니 어떻게 국정에 참여하겠는가. 사

자가 이미 성동(成童; 15세 된 사내아이를 이르는 말)이 지났으니 친히 정사를 볼 수 있을 것이다." 하였다. 이준경 등이 다시 아뢰기를,

"사자가 나이는 비록 찼으나 동궁(東宮)에서 자란 것에 비교해서는 안 됩니다. 여염(백성의 살림집이 많이 모여서 사는 곳)에서 자라 정사의 체모를 모를 것인데 군국(軍國)의 큰 일을 어찌 홀로 결단할 수 있겠습니까. 군국의 일이 많아서 한갓 사양하는 덕만 고집하실 수 없습니다. 옛일을 따라 수렴 권청(垂簾權聽)하소서." 하니, 전교하기를, "대신의 보도(輔導; 도와서 올바른 데로 이끌어 감)가 있으니, 친히 정사를 보는 것이 옳다." 하였다. 준경 등이 세 번째 아뢰기를, "수렴해야 한다는 뜻을 이미 다 아뢰었습니다. 옛일을 따르소서." 하니, 아뢴 뜻을 알았다고 전교하였다.」

명종실록 34권, 명종 22년 6월 28일

인순왕후 심씨 자신은 문자를 모르고 선조가 16세 성년이 되어 수렴청정을 거절하였으나 여러 대신들이 간곡하게 요청하자 수렴청정을 수락하였다. 그러나 다음과 같은 이유로 1년도 지나지 않은 선조 1년(1568) 2월에 인순왕후는 수렴청정을 거두었다.

「대비(大妃)가 상에게 정권을 돌려주었다. 당시 해 위에 홍훈(虹暈; 붉게 달아오른 기운)의 변이 있었는데 대비가 시신(侍臣)에게 이르기를, 여주(女主)가 정사를 하면 비록 모든 일이 다 제대로 되더라도 대본(大本; 크고 중요한 근본)이 바르지 못한 것이어서 나머지는 족히 보잘것이 없다. 하물며 꼭 다 잘되지도 않는 경우이겠는가. 일변

(日變; 태양의 이변)이 일어난 것은 진실로 미망인(未亡人)이 청정(聽政)하고 있기 때문인 것이다.' 하고는 즉시 발[簾]을 걷도록 명하였다.」

선조수정실록 2권, 선조 1년 2월 1일

선조의 가족들

선조는 왕비 2명, 후궁 13명 사이에 적자 1명, 적녀 2명, 서자 13명, 서녀 10명 총 26명의 자녀를 두었다.

정비 의인왕후 박씨는 15세 때 18세의 선조와 혼인하였지만 30년 세월을 자식이 없어 홀대를 받으면서 살다가 46세에 한 많은 삶을 마감했다.

계비인 인목왕후 김씨는 19세 나이에 51세 선조와 결혼하여 영창대군 이의와 공주 2명을 낳았다.

광해군은 즉위한 후 9세인 영창대군을 유배시켜 밀폐된 방에 가둬 태워 죽이고, 이후 인목왕후 김씨도 폐위시켰다. 인종반종으로 다시 왕후로 복위된 인목왕후는 자신의 친정을 멸문시키고 아들을 죽인 광해군을 복수할려고 하였으나 끝내 죽이지 못하고 49세 나이로 세상을 떠났다.

임해군은 선조와 공빈 김씨 사이에 태어난 선조의 서장남이자 광해군의 친형이다.

그는 성질이 난폭하고 군왕의 기질이 없어 장남이었지만 세자 책봉은 되지 못했다.

임진왜란 때는 근왕병을 모집할려고 함경도에 갔다가 왜군에 포로로 잡혔다가 풀려나는 수모를 겪기도 했다. 광해군 즉위 후 명나라에서 세자 봉작에 대한 조사가 나오자 대북파는 임해군을 모반죄로 유배시키고 살해 했으니 그의 나이 36세였다.

신성군은 선조와 인빈 김씨 사이에 태어난 선조의 넷째 아들로, 인빈 김씨가 선조의 총애를 받아 신성군도 부왕의 사랑을 받아 세자 물망에도 오르기도 하였다. 하지만 임진왜란 때 피난을 가다가 젊은 나이에 병사했다.

정원군 역시 인빈 김씨 소생으로 신성군의 친동생이며 선조의 다섯째 아들이다.

정원군 슬하에는 능양군, 능원군, 능창군, 능풍군(이복형제) 4형제가 있었으나 셋째 아들인 능창군은 정원군 친형인 신성군에게 양자로 입적됐다.

광해군 시절 대북파는 신경희 등의 추대를 받아 왕이 되려 했다는 죄목으로 능창군을 강화도에 유배시키자, 능창군은 자신의 억울함을 이기지 못해 자결하고 말았다. 그로 인해 정원군도 화병을 얻었고 1619년 40세 나이로 죽었다.

정원군이 죽은지 4년 후에 인조반정으로 정원군의 큰 아들인 능양군(인조)이 왕위에 오르자 대원군으로 추존되었다가 그 후 많은 논란 끝에 다시 왕으로 추존되어 묘호를 원종이라 하였다(**선조의 가계도 참조**).

선조의 가계도

생몰년 1552~1608
재위기간 40년 7개월
부인 15명(왕비 2명, 후궁 13명)
자녀 26명(적자 1명, 적녀 2명, 서자 13명, 서녀 10명)
사인 다계통위축증(57세)

의인왕후 박씨(1555~1600) 무자녀, 사인; 미상(46세)

인목왕후(1584~1632) 1남2녀, 사인; 화병(49세)
　　　영창대군(의, 1606~1614) 증살
　　　정명공주(1603~1685)
　　　공주(1604~1604) 사산

공빈 김씨 2남
　　　임해군(진, 1574~1609) 서장남, 사살
　　　광해군(혼, 1575~1641) 서차남

인빈 김씨 4남5녀
　　　의안군(성, 1577~1588) 서3남, 전염병
　　　신성군(후, ?~1592) 서4남, 병사, 능창대군이 양자
　　　정원대원군 (부, 원종, 1580~1619) 서5남, 4형제를 둠
　　　　　　능양대군(종, 인조, 1595~1649)
　　　　　　능원대군(보, 1598~1656)
　　　　　　능창대군(전, 1599~1615)
　　　　　　능풍군(명, 이복형제)
　　　의창군(광,1589~1645) 서8남, 모반죄로 유배
　　　정신옹주(1583~1653) 서장녀
　　　정혜옹주(1584~1638) 서차녀
　　　정숙옹주(1587~1627) 서3녀
　　　정안옹주(1590~1660) 서5녀
　　　정휘옹주(1593~1653) 서6녀

순빈 김씨 1남

      순화군(보, 1580~1607) 서6남, 성질포악

정빈 민씨 2남3녀

      인성군(공, 1588~1628) 서7남, 인목대비 폐위 주장

      인흥군(영, 1604~1651) 서12남

      정인옹주(1590~1656) 서4녀

      정선옹주(1594~1614) 서7녀

      정근옹주(1599~1613) 서9녀

정빈 홍씨 1남1녀

      경창군(주, 1596~1644) 서9남, 인목대비 폐위 주장

      정정옹주(1595~1666) 서8녀

온빈 한씨 3남1녀

      흥안군(제, 1598?~1624) 서10남, 이괄난 때 사살

      경평군(륵, 1600~1673) 서11남, 인목대비 폐위 주장

      영선군(계, 1606~1649) 서13남

      정화옹주(1604~1666) 서10녀, 벙어리

이외 귀인 정씨, 소원 윤씨, 숙의 정씨, 숙용 김씨, 상궁 김씨(김개시), 상궁 조씨, 상궁 박씨

선조의 성격과 병력

선조는 서자 출신이라는 열등감을 극복하기 위해 치세 초기에는 사림을 대거 등용하고 호학군주임을 자처하여 우월성을 추구하려고 했다. 그러나 이러한 선조의 정책은 성공하지 못했다. 사림들은 당파를 만들어 조정을 도탄에 빠뜨렸고 이로 인해 조선은 전쟁을 무방비 상태로 맞이하게 되었다.

임진왜란이 일어나자 선조는 도망치기에 바쁜 반면, 광해군은 왜란을 현명하게 대처했다. 이에 백성들과 신하들의 마음이 광해군에게 쏠리게 되니 선조는 다시 열등감을 가지게 되었다. 그러나 마지못해 자신보다 능력이 있는 광해군을 세자로 책봉하였고 더 나아가 왕위를 세자에게 넘겨 줌으로서 열등감을 극복하려고 했다.

실제로 선조 25년(1592, 41세) 10월 피난 중이던 의주에서 선위 의사를 처음 밝힌 선조는 선조 31년(1598, 47세) 2월까지 무려 열다섯번이라는 선위파동을 일으켰다.

이는 네 번이나 선위파동을 한 태종과는 분명이 다르다. 태종은 신하를 통제하여 왕권을 확립하기 위한 목적이었지만 선조는 자괴감과 자기패배감에 의한 열등의식에서 나온 것이다. 선조는 열등의식으로 성격이 죽 끓듯 변덕이 너무 심했다.

조선왕조실록에 기록된 선조의 중요 병력을 살펴보면 선조 28년(1595, 44세) 8월 8일에 '상께서 침을 맞으신 뒤로 성후가 어떠하십니까? 두통, 귀울림, 견비, 허한 등 여러 증세에도 차도가 계시는지 모르겠습니다. 만일 아직 쾌차하지 않으시다면 이칠일이 지난 뒤에는 부득이 약물로 조치하셔야 성후가 회복될 수 있을 것이므로 감히 여쭙니다.'라고 약방도제조 김응남 등이 물으니 답하기를 '아직도 효험을 보지 못하였으니 아뢴대로 하라.'고 하셨다. 이 기록만으로는 아직은 확실한 병세는 알 수 없다.

선조 29년(1596, 45세) 8월 27일 병세가 비교적 상세하게 기록되었다.

세자 책봉을 명나라 조정에서 허락하지 않는 안타까움과 세자책봉이 되면 전위하겠다는 심정을 토로하면서 자신의 병세를 말했다.

즉 '더욱 한 없이 마음이 아파오며 답답하기 짝 없는 속에서 가장 감당하기 어려운 것은 질병이 고황(膏肓; 심장과 횡경막 사이)에 깊이 박혀 정신이 없어지고 단지 형체만 남아 있는 것이다. 이제는 양쪽 귀가 완전히 먹었고 두 눈이 모두 어두워져 지척의 사이에도 사람들이 하는 말을 들을 수 없고 몇 줄의 글도 자획을 분별할 수 없게 되었다. 게다가 심병마저 생겨 날로 더욱 고질이 되어 하는 말이 잘못되기도 하고 하는 일이 어그려지기만하여 혼망과 전도(번뇌 때문에 잘못된 생각을 갖거나 현실을 잘못 이해하는 것)를 거듭하고 있으니 놀랍고 당황스럽다. 두 팔은 삼대처럼 뻣뻣하고 두 다리는 잘 펴지지 않아 사지와 백 체(온몸 전체)가 아프지 않은대가 없는데 특히 가슴 속의 답답한 기운은 아직도 없어지지 않고 있다. 죽는날이 이미 가까워지고…(후략)'.

이 기록을 토대로 선조의 병세를 분석해보면 시력과 청력은 거의 완전히 손상되어 회복 가능성 없는 상태이고, 언어장애와 뇌의 운동신경계통도 손상되어 사지는 강직 상태로 되어 거동이나 팔의 사용은 원활하지 않았음을 알 수 있다. 벌써 뇌의 여러 신경계통에 퇴행성 변화가 생겨 진행되고 있음을 시사해 준다 .

선조 33년(1600, 49세) 이후 잦은 감기, 곽란증으로 구토와 설사, 인음증(물을 자꾸 더 먹고 싶어 하는 증세)과 연하곤란(음식을 삼키는데 어려움이 있는 증상)도 생겼고 편두통 증상도 병발했고 병세는 점점 진행되어 가고 있었다.

그러던 중 선조 40년(1607, 56세) 10월 9일 선조는 아침에 일어나 침방을 걸어 나오다가 갑자기 바닥에 쓰러져 의식을 잃은 후 곧 회복되었으나 가래가 심하면서 호흡이 가빠져 위급 상황에 빠졌다. 야사에서는 선조의 의식소실이 광해군이 갖다준 찰밥을 먹고 생겨 광해군이 선조를 의도적으로 독살하려 했다고 하는데 이는 의학지식을 모르는 소견에서 비롯된 것이다.

선조가 기상 후 걷다가 의식을 소실한 것은 다계통위축증의 증상 일환으로 자율신경계도 손상되어 기립시 심한 저혈압(orthostatic hypotension) 현상이 생겨 순간적으로 뇌로 가는 혈류가 갑자기 감소하여 일어나는 일시적인 실신 현상이었다. 의식 회복 후 생긴 가래와 호흡곤란은 이미 뇌신경계 손상으로 생긴 연하곤란(삼키는 장애)이 있어 음식물을 섭취할 때 음식물 일부나 물이 식도 대신 기도로 들어가 흡인성 폐렴이 생겨 나타난 증상일 뿐이다. 10월 이후 폐렴증상은 더욱 악화되었고 이로 인해 선조 41년 1월 7일 선조 나이 57세에 사망하게 된다.

선조는 뇌 속에 생긴 특이한 병인 다계통위축증(multiple system

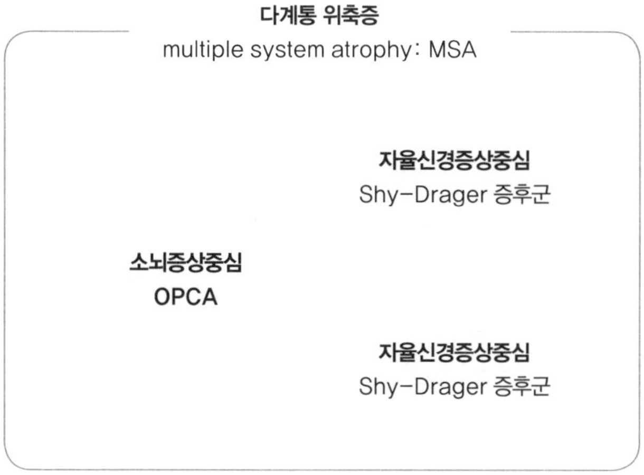

다계통 위축증
multiple system atrophy: MSA

자율신경증상중심
Shy-Drager 증후군

소뇌증상중심
OPCA

자율신경증상중심
Shy-Drager 증후군

그림 14-1 ● 뇌의 다계통위축증의 요약도 다계통위축증은 뇌에 생긴 오리브교뇌소뇌위축증(OPCA), 사이-드래거증후군(Shy-Drager's syndrome), 선조체 흑색질 변성증을 일괄한 개념이다.

atrophy)을 40대 중반부터 앓고 있던 것으로 사료된다(그림 14-1).

다계통위축증은 흔히 중장년 이후에 발생하는 뇌의 퇴행성질환으로 뇌의 여러 신경계가 동시 다발적으로 손상되어 다양한 증상을 나타내는 것이 특징이다.

뇌의 어느 부분이든 병소가 생길 수 있으나 특히 흑질, 담창구 등 선조체, 작은 골, 뇌간 및 척수의 운동관련 세포(뇌척수로), 자율신경계 등에 잘 생긴다.

증상은 어떤 뇌 부위를 주로 침범하였나에 따라 다양하게 나타난다.

선조체를 주로 침범하면 경직, 보행장애와 같은 파킨슨병 양상의 증상이, 소뇌를 침범하면 운동실조 증상과 말의 말이 어눌해지는 증

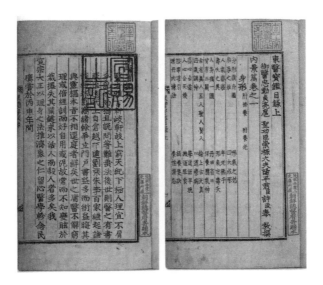

그림 14-2 ● 동의보감, 목차와 본문 부분 한국학중앙연구원 장서각 소장

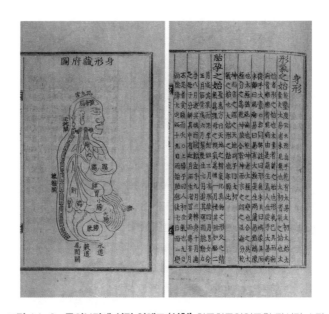

그림 14-3 ● 동의보감에 실린 인체도 '신형' 한국학중앙연구원 장서각 소장

히포크라테스
조선 왕을 만나다

상, 뇌간을 침범하면 사지강직, 구음장애, 연하장애(삼키는 장애)증상, 자율계신경계를 침범하면 기립성 저혈압(orthostatic hypotension) 증상이 나타난다. 또한 뇌신경 증상, 치매 등 다양한 뇌병변 증상을 수반하는 변형 형태도 있다. 이병의 경과는 개인에 따라 다르지만, 일반적으로 수년에 걸쳐 진행되는 병으로 특별한 치료법은 없다.

선조 능인 목릉(穆陵; 사적 제193호)은 동구릉에 있다.

참고 동의보감은 어의 허준이 선조의 명으로 중국과 우리나라 의학서적을 모아 광해 5년(1613)에 금속활자로 간행한 한의학서적이다(그림14-2, 14-3, 14-4).

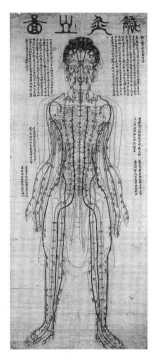

그림 14-4 ● **침을 놓거나 뜸을 뜨는 자리를 표시한 그림** 국립중앙박물관 소장

제15대 광해군

- 생몰년: 1575년~1641년
- 등극시 나이: 34세
- 재위기간: 15년 1개월
- 세자기간: 16년 3개월
- 사망시 나이: 67세
- **사인**: 노환?

미신을 몹시 신봉했던 임금

— 자신에게 닥칠 운명은 막지 못했다

즉위과정

조선 제15대 왕 광해군은 선조와 공빈 김씨 사이에 태어난 선조의 차남으로, 이름은 혼(琿)이다.

어머니 공빈 김씨는 광해군을 출산 후 산후후유증으로 고생하다가 2년 후인 선조 10년(1577) 25세 나이로 세상을 떠났다.

소년시절 광해군은 친형인 임해군이나 배다른 형제들에 비해 총명하였고 학문에 힘썼다.

선조는 마흔 살이 넘도록 적자는 없었고 서자 아들 만 13명을 두었다.

선조는 자신이 서자 출신이라 후계자 만은 적자를 세우고자 하였으나 적통이 태어날 기미는 보이지 않았다.

선조의 맏아들 임해군과 둘째 아들 광해군은 공빈 김씨, 셋째 아들 의안군과 넷째 아들 신성군은 인빈 김씨 소생이었고, 이외 순빈 김씨, 정빈 민씨 등 여러 후궁들의 소생 왕자들이 있었다. 그러나 선조는 즉위 후 여러 해 동안 적자가 태어나지 않자 아예 세자를 책봉할 생각을 하지 않고 있었다.

선조가 나이 40세에 이르자 대신들은 더 이상 세자책봉을 미루어서는 안된다는 의견을 내놓기 시작했다. 선조 24년(1591) 2월 처음 건저(建儲; 왕의 후계자를 세우는 것)문제를 거론하면서 광해군을 세자로 책봉하여야 한다고 주청했던 정철은 영의정 이산해의 배신으로 당시 신성군을 마음에 두고 있던 선조의 분노를 사 유배형에 처해졌다. 그러자 대신들은 광해군 형인 임해군을 세자로 물망에 올렸다. 그러나 임해군의 성격이 포악하고 자질이 부족하다는 이유로 선조는 한마디로 거절했다.

선조 25년(1592) 4월 임진왜란이 발발하자 선조는 우부승지 신집의 건의와 다른 신하들의 요청에 따라 서둘러 광해군을 왕세자로 책봉하니 그의 나이 18세였다. 셋째 아들인 신성군은 병사한 뒤였으므로 별다른 선택의 여지가 없었다고 하지만 이것으로 세자책봉 문제가 끝난 것은 아니었다.

선조 27년(1594) 8월 선조는 윤근수를 명나라에 보내 광해군의 세자책봉을 주청했지만, 명나라는 장자인 임해군이 있다는 이유로 거부할 뿐 아니라 광해군을 세자 자리에서 물러나게 조치를 취해 줄 것을 다섯 차례나 조선왕실에게 종용했다. 이런 어려운 여건 속에서도 광해군은 왜란 때 맡은 소임을 묵묵히 실행하니 조야의 명망을 더 얻게 되었고 모든 대신들도 광해군을 실직적인 세자로 받아 들였다. 이후 선조의 열다섯번의 선위파동이 있었지만 광해군의 계승권은 일단락된 듯 하였다.

임진왜란이 끝나고 얼마되지 않아 의인왕후 박씨가 세상을 떠나자 선조 35년(1602) 선조 나이 51세 때 19세 인목왕후 김씨를 선조의 계비로 책봉하면서 광해군의 입지는 다시 조금씩 약해지기 시작했다. 설상가상으로 선조 39년(1606) 4월 인목왕후 김씨가 영창대군을 낳자 상황은 급속히 변해졌다. 선조가 그렇게 염원했던 적자가 태어나자 다시 적자에게 왕위를 물려주어야 하겠다는 생각을 갖게 되었고 그 낌새가 보이기 시작했다. 이에 일부 눈치 빠른 신하들은 선조의 속내를 알아채리고 서서히 영창대군을 옹립하려는 움직임을 보였다.

결국 대신들은 암암리에 영창대군 지지파(소북파)와 광해군 지지파(대북파)로 나눠지고 말았다. 그러나 40세 중반부터 시작된 선조의 오랜 지병이 선조 40년(1607) 3월부터 심해져 선조는 그해 10월부터는 병석에 눕게 되었다. 10월 11일 선조는 병석에서 영의정 유영경을 불러 비망기를 내려 광해군에게 전위하겠다고 밝히고 여의치 않으면 섭정이라도 하라고 지시했으나 영의정 유영경이 그 내용을 숨겼다.

선조 41년(1608) 1월 전참판 정인홍이 57세인 선조에게 광해군에게 전위하라는 상소를 올리자 명나라 승인을 받지 못한 상태에서 전위하는 것은 문제의 소지가 있어 선조는 망설였다. 그러던 중 자신의 죽음이 임박해지자 현실적으로 어린 영창대군(당시 3세)을 보위에 올린다는 것은 불가능함을 깨닫고 광해군에게 선위교서를 내렸다.

그런데 이번에도 영의정 유영경은 선조가 광해군에게 내린 선위교서를 감추었다. 그러나 결국 정인홍에게 발각되었고 치죄하는 과정에서 선조가 승하했다.

선조가 죽기 전 사후를 걱정하고 세자인 광해군에게 다음과 같은 유시(諭示)를 하였다.

"동기(同氣)들을 내가 살아 있을 때처럼 사랑하고 참소하는 말을 하는 사람이 있으면 부디 그 말을 따르지 말라. 이런 내용으로 너에게 부탁하노니, 모쪼록 나의 뜻을 깊이 유념하기 바란다."

선조가 승하하자 유영경은 인목왕후 김씨에게 영창대군을 왕위에 올리고 인목왕후 김씨가 수렴청정할 것을 종용했으나, 그녀는 유영경의 뜻을 무시하고 선조의 유명에 따라 언문교지를 내려 광해군에게 왕위를 계승케 하니 광해군 나이 34세였다.

광해군의 가족들

광해군은 왕비 1명, 후궁 12명 사이에, 적자 3명, 서녀 1명 총 4명의 자녀를 두었다.

문성군부인 유씨는 12세 나이로 한 살 연상인 광해군과 결혼하여 아들 셋을 낳았으나 두 아들은 요절하고 외 아들인 질만 생존하였다.

인조 반정 후 그녀는 광해군, 아들 내외와 함께 강화도로 유배되었다. 유배 중 아들 질이 강화도를 탈출하려다가 들켜 26세 나이에 사살되자, 며느리도 자살하였고 , 문성군부인 유씨도 같은 해 병사하

광해군의 가계도

생몰년   1575~1641
재위기간 15년 1개월
세자기간 16년 3개월
부인   13명(왕비 1명, 후궁 12명)
자녀   4명(적자 3명, 서녀 1명)
사인   노환(67세)

문성군 부인 유씨(1576~1623) 3남, 사인; 병사(48세)
      원자(1596~?)
      질(지, 폐세자, 1598~1623)
      대군(1600~?)

소의 윤씨 1녀
      옹주(1619~1664) 광해군묘 관리함.

소의허씨

소의 홍씨

이외 숙의 허씨, 숙의 원씨, 숙의 권씨, 소용 임씨, 소용 정씨, 소원 신씨
상궁 김씨(김개시), 상궁 이씨, 상궁 최씨, 상궁 변씨

니(조선왕조실록 인조 1년 10월 18일) 그녀의 나이 48세였다(**광해군의 가계도 참조**).

광해군의 미신신봉

오랜 시간 험난한 세자책봉 과정과 즉위과정의 난관을 뚫고 왕위에 오른 광해군은 남다른 성격의 소유자로 변했다. 어렵게 왕위 자리에 오른 광해군은 자신을 저주하는 무리들이 있고 그들의 저주로 인해 왕의 지위도 뺏길 줄 모른다는 노파심을 늘 갖게 되었다. 그래서 찾은 돌파구가 미신을 믿게 되었고 광분할 정도로 그 속으로 빠져들게 되었다.

인조반정 시 반정세력들이 거사 명분으로 내세운 것은 어머니를 폐위시켜 몰아내고 동생을 죽인 '폐모살제(廢母殺弟)'의 패륜아라는 점과 조선 건국이래 외교노선인 친명사상 즉 '존명의리'를 어긴 배신자라는 점이었다.

광해군이 '폐모살제'를 강행한 명분은 여러 가지 있지만 가장 중요한 명분은 선조 40년(1607) 10월에 있었던 '유릉저주의 사건'이었다.

이 사건은 인목왕후 김씨가 의인왕후 박씨 능인 유릉에서 저주의 굿판을 벌려 의인왕후 박씨의 원혼을 억눌러서 광해군과 광해군의 세자를 저주해 영창대군을 왕으로 만들려고 하였던 사건이다.

그러나 '유릉저주의 사건'은 광해군이 세자 시절에 일어났기 때문에 사건 당시 광해군은 전혀 알지 못했다. 그러다가 광해 5년(1613) 영창대군을 왕위에 옹립하려고 인목대비 김씨와 그녀의 친정 아버지인 김제남이 역모를 꾸몄다는 누명을 쓰고 김제남 등이 사형당한 사건 즉 계축옥사와 관련하여 박동량을 조사하는 과정에서 '유릉저주의 사건'을 광해군이 알게되었다.

실은 계축옥사가 발생하기 직전에도 광해군 장모인 정씨는 입궐하여 저주 음모를 꾸몄던 것이다. 광해군으로 하여금 저주를 믿도록 하기 위해서 왕의 이목이 닿는 곳에 저주물들을 흩어 놓고 소문을 퍼트렸던 것이다. 이런 일들의 실행은 궁녀들이 하였지만 실은 배후에 광해군 비인 유씨가 있었다. 이런 음모들은 너무나 허술해 금방 거짓이라는 것을 알 수 있었지만 광해군은 확인도 하지 않았고 저주를 믿었다. 저주물을 본 광해군은 누군가 자신을 저주한다고 확신을 하고 공포에 떨었다. 그리고 광해군은 분명 인목대비 김씨가 저주의 배후라고 믿었다. 그런 와중에 박동량에 의해 '유릉저주의 사건'이 발설되었던 것이다. 계축옥사 이후 광해군은 모든 저주물들을 증거물로 잘 보관해 두었다.

이와 관련해서 실록에 의하면 광해군은 복동(福同)이라는 인물을 단골 무당으로 삼아 의심나는 일이 있을 때마다 그에게 물었다고 한다. 당시 복동은 저주술법의 대가로 알려졌다. 그런 복동을 광해군은 궁궐로 불러들여 혹시 있을지도 모를 저주들을 전담하여 막도록 하였다. 광해군일기[증초본], 광해 10년12월 16일;광해군일기[증초본], 광해 14년 10월 5일

그리고 몇 년이 흐른 후에 광해군은 마침내 인목대비를 저주의 원

흉으로 단정짓고 인목대비를 후궁으로 강등시키고 서궁에 유폐시켰다. 결정적인 죄목은 '유릉저주의 사건'이었다.

이러한 광해군의 미신에 대한 광신이 나중에 왕위를 빼앗기는 한 요인이 될 줄이야, 미신에 대한 신뢰도 광해군 자신의 앞날에 다가올 일들은 미리 막을 수는 없었던 모양이다.

광해군의 병력

조선왕조실록에 기록된 광해군의 병력을 보면 16세 때 두창(천연두)를 앓았고, 38세 때 치주염, 40세 때 감기증상, 41세 이후에 안질로 고생한 것 이외는 다른 병세나 질환을 앓은 적이 없어 비교적 건강한 편이었다.

광해 15년(1623) 3월 49세에 폐위되어 강화도에 유배되었다가 다시 제주에 이배되어 18년동안 유배생활을 하다가 67세 때 사망했다.

광해군은 제주도에서 유배생활 중에는 초연한 자세로 삶을 살았다고 한다.

자신을 감시하는 별장이 상방을 차지하고 광해군은 아랫방에 거처하는 모욕을 당하면서도 묵묵이 의연한 태도를 보였다.

또한 심부름하는 나인이 '영감'이라고 호칭하며 멸시해도 전혀 이에 대해 분개하지 않고 말 한마디 없이 굴욕을 참고 지냈다고 한다. 이러한 초연함과 관조적인 태도가 생명을 오래토록 지탱시켜 주었던 것 같다.

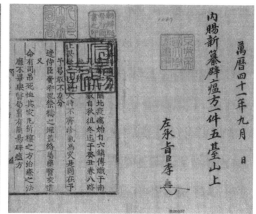

그림 15-1 ● 벽온방 온역, 즉 전염병 치료에 관한 의학서. 서울대학교 규장각 소장

　광해군 묘(사적 제363호)는 경기도 남양주 진건면 송능리 산59번
지에 위치에 있다.

참고　벽온방은 온역 즉 전염병 치료에 관한 의학책이다.
광해 4년(1612) 관북지방에 온역이 발생해 전국에 퍼지자 어의 허준(1546~1615)
에게 명해 새로 편찬케 한 뒤 배포했다. 온역의 원인, 증세, 치료법 등을 기록하고
있으며, 광해 5년(1613) 9월에 홍문관, 오대산사고, 교서관에 각각 내사(内賜; 임
금이 비공식적으로 신하들에게 물품을 하사하는 일)했다(그림 15-1).

제16대 **인조**

- 생몰년: 1595년~1649년
- 등극시 나이: 29세
- 재위기간: 26년 2개월
- 사망시 나이: 55세
- **사인**: 패혈증

피해의식 속에서
왕위를 지킨 임금

— 패혈증(septicemia)으로 사망하다

즉위과정

조선 제16대 왕 인조는 선조와 공빈 김씨 사이에 태어난 선조의 다섯 번째 서자 정원군의 장남으로, 이름은 종(倧)이다. 선조 40년(1607)에 능양도정(綾陽都正)이 되었다가 곧 능양군으로 봉해졌다.

광해군은 왕위에 오르자 왕권 강화책을 실시했다.

이 과정에서 임해군을 비롯해 영창대군, 능창군 등 왕위를 위협하는 왕자들과 그들을 떠 받치고 있던 소북파와 서인, 남인 세력을 차례로 제거하기 시작했다.

급기야 '유릉저주의 사건'과 '계축옥사(광해 5년, 1613)'를 계기로 광해군과 세자를 저주하는 배후 인물로 여겼던 인목대비 마저 광해 10년(1618) 폐출하고, 서궁(덕수궁)에 그녀를 유폐시켰다.

그 동안 광해군 폭정에 불만을 품고 역모를 도모하고 있던 세력들은 '폐모살제'와 '존명의리'라는 명분하에 무력정변을 일으켜 광해군을 폐위시키는 반정을 일으켰다.

이것이 바로 광해 15년(1623) 3월 12일 밤에 일어난 인조반정이다.

인조반정은 중종반정과 달리 반정을 주모한 인물이 능양군인 바로 인조였다는 점이다.

공빈 김씨가 광해군을 출산 후 2년 만에 산후후유증으로 사망하자 선조는 인빈 김씨와 그녀의 소생을 총애하게 되었다. 한때 정철이 건저(왕의 후계자를 세우는 것)문제를 제기했을 때 선조는 세자로 광해군을 반대하고 인빈 김씨 소생인 신성군을 계승자로 생각하고 있었다.

한동안 세자책봉이 미루어지다가 임진왜란이 일어나자 선조는 할수 없이 대신들의 주장에 따라 광해군을 세자로 책봉했다. 인빈 김씨와 그녀 소생들은 이것이 불만이었다. 때문에 광해군이 등극한 이후에도 이들은 호시탐탐 왕위를 노리게 되었는데 광해군으로서는 큰 부담이 되었다.

신성군은 사망하여 없었지만 인빈 김씨 소생의 아들은 세 명이 더 있었다.

특히 신성군의 동복동생인 정원군의 셋째 아들인 능창군이 가장 위협적인 왕자였다.

능창군은 한 때 세자 물망에 올랐던 신성군에게 양자로 입적된 점, 그리고 대신들로부터 군왕의 자질을 가지고 태어난 인물이라는 소리를 듣고 있었다. 광해 7년(1615) 능창군을 왕위로 추대할려고 하였다는 '신경희 사건'이 터지자 능창군이 연루되어 유배를 가게되었다. 그러자 능창군 자신은 그 사건과 무관함으로 억울함을 이기지 못해 자결하고 말았다.

이후 능창군의 맏 형인 능양군(인조)은 광해군과 대북세력으로부터 탄압을 받고 있던 세력들과 접촉하면서 무력정변에 대한 계획을 세우게 되었다. 능양군과 함께 정변을 계획한 사람들은 대부분 서인세력이었다.

서인은 외교적인 면에서 철저한 대명사대주의 노선인 반면, 광해군을 지지하는 대북파는 명과 후금 사이에서 중립노선을 걷고 있었다.

서인은 계축옥사와 인목대비 유폐사건을 계기로 대부분 사살되거나 유배된 상태였다. 극한 상황에 다달은 서인들은 역모를 계획하고 있던 중 능창군의 사후부터 광해군에 대한 복수를 꿈꾸고 있던 능양군(인조)의 의중을 알고 능양군을 왕위로 추대하기로 하고 역모를 함께 추진하게 되었다.

이 역모에 군사를 동원하기로 한 사람은 이귀, 김류, 이괄 세 사람이었다.

반정 일년 전인 광해 14년(1622) 이귀는 평산부사로 재직하는 동안 평산에 호랑이가 자주 출몰하자 범사냥을 하는 군사들은 평소에도 무장한 채로 활동하도록 하는 상소를 올렸다. 이는 정변시 곧 바로 도성으로 밀고 쳐들어 갈 수 있다는 이점을 감안해서 상소를 올린 것인데 이 사실이 사전에 누설되어 연기하고 말았다.

그러나 이후 정변을 일으킨다는 소문만 파다하게 퍼져 나갔다. 상황이 이처럼 급변하자 능양군을 비롯한 반정 세력은 이듬해인 광해

15년(1623) 3월 13일 새벽에 거사를 도모하기로 확정하고 12일 밤부터 홍제원에 모여 거사를 실행하려고 하였다.

그러나 또 다시 거사계획이 사전에 누설되었으나 이번에는 신속한 대응으로 반정에 성공한다. 능양군은 대궐을 장악하고 곧 광해군을 찾았으나 그는 이미 도망간 후였다.

능양군은 먼저 서궁으로 달려가 유폐되었던 인목대비를 찾았고 능양군을 맞이한 인목대비는 반정이 성공한 소식을 듣고 기뻐하면서 즉시 광해군을 폐위시키고 능양군으로 하여금 왕위를 잇게하는 교서를 내렸다. 인목대비가 광해군을 폐위시키는 이유는

첫째 선왕을 독살하고 형과 아우를 죽이고 어머니인 자신을 유폐시켰다는 것
둘째 과도한 토목공사를 벌여 민생을 도탄에 빠지게 하여 정사를 위태롭게 했다는 점
셋째 두 마음을 품어 오랑캐에 투항했다는 것이다.

1623년 3월 능양군이 제16대 조선왕으로 등극하니 그의 나이 29세였다.

인조의 가족들

인조는 2명의 왕비와 4명의 후궁 사이에 적자 6명, 적녀 1명, 서자

2명, 서녀 1명 총 10명 자녀를 두었다.

정비 인렬왕후 한씨는 17세 때 한 살 어린 인조와 가례를 올렸고 , 30세 때 왕비로 책봉되었다. 인렬왕후 한씨는 6남 1녀를 낳았으나 왕자 두 명과 공주는 조졸했다.

인렬왕후 한씨는 배가 뒤집혀져 있는 그림을 인조에게 보여주며 인심을 잃으면 뒤집힌 배와 같은 신세가 될 수 있다는 등 왕통의 정통성이 빈약한 인조가 반정세력에 퇴출되지 않도록 내조를 게울리지 않았다.

평소 생활도 검소하였고 꾸미지 않았다. 소현세자와 며느리 강씨가 인조와 평소 사이가 좋지 않자 근심 속에 세월을 보냈으며 한씨는 42세에 늦둥이를 출산하다가 산후후유증으로 사망했다.

큰 아들 소현세자는 병자호란 후 청나라에 볼모로 끌려가 8년간의 청나라 생활을 하는 동안 청나라와 돈득한 우호관계를 맺자 이를 싫어한 인조와 감정의 골이 깊어졌고 귀국한지 2개월 만에 열병을 앓다가 34세 나이로 사망했다. 아마도 패혈증(septicemia)으로 사망한 것 같다.

계비 장렬왕후 조씨는 15세 어린 나이로 44세인 인조와 혼인했으나 후사는 없었다.

후궁인 소용 조씨의 간계에 빠져 고생하며 살다가 65세 때 폐렴으로 사망했다.

소용 조씨는 2남 1녀의 소생이 있었으며, 효종 1년(1651) 소용 조씨는 자기 맏 아들 승선군을 임금으로 추대할려고 그녀의 사위와 사위 조부인 김자점이 음모를 꾸미다가 발각되 조씨, 사위, 사돈인 김자점은 사살되고 조씨의 남은 자녀들은 유배되었다(**인조의 가계도 참조**).

인조의 성격과 병력

인조의 성격은 한마디로 말해 우유부단하고 연약해 남을 탓하고 의심을 많이 하는 표리부동한 성격으로 사료된다.

병자호란 결과 인조는 사랑하는 큰 아들 세자 내외, 봉림대군 내외 그리고 많은 조선 사람들이 볼모로 청나라에 붙잡혀 갔다(그림 16-1).

처음에는 인조는 왕으로서 또는 아버지로서 모든 책임을 절감하고 마음 아파했고 죄스럽고 자신의 무능도 탓 했었다.

그러나 볼모로 잡혀간 소현세자는 인조를 대신해서 청나라와의 외교문제를 원만히 해결하는 능력이 남달랐다. 청나라에 머무는 동안 소현세자는 청이 강한 나라임을 느끼면서 가능한 청의 비위를 거스르지 않는 것이 조선에 이롭다는 것을 깨달았다. 이런 소현세자의 태도를 청나라에서는 좋게 받아 들였고 결국은 청태종까지 소현세자를 신임하게 되었다.

그러나 조선에서는 소현세자가 청나라에 잘 보여 조기에 왕위를 노리려는 속셈을 가지고 있을 것이라는 소문이 솔솔 흘러나왔다. 특히 인조는 소현세자가 청나라로부터 후한 대접을 받고 인정을 받으면서 잘 지내고 있다는 소식에 처음에는 자신의 귀를 의심했다. 그러나 시간이 갈수록 인조는 소현세자가 다른 속내를 가지고 있어 청나

인조의 가계도

생몰년 1595~1649
재위기간 26년 2개월
부인 6명(왕비 2명, 후궁 4명)
자녀 10명(적자 6명, 적녀 1명, 서자 2명, 서녀 1명)
사인 패혈증(55세)

인렬왕후 한씨(1594~1635) 6남1녀, 사인; 산후후유증(42세)
    소현세자(왕, 1612~1645) 장남, 패혈증
    봉림대군(호, 효종, 1619~1659) 차남
    인평대군(요, 1622~1658) 3남, 서예 그림
    용성대군(곤, 1624~1629) 4남
    대군(1629~1629) 5남
    대군(1635~1635) 6남
    공주(?~1626) 장녀

장렬왕후 조씨(1624~1688) 무자녀, 사인; 폐렴(65세)

귀인 조씨(폐귀인) 2남1녀, 김자점 역모사건으로 살해
    승선군(징, 1639~1690) 서장남, 유배
    낙선군(숙, 1614~1695) 서차남, 유배
    효명옹주(1637~1700) 서장녀, 유배, 김자점의 손부

귀인 장씨

숙의 나씨

상궁 이씨

그림 16-1 ● 삼전도비 병자호란 때 청나라 태종이 인조의 항복을 받고 자기의 공적을 기리기 위해 세운 전승비

라와 가까이 지내고 있을 것이란 의심을 갖게 되었다.

그러던 중 인조 18년(1640, 46세) 인조의 병환이 지속되자 조선 조정에서는 청나라에게 세자의 일시 귀국을 요청했다. 청태종은 이를 승낙하면서 송별연까지 열어 주었다. 그러나 인조는 청태종이 베푼 세자에 대한 후의를 지레 생각하기를 이는 필연코 청나라가 자기를 내쫓고 조기에 세자를 왕으로 세울 것이 틀림없다고 결론을 내리고 세자를 맞이하는 모든 의식을 거두었다. 반정 후 믿었던 이괄에게 배반당한 경험이 아들에게도 의심을 가지게한 요인이 되었다.

세자가 다시 심양으로 돌아간 후 인조는 세자의 일거수 일투족에 대한 보고를 들을 때마다 세자에 대한 의심은 눈덩이처럼 부풀어졌고 굳혀졌다. 그러던 중 인조는 세자의 영구 귀환 소식을 듣고 긴장하지 않을 수 없었다. 인조는 신하들이 세자에게 하례하는 것도 막았고 자신도 덤덤하게 맞이했다. 그럼에도 세자는 얼굴 기색 하나 변하지 않고 의연하게 굴자 인조는 세자가 청과 내통하고 있어 거만을 떨고 있다고 확신을 갖게된다. 세자가 서양서적과 서양기계를 가지고 인조 앞에 나타났을 때 그는 화를 참지 못하고 벼루를 세자의 얼굴을 향해 던졌다는 말이 전해질만큼 인조는 흥분된 상태였고 부자간의 사이는 최악의 상태가 되고 말았다.

세자에 대한 악한 감정이 소현세자 사후에도 소현세자 가족에게 이어져 세자 부인이자 자신의 며느리인 강씨가 인조 자신을 독살시키려고 하였다는 죄목을 씌워 강씨도 살해하고 그녀의 소생 즉 인조의 손자들 3명도 유배를 보냈다.

지금까지 정황을 종합해 보면 인조는 소현세자에 대한 열등의식과 피해감정을 갖고 있었고 세자에 대한 피해감정 속에서 왕위를 유지했던 것이다.

조선왕조실록에 기록된 인조의 병력을 보면 젊은 시절에는 비교적 건강한 편이었다. 인조17년(1639, 45세) 8월 이후 열담증세(높은 신열, 얼굴 충혈, 눈이 짓무르고 몸이 잠기고 불안해지는 증세)로 고생했는데 이는 스트레스에 의한 신경증 증세였을 것이다.

인조 26년(1648, 54세) 4월 26일 에는 '병이란 모두가 마음에서 일어나는 것이기 때문에 평안한 마음과 안정된 생각을 지니고 올바른 것으로 사특함을 제어한다면…' 하여 자신의 병의 원인을 마음의 병으로 생각하고 치료에 대해 언급하였다.

이후 번열과 배가 부푼 증세를 호소하였으나 별다른 증세는 없었던 것 같다.

그러던 중 인조 27년(1649, 55세) 5월 1일에 갑자기 '성후는 강풍 증세이니 약을 바치겠습니다.'는 의원의 말과 함께 세 차례 침을 맞았고 의원의 진단은 학질이라고 내렸다. 5월 7일 '상이 미시에 한기가 있고 신시에 두두러기가 크게 나고 유시에 한기가 조금 풀렸다.'고 의원이 병세를 설명하고 학질증세는 조금 있으면 그칠 것이라고 말하자 숙직한 신하들도 인조의 위급 상황을 전혀 몰랐던 것 같다. 그러나 실은 이때 인조의 병세는 매우 위급상태였던 것이다. 그 이튿날인 5월 8일 창덕궁 대조전 동침에서 사망하니 그의 나이 55세였고 병 발병 후 7일 만에 급서했다.

그 당시 전의들은 인조의 병을 학질로 진단하였으나 학질로 갑자기 사망하는 경우는 매우 드물다.

인조는 55세 되는 5월 1일 한기와 열이 갑자기 생겼고 사망하기 1일 전에 두두러기가 크게난 후 다음날 사망했다고 하는데 실은 사망 1일전 생겼다는 두두러기는 두두러기가 아니고 임상소견상 그와 유사한 패혈증 합병증으로 생긴 자반증(purpula; 피부 진피층으로 적혈구의 유출이 발생하여 피부가 붉은 색이나 보라색으로 변색되어 나타나는 증상)이거나 홍반일 가능성이 크다.

추정컨대 인조는 40대 중반부터 스트레스에 의한 심화병을 앓고 있었다.

사망하기 1주 전 갑자기 열과 한기가 생기는 패혈증이 발병하였고 사망 1일 전에는 패혈증 합병증이 생겨 혈액응고인자가 극도로 감소되어 출혈되어 피부에도 생긴 자반증이나 홍반을 두두러기로 오진했을 가능성이 높다.

의학 지식이 부족한 사람은 외견상 자반증이나 홍반을 두두러기로 오인하기 쉬우나 두두러기 경우에는 대부분 심한 가려움증(소양증)을 동반함으로 구분할 수 있다.

결국 인조도 소현세자와 마찬가지로 패혈증으로 사망했던 것이다.

인조 능인 장릉(長陵; 사적 제203호)은 경기도 파주시 탄현면 갈현리에 있다.

참고 동의보감에서는 학질을 몸을 덜덜 떨면서 주기적으로 한열이 나는 병이라고 하였다. 학질은 사람이 견디지 못할 정도로 포악스러운 질병이라 하면서 내경에서는 '여름철에 더위에 상하면 학질이 생긴다.'고 하였다.

학질에 걸리면 일정한 시간 간격을 두고 오한과 열증이 반복되는 증상을 보이는데 학질의 원인을 정기와 사기의 투쟁으로 인식하고 다음과 같이 설명하였다.

'양이 부족하면 음의 사기가 겉으로 나와 양과 싸워서 이기므로 오한이 나고, 음이 부족하면 양의 사기가 속으로 들어가 음과 싸워 이기므로 열이 난다. 만일 사기가 들어와 정기와 싸우지 않으면 열만 있고 오한은 나지 않는다. 발작은 하루 걸러, 또는 이틀 걸러, 때로는 사흘 걸러 규칙적으로 나타난다. 병의 위치한 곳이 얕고 깊음에 따라 발열 주기에 차이가 있다.'

증상면으로만 보면 오늘날의 마라리아원충에 감염되어 생긴 마라리아와 유사한 점이 있으나 원인면에서는 전혀 다르다. 또한 주기적으로 간격을 두고 오한과 열이 나는 병은 학질말고도 모든 감염질환에서도 흔히 볼 수 있는 소견이다. 조선시대의 학질은 현대의학에서 말하는 학질과는 근본적으로 다른 것이다.

제17대 효종

- 생몰년: 1619년~1659년
- 등극시 나이: 31세
- 재위기간: 10년
- 세자기간: 3년 8개월
- 사망시 나이: 41세
- **사인**: 실혈사

북벌계획을 세웠던 임금

— 전의를 잘못 만나 그 뜻을 접다

즉위과정

조선 제17대 왕 효종은 인조와 인렬왕후 한씨 사이에 태어난 인조의 차남으로, 이름은 호(淏)이다. 인조 4년(1626)에 봉림대군(鳳林大君)으로 봉해졌다.

인조 14년(1636) 12월 병자호란이 일어나자 봉림대군(효종)은 아우 인평대군과 함께 왕족을 데리고 강화도로 피난 갔지만 청군에게 포로가 되었다. 인조 15년(1637) 1월 인조가 청태종에 항복하자 소현세자 내외와 삼학사 그리고 조선백성들과 함께 청나라에 볼모로 잡혀가니 그 당시 봉림대군 나이는 19세였다(그림 17-1).

병자호란 때 청세종이 산해관을 공격할 때 봉림대군은 형인 소현세자 대신 자신을 보내달라고 간청했었고, 서역정벌 시에도 자청해

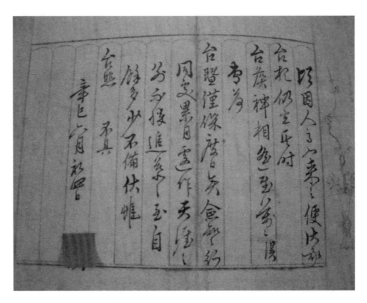

그림 17-1 ● 효종의 어필 인조 19년(1641) 6월 4일 심양에서 능성부원군 댁에 보낸 편지. 서울대학교 규장각 소장

소현세자와 동행하기도 했다.

인조 23년(1645) 2월 소현세자가 볼모에 풀려 귀국할 당시 봉림대군은 청나라에 계속 머물러 있었다. 그러던 중 그 해 4월 소현세자가 급서하자 5월에 귀국하고 9월 27일 세자로 책봉되었다.

효종 세자책봉 당시 소현세자에게는 세 아들이 있었고 큰 아들인 석철은 10세여서 신하들의 소청에도 불구하고 인조는 세손이 어리다는 핑계로 봉림대군을 전격적으로 세자로 책봉했던 것이다. 세자 책봉 4년 후 인조 29년(1649) 5월 8일 인조가 급서하자 봉림대군이 인조 대를 이어 5월 13일 창덕궁 인정문에서 즉위하니 그의 나이 31세였다.

히포크라테스
조선 왕을 만나다

효종의 가족들

효종은 왕비 1명과 후궁 3명 사이에 적자 3명, 적녀 6명, 서녀 1명 총 10명의 자녀를 두었다.

인선왕후 장씨는 14세 때 한 살 어린 효종과 혼인 하였다. 인조사 후 31세 때 효종이 왕에 즉위하였으나 인선왕후 장씨는 2년 뒤에 왕비로 진봉되었다.

인선왕후 장씨와 효종 사이에는 3남 6녀를 낳았으나 왕자 두명은 요절하였다.

그녀 역시 효종의 북벌계획에 뜻을 같이 하였으나 효종이 급서하자 대비로 물러서게 되었다. 대비 시에도 효종의 뜻을 이어받아 아들 현종이 북벌을 해 줄것을 기대했으나 질병을 얻어 북벌 꿈을 안고 57세 나이로 세상을 떠났다(**효종의 가계도 참조**).

효종의 병력

효종대왕 행장에서는 효종 9년(1658, 40세) 6월에 효종이 병을 앓기 시작해 그해 겨울에 병이 조금 호전되었다는 기록이 있지만 상세한 병 증상이나 병명은 없다.

조선왕조 실록에 기록된 병력을 보면 효종 10년(1659, 41세) 4월 '상의 머리 위에 작은 종기가 생겨 콩알만한 종기는 더욱 커지면서 얼굴이 점점 부어 눈조차 제대로 뜰 수 없는 지경이었다.'고 하는데

효종의 가계도

생몰년 1619~1659
재위기간 10년
세자기간 3년 8개월
부인 4명(왕비 1명, 후궁 3명)
자녀 10명(적자 3명, 적녀 6명, 서녀 1명)
사인 실혈사(41세)

인선왕후 장씨(1618~1674) 3남6녀, 사인; 만성소모성질환?(57세)
       왕세자(연, 현종, 1641~1674)
       왕자(1646~1646) 조졸
       왕자(생몰년 미상) 효종 즉위전 조졸
       숙신공주(1635~1637) 장녀
       숙안공주(1636~1697) 차녀
       숙명공주(1640~1699) 3녀
       숙휘공주(1642~1696) 4녀 질병
       숙정공주(1645~1668) 5녀 천연두
       숙경공주(1648~1671) 6녀 천연두

안빈 이씨 1녀
       숙녕옹주(1649~1668) 서장녀, 병사

숙의 김씨

숙원 정씨

이는 농양이 동반된 전형적인 봉소염(봉와직염, 연조직염, cellullitis; 진피와 피하조직에 나타나는 급성 세균감염증) 소견이라 할 수 있다.

같은 해 5월 1일에 의관 유후성과 신가귀 등이 산침을 놓아 농을 배설시켜야 한다고 아뢰였고 그날 이후 산침을 맞았으나 머리로 독이 번지자 어의 신가귀가 그곳에 침을 놓아 고름을 짜어 내려고 하였다. 종기를 터트리자 피가 쏟아져졌는데 혈락을 건드린 탓에 피가 멈추지 않았다고 한다. 결국 효종은 어의가 잘못하여 혈관를 건드려 출혈로 인해 5월 4일 실혈사한 것이다.

효종 죽음의 원인을 제공한 봉소염이란 국소적 통증, 홍반, 종창, 열감 등을 특징으로 하는 급성세균성 염증질환으로, 일반적으로는 생명을 위협하는 질환은 아니다. 봉소염만 있는 경우에는 주로 연쇄상구균(Streptococcus)이 원인균이 되고, 농양(abscess)과 동반될 경우에는 포도상구균(Staphylococcus)이 원인균이 되는 경우가 상례이다.

효종은 봉소염 때문에 사망한 것이 아니라 배농시키기 위해 어의가 침을 놓았을 때 잘못하여 종기 대신 목 옆에 있는 뇌로 가는 큰 동맥인 경동맥(carotid artery)을 건드려 피가 멈춰지지 않아 출혈사 하였던 것이다.

결국 효종은 전의를 잘못 만나 북벌계획을 이루지 못하고 한창 나이에 요절한 것이다.

효종 능인 영릉(寧陵; 사적 제195호)은 세종대왕 릉이 있는 영녕릉에 있다.

효종 6년(1655) 10월에 함경도 북청부에서 이질이 집단적으로 발생하여 백오십 여명이 사망한 내용이 조선왕조실록에 실렸는데, 아마도 이것이 조선시대에 세균성 이질이 집단적으로 발생하였다는 첫 공식적인 기록이 아닌가 싶다.

현종

- 생몰년: 1641년~1674년
- 등극시 나이: 19세
- 재위기간: 15년 3개월
- 세자(손)기간: 10년 9개월
- 사망시 나이: 34세
- **사인**: 장파열에 의한 복막염

후궁을 두지 못했던
유일한 임금

— 앓았던 습창은 피부결핵인 심상성낭창
(lupus vulgaris)이었다

즉위과정

조선 제18대 왕 현종은 효종과 인선왕후 장씨 사이에 태어난 외 아들로, 이름은 원(棩)이다.

인조 19년(1641) 효종이 명나라에 볼모로 있을 때 심양에서 태어났으며, 인조 26년(1648) 8월 8세 때 왕세손으로 책봉되었다가, 효종이 즉위한 1649년 5월 세자로 책봉되었다. 효종 10년(1659) 5월 4일 효종이 급서하자, 5월 9일 왕위에 오르니 그의 나이 19세였다. 현종이 왕 즉위 시 일화가 있어 소개하면 다음과 같다.

「사왕(현종)이 인정문(仁政門)의 어좌(御座)에 이르러 동쪽을 향하여 한참 서 있었는데, 도승지가 꿇어앉아 어좌로 오를 것을 청하였으나 응하지 않았고, 김수항이 종종걸음으로 나아가 꿇어앉아 청하였으나 사왕이 역시 따르지 않았다. 이은상이 총총히 나와 급히 예조 판서 윤강을 불러들여 그로 하여금 앞으로 나아가 꿇어앉아서 청하게 하였으나, 그때까지도 사왕이 따르지 않다가 영의정 정태화가 종종걸음으로 나와 두세 번 어좌로 오를 것을 청하자, 사왕이 그제서야 비로소 어좌에 올라 남쪽을 향하여 섰다. 태화가 다시 어상(御床)으로 올라가 앉을 것을 청하니, 사왕이 이르기를,

"이미 자리에 올랐으면 앉은 것이나 다름이 없지 않은가." 하고,

이어 흐느끼기 시작했고 좌우도 모두 울며 차마 쳐다보지 못하였다. 태화가 의식대로 할 것을 굳이 청하자, 사왕이 비로소 앉아서 백관의 하례를 받고 예를 마치었다.」 현종실록 1권, 현종즉위년 5월 9일

현종의 가족들

현종은 왕비 1명 사이에 적자 1명, 적녀 4명 총 5며의 자녀를 두었다. 장녀는 일찍 요절하였고 2녀 명선공주와 3녀 명혜공주는 14세와 9세 때 같은 해(1673년) 천연두로 연달아 사망하여 숙종과 4녀 명안공주만 남게되었다.

조선시대 왕들 중 현종은 유일하게 일부일처였다. 현종이 한 부인만을 거닐 수밖에 없었던 이유는 명성왕후 김씨 성격 때문이었다고 한다.

명성왕후 김씨는 10세 때 11세인 현종과 혼인하여 18세 때 왕비

로 책봉되었다. 명성왕후 김씨는 총명하며 지능이 비상했으나 성질이 거칠고 사나왔다고 한다. 명성왕후 김씨에 대한 억척스러움을 나타내는 일화가 있어 소개하면 아래와 같다.

숙종 9년(1683) 12월 외 아들인 숙종이 천연두에 걸려 사경을 헤매게 되었다고 한다. 평소 무속 신앙을 심봉했던 명성왕후는 아들이 무사히 쾌유하기를 기원하는 굿을 하게 되었다. 무녀 막례(莫禮)가 숙종이 삼재가 들어 병을 앓고 있는 것이니 어머니인 명성왕후가 삿갓을 쓰고 홑치마만 입은 채 물벌을 받으면 아들이 쾌유될 것이라는 무녀의 말만을 믿었다. 명성왕후는 무녀 말대로 혹독한 겨울 날씨에 삿갓을 쓰고 홑치마만 입은 채 물 벼락을 맞았다.

결국 지독한 독감에 걸렸고 합병증인 폐렴으로 그해 12월에 42세 나이로 사망하였다(**현종의 가계도 참조**).

현종의 병력

조선왕조실록의 기록에 의하면 현종은 현종 1년(1660, 20세) 2월부터 안질, 같은 해 6월 왼쪽 엄지발가락과 네 번째 발가락 사이에 가려움증과 부스럼이, 그리고 얼마있다가 오른쪽 머리 부분에 조그마한 종기가 생기기 시작해 나중에는 전신으로 퍼져 사망시까지 습창, 부스럼, 종기등 피부질환과 안질로 고생을 하였다.

실은 현종이 20세 때부터 앓았던 안질과 피부질환은 조선시대 궁궐에서 성행했던 결핵이 주범일 것으로 추정된다.

현종의 가계도

생몰년	1641~1674
재위기간	15년 3개월
세자(손)기간	10년 9개월
부인	왕비 1명
자녀	5명(적자 1명, 적녀 4명)
사인	장파열에 의한 복막염(34세)

명성왕후 김씨(1462~1683) 1남4녀, 사인; 독감 후 폐렴(42세)

　　　왕세자(순, 숙종, 1661~1720)

　　　공주(?~1658) 장녀, 요절

　　　명선공주(1660~1673) 천연두로 사망

　　　명혜공주(1665~1673) 천연두로 사망

　　　명안공주(1667~1687)

현종 15년(1674, 34세) 2월에는 어머니인 인선왕후 장씨의 병수발과 장례로 잠과 식사를 제대로 하지 못해 심신이 몹시 쇠약해진 상태였다. 그러던 중 그해 7월 24일 갑자기 복통이 생겼고, 8월 7일에는 복통은 약간 호전이 되었으나 이틀 후인 8월 9일부터 열이 나자 전의는 학질같다고 진단하였다. 8월 10일부터 번열, 헛배 부름, 설사가 나면서 병세는 극도로 악화되어, 8월 18일 34세 나이로 세상을 떠났다.

아마도 갑작스러운 복통의 원인은 장파열에 의한 것이며, 이차적으로 복막염으로 진전되어 사망한 것으로 사료된다.

일반적으로 호흡기를 통해 인체 내에 들어온 결핵균은 우리 몸 안에서 퍼지는 경로를 보면 림프선행(림프액의 흐름 따라 운반되는 것), 혈행성(피흐름에 따라 운반되는 것), 관내성(끈끈막으로 덮여 있는 대롱꼴의 기관을 통해 병이 다른 곳으로 번지는 것)으로 전이된다.

림프성으로 퍼지는 경우는 목부분 림프선결핵과 같은 림프선결핵이 대표적이며, 혈행성으로 퍼지는 경우는 속립성결핵, 결핵성수막염, 안결핵(홍체염), 피부결핵, 부신결핵, 골관절결핵, 신장결핵 등이 있고, 관내성으로 퍼지는 경우는 후두결핵, 중이결핵, 장결핵 등이 있다.

피부결핵에는 진정피부결핵과 결핵진 두가지 종류가 있다.

이중 제일 흔한 피부결핵은 결핵진 일종인 심상성낭창(lupus vulgaris)이다.

이 피부결핵은 낭창 결절이라는 갈적색 구진이 생기고 그것이 점

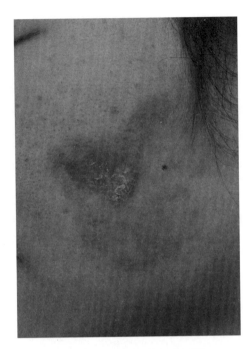

그림 18-1 ● 얼굴에 생긴 피부결핵

차 수가 늘고 확대하고 합쳐진다. 이 결절은 종류상이 되거나 짓물려 궤양이 되며, 반흔으로 변해 보기 싫게 된다(그림 18-1, 18-2).

안질의 원인이 되는 제일 흔한 안결핵은 결핵성홍채염(홍체⟨iris, 눈조리개⟩는 포도막⟨uvea⟩의 앞 부분으로 빛의 양을 조절하는 기능을 하며, 눈을 앞에서 봤을 때 검은자로 불리는 각막 안쪽의 갈색조직이며 이곳에 생긴 염증을 홍채염이라고함)이다.

현종이 20세부터 발병하여 오랫동안 앓았던 습창은 피부결핵인 심상성낭창, 안질은 결핵성 홍채염일 가능성이 높다.

그러나 현종은 피부결핵과 결핵성 홍채염으로는 사망하지 않았다.

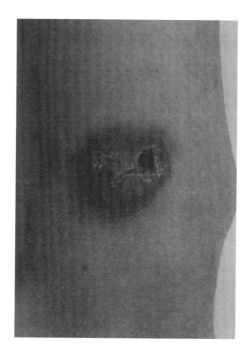

그림 18-2 ● **팔에 생긴 피부결핵**

그러면 현종을 갑자기 죽음에 이르게한 원인은 무엇일까?

결국 현종은 오랫동안 피부결핵과 결핵성 홍채염으로 고생하다가 임종 직전에는 결핵이 악화되어 장결핵으로 진행되었을 가능성이 높고, 장결핵에 의한 장파열이 생겨 복막염으로 진전되었을 가능성이 높다. 또 다른 가능성은 흔히 맹장염이라고 하는 충수염(appendicitis)이 파열되어 복막염이 되어 사망할 가능성도 배제하지는 못하겠다. 그러나 틀림없는 사실은 장파열에 의한 복막염으로 현종은 사망한 것이다.

결국 복막염으로 34세 젊은 나이에 세상을 떠났던 것으로 사료된다.

현종 능인 숭릉(崇陵; 사적 제193호)은 동구릉에 있다.

> 참고 현종 이전에는 천연두와 홍역은 구별되지 않고 두창, 창진이라는 이름하에 모두 천연두로 취급되었으나 현종시대부터 처음으로 두진(천연두)과 마진(홍역)으로 구분지어 별개의 전염병으로 기록하게 되었다.

제19대 숙종

- 생몰년: 1661년~1720년
- 등극시 나이: 14세
- 재위기간: 45년 10개월
- 세자기간: 7년 7개월
- 사망시 나이: 60세
- **사인**: 간성혼수

자기애적
성격(narcissist)을 가진 임금

— 복수를 동반한 간성혼수로 사망하다

즉위과정

조선 제19대 왕 숙종은 현종과 명성왕후 김씨 사이에 태어난 외 아들
로, 이름은 순(焞)이다.

현종 8년(1667) 1월 7세 때 세자로 책봉되었고, 현종 15년(1674)
8월 23일 현종이 승하하자 14세 나이로 창덕궁 인정전에서 왕위에
즉위했다.

조선시대에서는 세자가 20세 이전에 왕이 되면 성년이 될 때까지
또는 친정 능력이 있다고 판단될 때까지 수렴청정하는 것이 관례였
다. 그러나 숙종은 수렴청정 없이 바로 친정하였다.

그 이유를 보면 수렴청정이란 왕실의 최고 어른이 해야 하는데 그
당시 최고 어른은 인조의 계비인 자의대비(장렬왕후 조씨)였다. 그

러나 자의대비는 궁궐에서 실권도 없었지만 수렴청정에 대한 의지도 없었다. 그렇다고 해서 숙종의 어머니인 명성왕후 김씨가 수렴청정을 한다고 할 수 있는 입장도 아니었다. 자의대비에게도 맡길 수 없고 명성왕후 김씨 자신도 할 수 없었기에 신하들과 상의하여 숙종의 친정 쪽으로 결정했다.

실은 명성왕후 사촌인 김석주가 숙종 옆에서 보좌하게 될 것이며 결국은 명성왕후 자신의 뜻대로 국정을 움직일 수 있다고 판단하였기 때문이었다.

숙종의 가족들

숙종은 왕비 3명, 후궁 5명 사이에 적녀 2명, 서자 6명 총 8명의 자녀를 두었다.

정비 인경왕후 김씨는 11세 때 동갑인 숙종과 혼인을 치렀고, 17세 때 정식으로 왕비에 책봉되었다. 숙종과의 사이에 2명의 딸만 얻었으나, 두 딸 모두 일찍 여의였고, 인경왕후 김씨도 천연두에 걸려 20세 나이에 사망했다.

첫 번째 계비인 인현왕후 민씨는 15세 때 21세의 숙종과 결혼했으나 후손은 없었고, 1689년 기사환국 시 폐위되었다가, 1694년 갑술환국으로 왕비로 복위되었지만 35세 때 각기병으로 사망했다.

두 번째 계빈인 인원왕후 김씨는 16세 때 42세의 숙종과 혼인했으나 자식은 없었다. 그래서 그녀는 연잉군(영조)이 곤경에 처할 때마다 친 아들처럼 보호하고 도움을 줘 영조 즉위 후 33년 동안은 편안한 여생을 보내다가 71세 나이에 세상을 떠났다.

옥산부대빈 장씨(장희빈)은 원래는 인조계비인 장렬왕후 조씨의 나인이었다. 그녀 16세 때 두 살 연하인 숙종과 눈이 맞아 사랑에 빠져 지냈는데 그 사실을 안 명성왕후 김씨가 경신환국(1680년) 때 사천의 집으로 내쫓았다. 그러던 중 3년후 1683년 12월 명성왕후 김씨가 사망하자 삼년상을 마친 1686년 2월 장희빈이 28세 때 재입궁하게 되었다. 그녀 30세 때 경종을 낳고 오만방자해지고 악랄한 저주의 짓을 하다가 '무고의 옥' 사건으로 다시 내쫓겨나 43세 때 사약(천남성)을 받고 독살되었다(**숙종의 가계도 참조**).

숙종이 성격과 병력

숙종의 아버지인 현종은 철저한 일부일처제였고 명성왕후 김씨사이에 5명의 자녀를 두었지만 아들은 숙종 한 명 뿐이었다.

이 점이 숙종의 위치를 더욱 더 절대적으로 만들게 된 동기가 되었다.

행여나 원자가 왕이 되기도 전에 죽기라도 한다면 다른 대안이 없는 상황이어서 숙종은 어릴 적부터 절대 권력을 가진 전능감을 경험하면서 성장했다.

숙종은 외아들인 원자로 태어났기 때문에 어린 시절 주변에서 온통 자신에게 굽실거리는 사람들이 아니면 왕자로서 예절을 가르쳐

숙종의 가계도

생몰년 1661~1720
재위기간 45년 10개월
세자기간 7년 7개월
부인 8명(왕비 3명, 후궁 5명)
자녀 8명(적녀 2명, 서자 6명)
사인 간성혼수(60세)

인경왕후 김씨(1661~1680) 2녀, 사인; 천연두(20세)
　　　　공주(1678~1678) 조졸
　　　　공주(1679~1679) 조졸

인현왕후 민씨(1667~1701) 무자녀, 사인: 각기병(35세)

인원왕후 김씨(1687~1757) 무자녀, 사인: 노환(71세)

옥산부대빈 장씨(장희빈) 2남, 사인; 사약(43세)
　　　　왕세자(윤, 경종, 1688~1724) 서장자
　　　　왕자(1690~1690) 서차남, 조졸

숙빈 최씨(육상궁) 3남
　　　　왕자(1693~1693) 서3남, 조졸
　　　　연잉군(금, 영조, 1694~1776) 서4남
　　　　왕자(1698~1698) 서5남, 조졸

명빈 박씨 1남
　　　　연령군(훤, 1699~17192) 서6남

영빈 김씨

소의 유씨

주는 사람들 뿐이었다. 반면에 자신의 어린 마음을 이해해주고 공감 해줄 사람은 없었을 것이다.

심리학자들은 숙종의 어린 시절의 환경이 숙종을 최고의 나르시시스트(narcissist; 자기애적 성격)로 만들었을 것이라고 추정한다.

자기애적 성격이 생기는 이유는 양육자가 아이의 다양한 욕구와 감정에 대해서 공감을 해주지 못했을 때 생길 수 있다고 한다. 결국 사랑받고 공감받아야 할 아이는 부모와의 공감 실패로 좌절과 수치감을 느끼고 이때부터 공허한 마음이 생긴다. 그리고 이런 공허한 마음을 달래기 위해 아무도 사랑하지 않은 자신을 스스로 사랑해야 하고 자기 자신만을 믿게된다. 나르시시스트는 마음이 공허한 사람들이다.

자기애적 성향의 가장 대표적인 특성은 지나친 특권의식을 가지고 있다는 것이다. 숙종은 자신이 특별한 왕이라 여겼고 자신의 의견에 반대하는 사람들은 용서하지 않았다.

나르시시스트의 또 다른 특징은 대인관계에서 착취와 이용이 나타난다.

숙종 재위시절 서인과 남인이 숙종 자신의 뜻에 부합하지 않거나 반대의견을 내었을 때 매번 환국이 일어남을 알 수 있다. 신하들에게 무조건 복종을 요구해서 이에 따르지 않으면 무자비한 유혈 숙청을 단행했던 것이다.

결국 착취와 이용을 당한 사람들은 비록 서인과 남인 뿐만 아니었다.

신하들 이외 인현왕후 민씨와 희빈 장씨도 그런 대상이었다. 숙종은 사냥과 여색에 빠지지 않았다. 많은 사람들은 희빈 장씨와 연관시키기 때문에 여색에 빠졌던 왕으로 인식하고 있으나 실은 그 당시 상황으로는 그렇치 않았다. 대신 공부와 일에 전념했던 것은 그만큼 자기애적 일 욕심이 많았다는 것이다.

병력을 보면 숙종 9년(1683, 23세) 10월 천연두, 숙종 25년(1699, 39세) 10월 화증, 숙종 37년(1711, 51세) 11월 두통, 오심(메스거림), 경계(놀란 것처럼 가슴이 두근거리는 증상), 번열(열이 나고 가슴이 답답한 증상), 배속 불편 증상이 있었지만 건강을 해칠만한 소견은 없었다.

숙종 39년(1713, 53세)에 '성상의 질환은 비록 통증을 지적할 만한 곳은 없으나 다리 부위가 힘이 없으므로 보행과 기립에 방해가 있으니 이를 억지로하면 반드시 증세가 더할 것입니다.' 이는 판부사 이이명이 숙종의 병세에 대해 말한 것으로 숙종은 53세부터 체력 저하로 기운이 없고 보행과 기립이 원활하지 못했다는 것이다. 그 이후 종기 부위를 소독하고 고약을 붙인 적도 있고 한열 때문에 잠을 이루지 못하는 경우도 많았다고 한다. 여러 가지 처방을 했으나 왕의 병세가 호전되지 않자 신하들은 마음을 다스릴 것을 권하기도 하였다. 그러나 숙종의 병은 좋아질 기미가 없었으며 나중에는 포만증과 부기와 창증(변비)이 더해졌다. 아마도 이때쯤에서 부종과 복수가 생기기 시작했음을 암시해준다.

신하들은 '임금의 환후가 7개월 동안 침엄하고 증세가 백가지로 변하여 활제를 쓰면 신기가 허약해지고 또 완제를 써서 보하면 부기

히포크라테스
조선 왕을 만나다

가 날로 더 심해지므로 여러 어의들은 능력이 바닥나 어쩔줄 몰라한다.'고 말할 정도로 임금의 병에 대한 정체도 판단 못하고 갈팡질팡했던 것이다.

7, 8개월이 지나 숙종의 병은 어느 정도 잠잠해졌다. 그러나 이런 상황은 병이 호전되었다고는 할 수 없었다.

병을 앓은 지 일년 여가 지난 1715년 '한가지 병이 3년을 끌어오면 근원이 이미 깊어졌고 여러 증세가 더했다 덜했다 하여 회복될 기약이 없다. 조용히 조섭하는 방법도 크게 작년만 못한데 근래는 또한 부기가 다시 일어날 조짐이 없지 않다.'라고 말해 완치될 수 없는 병이라는 것을 숙종 자신도 느꼈던 것이다.

그리고 숙종 43년(1717, 57세) 왕세자에게 대리청정을 하게 한 이유는 결국은 안질병이었다. '지금 나의 안질이 이렇게 오래도록 심하여 왼쪽 눈만 물체를 볼 수 없는 것이 아니라 오른쪽 눈도 장차 장님이 될 지경이므로 결단코 제반 사무를 수응할 수 없는 형세이다. 이런데 억지로 사무를 수응하려 한다면 이것은 나에게 죽음을 재촉하는 결과이다. 세자에게 청정하게 하는 일이 나의 본의였으니 다시 좌상을 부른 것도 대개 이 때문이다.' 이는 숙종의 시력이 거의 실명 상태임을 알 수 있는데 숙종은 당뇨병을 앓았다는 병력은 없다. 따라서 당뇨병 합병증인 망막병증에 의한 시력장애는 아니다.

그러면 숙종의 시력장애 원인은 과연 무엇이었을까?

숙종은 오랫동안 두통의 일종인 번뇌가 심했다는 기록이 있다. 두통과 시력장애를 연관지어 생각할 수 있는 질환으로는 우선 녹내장이다.

녹내장은 안압이 올라 시신경을 압박하여 시력장애가 생기며 심하면 실명까지 이르게 하는 질환으로 과거에는 대부분 환자가 안압이 상승하는 것으로 알았다. 이때 안압상승으로 안구통내지 심한 두통을 호소하게 된다.

그런데 최근에는 안압이 상승하는 경우보다 정상적 안압에서 보다 많이 생기며 원인은 미상이다. 이 경우 점진적으로 시신경 위축이 생기는데 심한 근시환자에서 많이 발생기도 한다. 그리고 녹내장 환자에게는 절대 금연을 요하는데 담배가 녹내장을 악화시키기 때문이다. 숙종의 안질은 아마도 녹내장에 의한 시신경 장애로 인한 것으로 추정된다.

숙종 46년(1720, 60세) 1월에 숙종의 육순을 맞이했으나 병이 심해졌다. 1월 20일에는 격간(흉부와 복부사이의 횡경막 부분)이 편안하지 않고 오른쪽 겨드랑이 쪽으로 포만함이 있었으며 호흡이 고르지 않고 또 며칠 동안 대변을 보지 못했다. 이는 복수가 심해져 횡격막을 눌러 호흡곤란을 가중시킨 것이다. 그 이후 복부 팽만감이 심해졌다.

3월 중순부터 정신이 혼미하고 신음이 끊이지 않고 목소리가 아주 약해졌다. 4월 중순이후 가슴 아픈 증세와 허리 아래 다리부분에 부기가 생기면서 특히 혼곤, 즉 정신이 혼미한 상태가 있고 해소 증세도 나타났다. 이는 부종이 전신적으로 생기면서 가슴을 압박하여 해소 처럼 호흡곤란 증세도 생기고 간성혼수 전 상태로 돌입한 것이다.

5월 7일에는 성상의 환후는 복부가 날이 갈수록 더욱 팽대하여

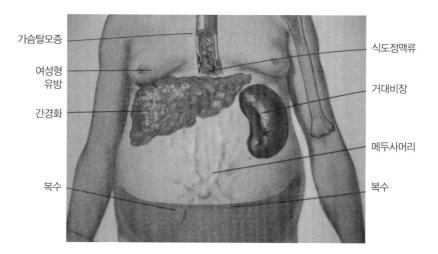

그림 19-1 ● 간경변시 복수와 메두사 머리 소견(Caput medusae)

배꼽이 불룩하게 튀어나오고(이런 현상을 의학적으로는 caput me-
dusae라고 함. 그림 19-1), 하루에 드는 미음이나 죽의 등속이 몇 홉
도 안되었으며 호흡이 고르지 못하고 정신이 때때로 혼수상태에 빠
졌다. 5월 22일에는 임금의 말소리를 알아들을 수 없었고, 그 이후
복부팽만은 더욱 심해지고 정신이 오락가락하다가 6월 5일에는 깊은
혼수에 빠져 즉 간성혼수 상태로 들어갔고, 6월 8일 60세 나이로 사
망했다.

숙종은 53세부터 회복할 수 없는 간질환 즉 간경변증을 앓고 있
다가 말년에 전신부종, 복수가 심해졌고 결국 간성혼수에 빠져 사망
하였던 것이다.

숙종 능인 명릉(明陵; 사적 제 198호)은 서오릉에 있다.

경종

- 생몰년: 1688년~1724년
- 등극시 나이: 33세
- 재위기간: 4년 2개월
- 세자기간: 30년
- 사망시 나이: 37세
- **사인**: 장티푸스에 의한 장파열

자녀를 가질 수 없었던 임금

— 열병(장티푸스) 후 장파열로 사망하다

즉위과정

조선 제20대 왕 경종은 숙종과 희빈 장씨 사이에 태어난 숙종의 장남
으로, 이름은 윤(昀)이다.

　이윤(경종)이 태어나자 원자 정호(定號; 호칭을 정함)하는 문제로
숙종과 대신들 사이에 논쟁이 벌어졌다.

　그 당시 왕실규정상 후궁의 아들은 원자로 호칭할 수 없었는데,
숙종 15년(1689) 1월 15일 숙종이 전격적으로 후궁의 아들인 이윤이
2세가 되자 원자로 정호하자, 노론 영수인 송시열은 인현왕후 민씨가
젊어 후손을 볼 수 있는 나이인데, 후궁의 자손을 서둘러 원자로 정
호하는 것은 시기상조라고 주청하자, 숙종은 격노해 이후 송시열에
게 사약을 내려 사사했다. 이와 더불어 노론은 축출되고 남인이 정권

을 장악하게 되니 이를 기사환국(*환국〈換局〉-시국이나 정국이 바뀜)이라 한다.

숙종 16년(1690) 6월 숙종은 원자인 이윤이 3세가 되자 세자로 책봉하고, 생모 장씨를 희빈으로 승봉시키고, 이후 인현왕후 민씨가 폐출되면서 희빈 장씨가 왕비로 책봉되었다.

그러나 4년 후인 숙종 20년(1694) 갑술환국으로 남인이 대거 축출되고 노론이 다시 정권을 잡게되었다. 이와 함께 인현왕후 민씨가 왕비로 다시 복위되고 왕비 장씨는 다시 희빈으로 강등되었다.

폐비된 희빈 장씨는 숙종 27년(1701) 그녀의 거처인 취선당 서쪽에 왕후 민씨를 저주하는 사당을 마련해 무녀로 하여금 왕후 민씨를 저주케 하는 '무고의 옥' 사건을 일으키게 되는데 이로 인해 결국 장씨는 사약을 받고 죽음을 당하게 되었다.

장씨가 사사되자 당시 14세에 불과한 세자 이윤도 궁지에 몰리게 되었다.

노론은 자신들이 제거한 희빈 장씨 소생 아들이 차기 왕으로 즉위해서는 안된다고 생각을 했고 숙종 역시 같은 생각이었다. 희빈 장씨 소생인 세자가 보위에 오르면 생모 죽음에 대한 보복을 하지 말라는 보장이 없었기 때문이다. 그러나 세자 이윤은 생모가 살해된 후 부터 자주 앓아 잦은 병치례를 했다.

숙종 43년(1717, 57세) 7월 19일 숙종은 은밀히 노론의 영수 이이명을 불러 독대를 하였다(이를 정유독대라 한다). 독대 이후 숙종은 몸이 쇠약한 세자(경종)에게 대리청정을 명했다. '당의통략(조선 말기 문신 이건창의 저서)'에서는 "노론이 세자의 대리청정을 찬성한 것은 장차 이를 구실로 넘어뜨리려고 하는 것"이라고 서술하였는데, 이 서술처럼 세자의 대리청정은 세자의 실수를 기다려 연잉군으로 교체하려는 의도라고 소론에서는 여겼다. 경유독대의 내막을 알아차린 소론은 격렬히 반발하였고, 결국 세자의 대리청정 논의는 매듭을 짓지 못하게 되었다.

그러던 중에 숙종이 60세에 세상을 떠나게 되었고, 1720년 6월 13일 세자 이윤이 세자책봉 30년 만에 왕에 즉위하게 되었으니 그의 나이 33세였다.

경종의 가족들

경종은 왕비 2명 사이에 자녀는 없었다. 경종이 남성불임 환자였기 때문이다. 또한 후궁도 없었던 왕이다.

이문정의 수문록(隨聞錄)에 의하면 장희빈이 죽기 전 경종의 생식기를 붙잡고 늘어졌기 때문에 경종이 성불구가 되었다는 후설이 있는데, 이는 의학적으로 신빙성은 없다.

정비 단의왕후 심씨는 11세 때 두 살 연하인 경종과 혼인하였고 자녀 없이 지내다가 경종 즉위 2년 전 33세 나이에 세상을 떠났다.

계비 선의왕후 어씨는 14세에 31세의 경종과 혼인하여 16세 때 왕비로 책봉되었다. 경종이 허약해 37세에 세상을 떠나자 결혼 6년 만인 20세의 젊은 나이에 대비가 되어 슬픔을 추스르고 나날을 보내고 있었다.

그러던 차에 영조 4년(1728)에 영조의 큰 아들인 경의군 이행(10세)과 옹주들을 죽이려는 독살사건이 있었는데, 영조 6년(1730) 3월 9일에 이 사실이 알려졌고, 그 배후 인물로 선의왕후 어씨가 의심을 받게 되었다. 이 사건으로 인해 선의왕후 어씨는 같은해 5월에 저승전에서 어조당으로 유폐되어 홀로 쓸쓸히 지내다가 그해 6월 29일 26세 나이 진전섬망(?)으로 세상을 떠났다(**경종의 가계도 참조**).

경종의 병력

어릴 적부터 병약했고 남성불임증 환자였다. 경종은 14세 때 어머니 희빈 장씨가 사약을 받은 장면을 목격한 이후로 심적 충격을 심하게 받았고, 몸과 함께 마음도 병들었다.

경종은 숙종 25년(1699, 12세) 1월 천연두, 같은 해 12월 눈병, 숙종 46년(1720년, 33세) 2월 26일 홍역을 앓았으며, 경종 2년(1722, 35세)에는 수라를 들다 독이 있어 바로 뱉어버려 독살을 면하기도 했다고 한다. 경종 3년(1723, 36세)에는 담화(담으로 열과 답답한 증세)가 있었다.

영조대왕 행장(行狀; 죽은 사람이 평생 살아온 일을 적은 글)에 기록된 내용 중에는 경종 2년(1722, 35세) 10월 경종께서 '나는 10여 년 동안 기이한 병이 있었으나 정유년에 청정을 명한 것은 선조(숙종)께서 정섭하시기 위한 것이므로 내 몸을 돌볼 겨를이 없었는데 등극하고 부터는 증세가 더욱 깊어졌다. 세제(영조)는 장년이고 영명하

경종의 가계도

생몰년 1688~1724
재위기간 4년 2개월
세자기간 30년
부인 왕비 2명
자녀 없음
사인 장티푸스에 의한 장파열(37세)

단의왕후 심씨(1686~1718) 무자녀, 사인; 돌연사(33세)

선의왕후 어씨(1705~1730) 무자녀, 사인; 진전섬망(26세)

므로 청정하게 하면 국사를 맡긴데가 있어서 내가 안심하고 조섭할 수 있을 것이니 이제부터 모든 국사를 세제를 시켜 재단하게 하라.' 하셨다.

이 내용을 보면 경종은 10년 이상 병약 상태였으며 즉위 후에는 허약함이 악화됨을 알 수 있다.

그러던 중 경종 4년(1724, 37세) 7월 20일 갑자기 경종에게 병환이 생겨 약방에서 매일 문안하였고, 8월 2일부터는 심한 한열의 징후가 생기면서 8월 8일에도 한열증세는 그치지 않고 병세는 심해졌다. 경종의 병세가 심해지자 왕세제인 연잉군(영조)이 전면에 나서 병구완을 총지휘했다.

8월 20일 대비전에서 게장과 생감을 보낸 일이 있었다. 이때 모든 어의들은 게장과 생감은 의가에서 꺼리는 음식이라며 올리지 말라고 권유했으나 세제 연잉군은 어의들의 말을 무시하고 이를 드렸다.

경종은 게장 덕분에 입맛을 조금 되찾아 평소보다 많은 식사를 하였다. 바로 그날 밤부터 경종은 가슴과 배가 조이는 듯 아파왔다. 어의들은 생감이 원인이라고 하며 약을 처방했다. 그러나 경종의 복통과 설사는 심해졌고 치료를 계속했으나 호전은 되지않고 오히려 경종은 정신이 희미한 상태까지 이르렀다. 내의원에서는 탕약을 중지하고 인삼과 좁쌀로 끓인 죽을 올렸는데 연잉군과 어의들 사이에 처방을 놓고 심하게 대립을 했다.

경종의 상태가 호전되지 않자 세제 연잉군은 '인삼과 부자를 급히 쓰도록 하라.'는 명을 내렸다. 이 처방과 병환 중에 게장과 생감을 드린 것이 영조가 경종을 독살했다는 '경종독살사건'의 빌미를 제공한 것이다. 결국 경종은 소생하지 못하고 발병 1개월여 만인 8월 25일 37세 나이로 환취정에서 승하했다.

경종 사망까지 병력을 요약해 보면 발병 10여일 정도는 병세는 심하지 않았던 것 같고, 그 이후 심한 한열이 2주 이상 지속되다가 약간 호전된 상태에서 무리하게 많은 식사를 한 후 심한 복통과 설사가 생기면서 복통 발생 5일 만에 사망하였다.

경종은 7월 20일부터 장티푸스에 걸려 처음에는 감기 증세처럼 대수롭지 않게 생각하다가 열이 심해지자 어의들은 당황하면서 연잉 군과의 처방에 대해서 의견이 벌어졌고, 회복기에 이를 즈음 음식 부주의로 장티푸스의 합병증인 장이 파열되면서 복막염을 일으켜 심한 복통과 설사가 생겼던 것이며 결국은 복막염으로 사망했던 것이다.

장티푸스는 최근에도 흔한 전염병으로 주로 높은 열이 주 증상이며, 대부분의 경우에는 3-4주 정도면 회복기에 도달한다(그림 20-1). 그러나 회복기에는 열 증세는 호전되지만 장 특히 소장에는 염증이

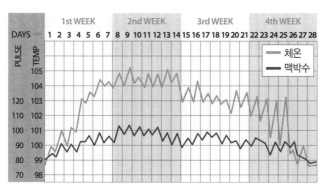

그림 20-1 ●**장티푸스시 체온변화** 체온 상승에 비해 맥박 수는 덜 증가하는 상대적 서맥이 특징임.

심해 장이 허물거릴 정도로 약해져 사소한 장 자극에도 출혈되거나 장이 파열될 위험이 커 회복기에는 특히 음식 조심을 요한다.

열병 때 계장과 생감 등 상극인 음식물을 먹어서 사망한 것이 아니라, 경종의 경우 장티푸스 회복기에 음식 조심을 잘못해 평소보다 많은 양의 식사를 해 염증이 심한 소장이 파열되어 생긴 복막염으로 사망한 전형적인 사례였던 것이다.

경종 능인 의릉(懿陵; 사적 제 204호)은 서울특별시 성북구 화랑로 32길 146-20번지에 위치했다.

영조

- 생몰년: 1694년~1776년
- 등극시 나이: 31세
- 재위기간: 51년 7개월
- 세제기간: 3년
- 사망시 나이: 83세
- **사인**: 뇌경색

탕평책으로 정국을
안정시킨 임금
— 건강수칙을 잘 지켜 최장수 왕이 되다

즉위과정

조선 제21대 왕 영조는 숙종과 숙빈 최씨 사이에 태어난 숙종의 서차
남으로, 이름은 금(昑)이다. 영조는 숙종 25년(1699) 12월 6세 때 연
잉군(延礽君)에 봉해졌다.

영조 출생 시 어머니인 숙빈 최씨는 태생이 미천해 궁궐 내에서의
입지가 좁았다. 따라서 숙빈 최씨는 당시 영의정 김창집(인조 병자호
란 때 척화파 김상헌의 증손자이며 노론의 거두)의 당질녀(사촌형제
의 딸)이며 숙종의 유일한 간택후궁인 영빈 김씨와 각별하게 친분을
가졌다. 이런 연유인지 자식이 없었던 영빈 김씨는 숙빈 최씨 소생인
연잉군을 친아들처럼 대했고, 연잉군 또한 어머니라고 부르며 따랐
다고 한다.   영조실록 40권, 영조11년1월12일

영빈 김씨와의 관계로 연잉군은 숙종 말년에 노론의 각별한 지지와 보호를 받게 되었다.

숙종 생존 시 숙종은 노론영수인 좌의정 이이명과의 정유독대에서 경종을 제치고 연잉군을 세자로 세우기로 하였는데 숙종의 사망으로 불발이 되었다. 그러나 경종 즉위 후에도 노론은 숙종과 이이명의 독대 내용을 토대로 연잉군에 대한 후계 작업을 진행하자, 소론의 반발도 만만치 않았다.

경종이 즉위 후 1년이 지나 34세 나이에도 후사가 없자, 노론 측에서는 후사를 결정하는 건저를 서둘러야 한다고 주장했다. 결국 경종은 노론의 주장을 받아 들여 경종 1년(1721) 8월 20일 연잉군을 왕세제로 책봉했다. 이는 경종 즉위 1년여 만에 이복동생을 후계자로 삼는 놀랄만한 일이 벌어졌다. 이런 결정은 원래 숙종의 뜻이었고 노론은 숙종의 뜻을 수행했을 뿐이었다.

더 나아가 노론은 경종이 병약하니 연잉군에게 대리청정을 시켜야 한다고 주장하니 소론은 대리청정 만은 결사 반대하였다. 경종은 마음이 여려 노론이 주장하면 노론 의견을, 소론이 반대하면 소론의 반대 의견을 받아 들이는 우유부단함을 보였다.

그러던 중 노론이 경종을 시해하려는 역모를 꾸미고 있다는 목호룡의 고변이 있었다. 이를 빌미로 소론은 노론을 탄핵하고 역모와 관련된 노론측 인사들과 가족들을 모두 사사시켰다. 당연히 연잉군도 사사시켜야 했으나 왕위를 이을 사람이 없었고 다행스럽게도 평소 연잉군에 정이 깊었던 경종은 연잉군을 제거해야 한다는 소론의 주청만은 묵살해 버렸다. 이 옥사는 신축년과 임인년에 두 차례에 걸쳐 일어났기 때문에 '신임옥사'라고 한다.

이 과정에서 연잉군은 그를 지지하던 노론측 인사들을 잃고 소론측 인사들로부터 위협을 받고 있었다. 궁지에 몰린 연잉군은 숙종 계비인 인원왕후 김씨를 찾아가 자신의 결백을 호소했고 결국 대비의 보호로 왕세제의 자리를 유지하게 되었다.

한편 경종의 계비인 선의왕후 어씨는 인조의 장남인 소현세자의 고손인 이관석(소현세자 3남 경안군의 장손인 밀풍군의 장남)을 양자로 입적하여 경종의 뒤를 이으려고 하였다고 한다. 그러나 왕실의 최고 어른인 인원왕후 김씨는 '삼종혈맥(三宗血脈)'으로 후사를 이으라는 숙종의 유시를 내세웠다. 삼종혈맥이란 효종, 현종, 숙종에 걸친 3대 혈통을 말하는데 그 당시 이 조건에 부합한 인물은 연잉군 한 사람 뿐이었다.

신임옥사 후 조정은 소론이 장악했지만 그 기간은 2년에 불과했다. 평소 병약했던 경종이 경종 4년(1724) 8월 25일 37세 나이로 급서하게 되었다.

경종의 급환은 사후에 영조의 경종독살설이 제기되었지만, 그해 8월 30일 연잉군이 왕위에 오르니 그의 나이 31세였다.

왕위에 오른 영조는 붕당정치의 피해를 절실히 느끼고 탕평정국을 펼쳐 당파를 떠나 인재를 고루 등용하려는 노력에 힘을 썼다. 그리고 즉위 후에도 세간에 나도는 영조의 경종독살설을 무마하기 위해서도 더욱 더 탕평책에 온힘을 쏟았다.

또한 영조는 세손인 정조를 극진히 사랑했다.

이들 돈독한 사이를 볼 수 있는 예를 보면, 영조는 평소 세손에

그림 21-1 ● 어제서시세손 영조가 세손 정조에게 글을 써서 내려 왕도의 길을 교육시켰다. 국학중앙연구원 장서각 소장

그림 21-2 ● 효손은인(孝孫銀印) 영조 52년 친필 해서체로 제작해서 정조에게 선물로 내린 것이다. 국립고궁박물관 소장

게 글을 써서 내려 왕도의 길을 교육시켰고(그림 21-1), 영조 52년 (1776) 때에는 영조 밑에서 국정을 시작한 손자 정조가 아버지 장헌 세자의 죽음에 관한 승정원일기 기사를 삭제해 달라고 상소를 올렸

을 당시 영조는 친필 해서체로 효손이라고 쓴 '효손은인(孝孫銀印, 그림 21-2)'을 정조에게 내렸다는 후설도 있다.

영조의 가족들

영조는 왕비 2명, 후궁 4명 사이에 서자 2명, 서녀 12명 총 14명의 자녀를 두었다. 그러나 서녀 5명은 어린 나이에 사망했다.

후비 정성왕후 서씨는 13세 때 2살 연하인 연잉군과 가례를 치렀고, 28세 때 세자빈, 33세에 왕비가 되었다. 그러나 평생 자식을 낳지 못해 영조가 후궁 편력이 심해져도 임금을 원망도 못하고 노여워 할 수도 없었다.

'모든 것이 내 탓인 것을, 자식을 못낳는 국모가 무슨 할 말이 있으며 무슨 투정을 할 수 있을까? 다만 임금이 후궁 편력을 하더라도 후사를 이을 왕자나 제발 하나 태어났으면…'하고 모든 것을 자신의 탓으로 돌리고 영조의 후궁 편력에 그다지 신경을 쓰지 않았다. 오히려 후궁들에서 태어난 경의군과 왕세자 이훤(사도세자), 여러 옹주들을 친자식처럼 대해 주었다. 한평생 무자식으로 지내다가 갑자기 토혈을 하여 실혈사로 66세 나이로 운명하셨다.

계비 정순왕후 김씨는 16세 때 66세의 영조와 결혼했으나 소생은 없었다. 그녀는 사도세자의 죽음을 당연시 하는 벽파를 지지했다. 그래서 그녀는 정조의 치세동안은 불안을 느껴 쥐 죽은 듯이 지냈다. 그러다가 11세의 어린 순조가 왕으로 즉위하자 수렴청정을 죽기 1년

전까지 하였고 61세에 세상을 떠났다.

영조의 첫 번째 왕세자인 이행(효장세자, 진종)은 10세 때 요절했고, 또 다른 왕세자인 장헌세자(장조, 사도세자)는 28세 때 뒤주에 갇힌지 8일 만에 질식사 했다(**영조 가계도 참조**).

영조의 성격과 장헌세자(사도세자)와의 관계

영조는 감정을 통제 못하고 자기 맘대로 사람을 공격하는 성격으로 사랑하는 사람과 미워하는 사람을 엄격히 나누는 편이었다.

장헌세자에게도 비슷한 면이 있다. 장헌세자의 극단적인 이상행동은 의심과 공격성이 많아서 한번 감정이 폭발하면 자제가 안되어 일어난 것이며 편애하는 경향도 있었다.

이런 성격은 영조 아버지인 숙종도 마찬가지였고 아들인 장헌세자까지 내려간 것이다.

영의정을 지냈던 이천보가 죽기 전에 쓴 유언 상소를 통해서 보면 영조가 때론 감정을 억제못하고 기쁨과 노여움을 자제 못하는 것을 알 수 있다. 영조는 화가나면 수시로 정승을 교체했고 걸핏하면 왕위를 세자에게 전위한다고 장헌세자와 신하들을 위협했다.

이러한 기질은 이후 손자 정조에게도 이어졌으니 피는 속일 수 없는가 보다.

일반적으로 아버지와 아들은 비슷한 점이 있다. 부자간의 유사한 점이 아버지와 아들이 서로를 잘 이해할 수 있는 장점이 될 것 같지

영조의 가계도

생몰년 1694~1776
재위기간 51년 7개월
세제기간 3년
부인 6명(왕비 2명, 후궁 4명)
자녀 14명(서자 2명, 서녀 12명)
사인 뇌경색(83세)

정성왕후 서씨(1692~1757) 무자녀, 사인; 실혈사(66세)

정순왕후 김씨(1745~1805) 무자녀, 사인; 미상(61세)

정빈 이씨 1남2녀
        경의군(행, 효장세자, 진종, 1719~1728) 독살
        화억옹주(1717~1718) 서장녀
        화순옹주(1720~1758) 서차녀

영빈 이씨 1남6녀
        왕세자(선, 장헌세자, 장조, 1735~1762) 질식사
        화평옹주(1727~1748) 서3녀
        옹주(1728~1731) 서4녀
        옹주(1729~1731) 서5녀
        옹주(1732~1736) 서6녀
        화엽옹주(1733~1752) 서7녀
        화완옹주(1738~1808) 서8녀, 장헌세자와 갈등

귀인 조씨 2녀
        옹주 (1735~1736) 서9녀
        화유옹주(1740~1777) 서10녀

숙의 문씨(폐서인) 2녀
        화령옹주(1753~1821) 서11녀
        화길옹주(1754~1772) 서12녀

만 그렇치 않다. 자신의 모습과 같은 모습이 있으면 상대방을 더 쉽게 이해하고 더 많이 수용할 것 같으나 많은 경우 극단적으로 싫어하고 증오하는 경향이 있다.

이를 분석심리학의 창시자인 융(Carl Jung)은 '그림자'로 설명하고 있다. 그림자는 융이 생각한 마음의 여러 가지 구조물 중의 하나이다.

나의 그림자는 결코 나와 떼어낼 수 없으며, 도망가려고 해도 도망갈 수 없다. 밝고 화려한 조명 밑에서는 그림자는 더욱 어두워지고, 불빛이 흐려지면 그림자는 더욱 선명해진다. 그리고 그림자는 내 모습과 똑 같이 행동한다.

융은 우리 마음에도 이와 비슷한 특성을 가진 그림자라는 마음의 구조물이 있다는 것이다. 융이 말하는 그림자는 나 자신도 모르는 나의 또 다른 면으로, 자신이 싫어하는 자신의 모습이라는 것이다. 자신이 알고 있는 자신을 자아라고 하고, 자신도 모르는 자신을 그림자라고 한다. 그림자는 자아의 어두운 측면이라는 것이다. 자신이 좋아하고 바라는 모습은 자아가 되고 자신이 싫어하고 원치 않는 모습은 그림자가 된다는 것이다.

그러면 어떻게 자신의 그림자를 알 수 있을까?

자신의 그림자를 알 수 있는 방법은 다른 사람들과 관계를 통해서 알 수 있다고 한다.

융은 특별한 이유가 없이 싫거나 혹은 이유가 있더라도 필요이상 지나치게 싫은 사람이 있다면 그 사람이 바로 자신의 그림자를 가지고 있다고 하였다. 다시 말하면 자신의 그림자가 그 사람에게 투사되었기 때문에 그 사람의 모습 속에서 자신의 그림자를 발견하였기 때문에 싫다는 것이다. 자신의 그림자를 보여주는 사람이 가까운 사이가 아니면 크게 문제될 것이 없지만, 가까운 사이라면 심각한 갈등에 직면할 수 있다. 특히 아버지가 자신의 싫어하는 모습을 아들을 통해 볼 경우 감정이 억제되지 못하여 심한 꾸중과 질책을 하게 되는 경우가 허다하다.

영조는 무의식 속에 있었던 가장 싫어하는 자신의 마음의 그림자를 장헌세자의 모습과 행동을 통해 보고 도저히 참을 수 없었던 것이었다. 장헌세자의 하나 하나 모습과 행동은 영조의 무의식 속의 마음의 그림자였던 것이다. 또한 세자를 위험인물로 여겼던 노론세력은 이점을 이용하여 아버지와 아들을 이간질하니 모든 것이 잘 엇물려 결국 영조의 성격상 감정을 억누르지 못하고 아들을 죽음에 이르게 한 것이다.

그러나 영조는 곧 후회하고 세자가 죽은 바로 그날 아들을 애도하며 '사도(思悼)'라는 시호를 내렸다.

영조의 병력

영조는 18세 천연두를 앓았으며, 이외 소화장애, 어지러움, 안질, 복통, 팔저림, 담증, 오한, 곽란 등 사소한 병세는 잠시 동안 앓았지만 큰 병치레는 하지 않았던 것으로 사료된다.

그러나 〈승정원일기〉 기록에 의하면 영조는 회충으로 인해 20여년간 큰 고통을 겪었다.

영조가 49세가 되던 영조 18년(1742) 3월 회충에 대해 언급한 첫 기사 있다.

영의정 김재로는 당시 영조가 지속적으로 어지러움을 호소하자 문안하여 어지러움 상태를 물었더니 영조는 뜻밖의 대답을 하였다.

"특별히 어지럽지는 않았다. 그것보다는 최근에 소화기가 약해진 것같아 여러번 담을 토했는데 이전에 토했던 것과 달리 꿈틀 거리는 것이 있어 살펴보니 회충이 있었다."

이후 영조는 회충이 올라올 때마다 사군자라는 약제를 달여 먹었으나 다시 회충을 토하자 생강차를 달여 먹어 회충을 다스렸다고 한다. 영조 25년(1749) 5월 12일에 회충을 토했는데 그 당시 상황을 승정원 일기에서는 다음과 같이 기술하고 있다.

"오늘 새벽에 목구멍에서 건더기 같은 것이 나올 것 같아서 토해보니 큰 회충이 나왔다. 길이가 반자나는 되는 것 같았다."

또한 영조 29년(1753) 5월 15일 기록에는

"회충의 기운이 너무 심해서 그저께 회충을 토하고 초경 후엔 또 다시 회충을 토하고 콧구멍 밖으로 나오는 지경에 이르렀다. 쉽게 토해지지 않을 때에는 손으로 회충을 뽑았는데 그 크기가 놋젓가락과 같았다. 회충을 뽑아낸 후에도 목구멍 사이에 걸려 있는 느낌이 여전하구나. 너무 걱정이 되어서 적당한 약을 먹을까 해서 경들을 불렀다."

여러해 동안 얼마나 회충에 시달렸으면 이런 말을 했을까 하는 영조의 심정이 이해된다.

영조 32년(1756) 이후에도 회충으로 인한 고통은 지속되어 영조가 69세 되던 해인 영조 38년(1762) 5월 까지 이어졌다. 평소 영조는 소화 장애와 어지러움증이 있었는데 그 원인 중에 기생충이 많았던 것도 한 요인이 되었을 것으로 사료된다.

또한 〈승정원일기〉에는 영조의 식습성과 선호음식, 그리고 보양식에 대한 기록도 있다.

영조는 평소 소식을 했고, 단백한 음식을 좋아했으며, 군것질을 안 했다고 한다. 그는 특히 송이버섯과 인삼을 좋아했고, 송이, 생전복, 새끼 꿩과 고추장을 별미라고 칭하기도 했다. 그리고 보양식으로는 건공탕과 타락죽을 선호해 즐겨 복용했다고 한다.

그러나 영조는 '온갖 보양이 모두가 헛 것이고 다만 마음을 맑게 하는 것이 요방이다.'라고 말할 만큼 철저히 자기 정신건강에 힘을 썼다.

영조 41년(1765) 까지는 종기때문에 뜸을 뜬 이외는 건강상 이상은 없었다.

영조 42년(1766, 73세) 봄에 영조가 병을 앓아 여러 달 동안 위중한 상태였는데, 15세인 세손(정조)은 큰 병을 앓고 난 후였는데도 밤낮으로 사탕하면서 극진이 병 간호를 하여 영조 병이 낫자 이를 일러 세손의 효성 소치라고 하였다. 그러나 병세나 병명에 대한 언급은 없었고 세손의 칭찬에 대한 기록 뿐이었다.

73세 때 한 차례의 큰 병치레 이외는 같은 또래의 노인보다는 건강하였다.

영조 41년(1765, 72세) 기록에는 영조의 머리카락과 수염이 전혀 희지 않았다고 하였고, 영조 44년(1768, 75세)때 기록에는 피부가 청년시절과 다를 바가 없다고 할 정도로 건강하였다. 더욱 놀라운 일은 영조 50년(1774, 81세)에는 건강이 좋아서인지 빠진 이가 새로 났다고 하니 믿겨지지 않을 정도이다. 틀림 없는 것은 또래 연령의 노인에 비해 젊고 건강했던 것은 사실인 것 같다.

그런데 건강했던 영조에게 사망하기 3일 전인 영조 52년(1776, 83세) 3월 3일 갑자기 현훈이 생겼고 이후 가래가 심해지면서 열도 나면서 3월 5일 갑자기 경희궁 집경당에서 83세 나이로 승하하셨다.

갑자기 생긴 현훈이 영조를 사망에 이르게 하였으니 과연 현훈의 정체는 무엇이었을까?

현훈을 일으키는 원인으로는 크게 두 가지가 있다.

그 하나는 귀 질환에 의해서 생기며 제일 흔한 원인이지만, 귀에 의한 현훈은 사망을 이르게 하지는 않고 양호해서 대개는 호전된다.

반면 또 다른 원인은 뇌 뒷부분 혈류를 담당하는 기저동맥질환으로 이 혈관이 갑자기 막혀 뇌경색이 생기면 현훈이 생긴다(그림 21-3). 이 경우 현훈증상으로 끝나는 것이 아니고 손상된 뇌 부위에 따른 증상을 수반한다.

즉 작은 골이 손상되면 어지러움과 보행실조, 뇌간을 침범하면 연하곤란, 호흡곤란, 뇌신경이상 증상 등이 생긴다. 병변이 광범위하여 여러 부분 뇌가 손상되면 대부분 짧은 시일 내에 사망하게 된다.

영조는 기조동맥이 갑자기 막힌 뇌경색증이 생겨, 소뇌를 손상시켜 어지러움이 갑자기 발생했고 동시에 뇌간도 손상되어 연하곤란과 호흡곤란이 생겨 이차적인 흡인성 폐렴이 병발되어 가래가 생기고

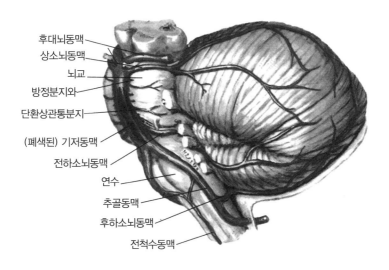

후대뇌동맥
상소뇌동맥
뇌교
방정분지와
단환상관통분지
(폐색된) 기저동맥
전하소뇌동맥
연수
추골동맥
후하소뇌동맥
전척수동맥

그림 21-3 ● **기저동맥과 그 분지** 　작은골, 중뇌, 뇌교 및 연수(숨골)에 산소와 영양을 공급하는 뇌동맥임.

열도 생긴 것이다. 결국 영조는 뇌경색과 합병증인 폐렴이 겹쳐 발병 3일 만에 사망 하였던 것으로 사료된다.

　영조 능인 원릉(元陵; 사적 제193호)은 동구릉에 있다.

> **참고** 회충은 회충목 회충과의 선형동물로,십이지장충, 요충과 편충과 함께 20세기 이전에는 우리나라에서도 흔히 볼 수 있는 기생충이었다.
>
> 　회충(Ascaris lumbricoides Linnaeus)은 크기가 커 눈에 잘 뜨이고 사람이 농경을 시작하던 선사시대 부터 널리 분포했기 때문에 유사 이래 문헌에 나오는 기생충 가운데 가장 오래된 장내 기생충으로 중간주 없이 직접 인체에 감염된다.
>
> 　성충은 종숙주의 소장, 공장(jejunum)과 회장(ileum) 상부의 장관내에 기생한다. 암컷 성충이 산란하면 충란은 분변과 함께 외계로 배출된다. 외계로 나온 충란은 분변과 함께 흙 속에 섞여서 발육하게 된다. 기온이 섭씨 25℃ 이상으로 올라가면 난각 속의 난할구(blastomere)가 세포분열을 시작하여 유충으로 자라고 자충

포장란이 된다. 이 충란은 인체 감염형이 된다. 사람이 자충포장란을 음식물과 함께 입으로 섭취하면 소장에서 소화액에 의하여 난각이 터지고 자충이 장내로 나온다. 알에서 나온 유충은 곧 소장벽에 침입하여 혈관으로 진입하여 혈액을 타고 문맥을 거쳐서 간으로 이동한다. 그리고 약 1주일 후에 간을 통과하여 폐로 이행하는데, 이 과정에서 두 번 변태하여 제3기 유충으로 자라고 폐모세혈관을 지나면서 혈관을 찢고 폐포 안으로 빠져나온다. 이 유충은 기관지와 기관을 거슬러서 식도로 이행하여 소장으로 내려간다. 소장에 이르러 더 자라고 2회 탈피하여 성충이 된다. 감염형 충란을 섭취한 후 다시 산란할 만큼 성숙하는 데 약 10주 기간이 소요된다. 사람에 기생하는 성충의 수명은 1년 6개월 전후이다.

회충이 소장에 기생하는 동안 소수 감염에서는 자각증상이 거의 없다. 기생충의 숙주 특이도가 매우 높으므로 거의 소장의 병변을 유발하지 않는다. 그러나 충체 수가 늘어나면 소장점막에 염증반응이 일어나 복통과 설사가 흔하게 나타난다. 성충이 설사변과 함께 배출되는 증상도 드물지 않다. 특히 어린이가 여러 마리 충체에 감염되는 경우 영양소실이 심하여 발육장애가 동반된다. 회충의 장외 감염 시에는 보다 중독한 증상이 나타난다. 특히, 만성위염 등으로 위산 분비가 줄어드는 사람의 경우 흔히 충체가 위로 이행하는 경우가 발생하는데 회충이 위로 진입하면 대부분 구토하여 입으로 충체를 배출하게 되지만 위경련 양상 발작도 일으킨다. 이외 속이 울렁거리고 구역이나 어지러움증을 호소하기도 한다. 드물지만 충체가 총수담관에 진입하여 담도회충증을 유발하기도 하고 심한 경우 폐쇄성 황달과 극심한 복통이 생긴다. 그 리고 이경우 충체가 스스로 빠져나오기는 어려워 죽어서 담석으로 변하기도 한다. 담도회충증에는 대부분 외과적인 처치가 요구된다.

또한 이자에 들어가서 췌장염을 일으킬 수 있고, 또 충수(충양돌기)에 들어가서 충수염을 일으킨다. 드물게는 장벽을 뚫고 복막염을 일으키거나 장폐색증을 유발하기도 한다.

정조

- 생몰년: 1752년~1800년
- 등극시 나이: 25세
- 재위기간: 24년 3개월
- 세손기간: 16년 9개월
- 사망시 나이: 49세
- **사인**: 결핵성 뇌수막염

조부를 잘 공경했던 임금

— 결핵성 척추주위 냉농양으로 고생하다

즉위과정

조선 제22대 왕 정조는 영조의 아들 사도세자(장헌세자, 장조)와 혜경궁 홍씨 사이에 태어난 영조의 손자로, 이름은 산(祘)이다. 영조 35년(1759) 윤6월 8세 때 왕세손으로 책봉됐다.

영조에는 6명의 부인이 있었는데, 왕비 정성왕후 서씨는 자녀를 낳지 못하는 불임녀였다.

영조 나이 26세인 숙종 45년(1719)에 정빈 이씨에게서 첫 아들인 경의군(효장세자)을 얻었는데 그는 영조 4년(1728) 11월 10세 나이에 요절했다. 이때 영조가 받은 충격은 매우 컸는데 경의군을 제외한 나머지 자식들은 모두 딸들이었기 때문에 충격은 더욱 컸다. 더구나 영조의 또 다른 후궁인 영빈 이씨는 화평옹주를 낳고 그 아래로 딸만 셋을 낳으니 영조는 초조할 수 밖에 없었다. 그러던 중 영조 11년 (1735) 영빈 이씨가 장헌세자를 낳았다. 이는 경의군이 죽은지 7년 만이고 영조 나이 42세였다.

침방 나인출신 후궁 최씨의 아들이었던 영조는 정비로부터 아들을 얻고 싶었지만 정성왕후 서씨는 불임녀였기에 그 뜻은 이를 수 없었다.

장헌세자는 어린 시절 총명했고 학문과 무예 모두 재능을 보였다. 따라서 장헌세자에 대한 영조의 기쁨과 기대는 날로 커져 갔다.

장헌세자가 15세 되었을 때 선위교서를 내려 대리청정을 하게 하였다. 그러나 세자의 대리청정이 시작되면서 부자 간의 갈등이 싹트기 시작했다.

대리청정 시작 6개월 전인 영조 24년(1748) 장헌세자의 큰 누님이었던 화평옹주가 출산을 하다가 세상을 떠났다. 화평옹주는 영조의 사랑을 독차지 했고 친 동생인 장헌세자를 잘 챙겨주었다. 그러던 화평옹주가 죽으니 영조는 화평옹주 집에 가서 밤샘을 하면서 통곡을 하였다고 한다.

영조가 사랑한 사람은 화평옹주 이외 효장세자의 빈이 었던 현빈 조씨였다. 영조는 현빈 조씨를 볼 때마다 효장세자를 생각하고 각별히 보살펴 주었다. 그러던 중 장헌세자가 대리청정한지 2년 만인 영조 27년(1751) 11월에 현빈 조씨도 세상을 떠났다.

영조는 슬픔을 이기지 못하여 현빈 조씨 빈소를 자주 찾게 되었고, 그곳에서 영조는 조씨의 궁인 문씨를 알게 되었다. 환갑을 눈앞에 둔 영조가 큰 며느리의 장례도 마치기 전에 궁녀와 합방하여 임신을 시키자 장헌세자는 이를 좋게 여기지 않았다. 이에 장헌세자는 영조가 보란 듯이 영조 29년(1753) 초 궁인 임씨(은언군의 어머니)을 가까이 해 아이를 갖게 하였다. 그해 3월 숙의 조씨가 첫딸을 출산한 이후에 궁인 임씨가 임신한 사실을 안 영조는 장헌세자를 몹시 꾸짖었다. 그러나 장헌세자는 고분하게 듣지 않고 대꾸를 하였다. 이후로 부자간의 갈등과 틈이 조금씩 깊어가고 있었다.

이후 그나마 이들 부자 사이에서 대비 인원왕후 김씨와 정성왕후 서씨가 완충 역할을 해주었는데, 영조 33년(1757) 2월에 왕비가, 3월에는 대비가 세상을 떠났다.

왕비와 대비가 떠난 후 부자 간의 갈등은 점점 깊어갔고, 영조의 총애를 받고 있던 숙의 문씨가 불난 집에 부채질하듯 둘 사이를 이간질했다. 문씨는 장헌세자에 대해서 안좋은 소문을 듣는대로 영조에게 고자질했고 영조는 사실 여부도 확인하지 않고 들을 때마다 세자를 질책했다. 꾸중을 자주 듣게 되자 그해 가을부터 장헌세자는 살인을 하게 되었다.

처음에는 영조는 이 사실을 몰랐으나 다음 해(1758년) 2월에 알게 되자 즉시 세자를 불러 왜 살인을 했는지를 따져 물었다. 이에 세자는 화증이 나면 견딜 수 없어 짐승이나 사람을 죽여야만 마음이 풀린다고 했다. 영조가 '왜 화증이 나느냐'고 물으니 세자는 '사랑하지 않으시니 서럽고 꾸중하시니 무서워서 화가되어 그렇게 되었습니다.'라고 대답했다.

세자의 이상한 행동은 여기에서 그치지 않았다. 궐밖에 나가서 시전 상인들로부터 갈취를 했고, 영조에게 알리지 않고 관서지방을 유람하기도 했다. 그 당시로서는 세자가 임금 몰래 궁궐을 나간다는 것은 상상도 할 수 없었던 일이다. 또한 세자는 후궁 경빈 박씨(빙애, 은전군의 어머니)가 자신의 잘못된 행실에 대해서 지적하자 그녀를 살해했고 또한 여승을 궁궐 안으로 끌어 들여 겁탈하기도 했다.

이러한 세자의 행동을 고한 사람이 나경언이었다. 나경언이 형조를 찾아가 장헌세자가 환관들과 모의하여 반란을 꾀하고 있다고 고발함과 동시에 사도세자의 허물이 적힌 문서를 꺼내 놓았다. 실은 나경언은 영조 계비 정순왕후 김씨의 아버지인 김한구의 사주를 받은 사람이었다. 정순왕후 김씨는 왕자를 낳으면 자기 아들이 장차 왕이 될 수 있을 것이라는 생각에 영조와 장헌세자 사이를 이간질 한 것이었다.

이와 별개로 사도세자는 영조를 살해하려는 뜻을 가졌던 것 같다 한중록에서는 영조 38년(1762)부터 사도세자가 영조를 죽여 버리고 싶다는 말을 했다는 사실이 기록되어 있다. 실제로 장헌세자는 칼을 가지고 영조가 머무는 궁궐로 들어가려고 수구(水口)까지 갔었다고 한다. 이를 안 세자빈 홍씨는 사도세자의 친 어머니인 영빈 이씨에게 이 사실을 알렸고, 결국 영빈 이씨가 영조에게도 알려 주었다.

영조는 영빈 이씨의 말을 듣자마자 창덕궁으로 황급히 가 세자와 대면하자 마자 영조는 장헌세자에게 자결할 것을 명했다. 그러나 장헌세자가 이를 따르지 않자 직접 칼로 찌르려고 했었다. 주변에 있던 신하들이 만류했지만 영조는 듣지 않고 대신들을 물리쳤다. 결국 대신들은 세손(정조)을 동원하게 되었다. 당시 11세인 세손은 손을 모아 아버지를 살려달라고 애걸했으나 영조는 단호하게 거절했다. 세손을 밖으로 내보낸 다음 세자에게 계속 자결할 것을 요구했다. 오전부터 시작된 영조와 세자간의 기 싸움은 오후까지 계속되었다.

그러다가 갑자기 오후에 뒤주가 들어갔고, 영조는 세자에게 뒤주 안으로 들어가라고 명했다. 결국 초경(오후 7시에서 9시 사이)에 세자는 뒤주 안으로 들어갔고, 8일 만에 장헌세자는 뒤주 안에서 숨을 거두었다.

1762년 아버지 장헌세자가 죽자 세손(정조)은 횡사한 영조의 맏아들인 경의군(효장세자)의 양자로 입적되어 제왕수업에 들어갔다.

사도세자가 죽은 후 영조는 세손에 대한 애정은 남달랐다고 한다. 또한 세손도 할아버지인 영조에게 끝없는 효를 다했다고 한다. 이들 조손(祖孫) 간의 애틋한 사랑을 담은 몇구절을 정조대왕 행장에서 소개해 보면 다음과 같다.

영조 41년(1765, 을유년, 영조 72세) 겨울 세손(14세)이 큰 병을 앓았다. 영조는 세손이 너무 걱정되어 세손이 있는 집에서 울 하나를 사이에 두고 지내면서 서연 날에는 친히 소대를 하고 세손이 그 소리를 듣게 하고는 세손이 좋아 하는지 여부를 물었는데 좌우에서 좋아한다고 대답하면 '세손의 마음 가짐이 강해 병을 앓고 있으면서도 신음하는 빛을 보이지 않고 내 마음을 편케 해주고 있다.'고 하면서 기뻐했다고 한다.

을유년 이후 세손은 술잔을 올려 영조의 만수무강을 빌었다고 한다.

영조 42년(1766, 병술년, 영조 73세) 봄에는 영조의 환후가 있어 위중한 상태였는데 세손은 큰 병을 앓고 난 후였으나 밤낮으로 사탕하면서 한 발짝도 떠나지 않고 영조가 앉고 눕고하는 것은 모두 친히 부축했으며 한편으로는 조심하고 한편으로는 걱정하여 좌우 사람들이 감격하였다. 그 해에 영조 환후가 말끔이 낳자 이를 일러 모두 세손의 효성 소치라고 하였다.

병술년 이후 세손의 체후가 정섭을 요할 때가 많았다. 영조 환후때 정조는 낮이면 곁을 떠난 일이 없었고 밤이 되어도 옷을 벗는 일이 없었으며 조금이라도 증세가 더하면 곧 어찌 할 바를 모르고 울면서 몸을 드러 내놓고 신명께 기도했다. 영조가 앉고 누울 때 정조 대신 다른 사람들이 좌우에서 혹 부축하면 '동궁은 어디 있느냐? 내 몸에는 내 손자 만큼 맞는 사람이 없다.'고 할 정도였다.

영조 52년(1776, 83세)에 성상(영조)의 병세가 심상찮을 때부터 정조는 끼니도 들지않고, 눈도 안 붙이고 어탑을 떠나는 일이 없어

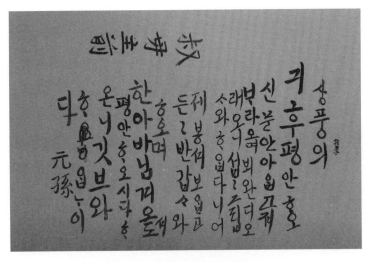

그림 22-1 ● 정조가 8세 때 한글로 쓴 어서

급기야 위독하였을 때는 수장(마실 것)도 입에 넣지 않고 곡성이 그치질 않았다.

지금까지 영조의 세손에 대한 애틋한 사랑과 세손이 영조에 행한 효도의 한 부분을 말해준 것이다(그림 22-1).

영조 51년(1775)에 영조는 세손인 정조에게 대리청정을 맡겼고, 그 이듬해 3월 영조가 사망하자 정조가 왕위에 오르니 그의 나이 25세였다.

정조의 가족들

정조는 왕비 1명, 후궁 4명 사이에 서자 2명, 서녀 3명 총 5명의 자녀를 두었다.

정비 효의왕후 김씨는 10세 때 한 살 연상인 정조와 가례를 올렸고 24세 때 왕비로 책봉되었다. 그녀는 효성이 지극해 시어머니인 혜경궁 홍씨를 극진하게 모셨는데 환갑이 넘어서 까지도 홍씨의 약 시중을 들었다고 한다. 또한 정조를 적대시한 정조의 고모인 화안옹주에게도 다정하게 대해 주었다고 한다. 하지만 몸이 약해 자손은 없었고, 69세에 생을 마쳤다.

의빈 성씨와 정조 사이에 태워난 왕세자 이향(문효세자)은 3세 때 세자로 책봉되었으나 5세 때 요절했다(**정조의 가계도 참조**).

정조의 가계도

생몰년 1752~1800
재위기간 24년 3개월
세손기간 16년 9개월
부인 5명(왕비 1명, 후궁 4명)
자녀 5명(서자 2명, 서녀 3명)
사인 결핵성뇌수막염(49세)

효의왕후 김씨(1753~1821) 무자녀, 상상임신, 사인: 노환(69세)

의빈 성씨 1남1녀
    왕세자(향, 문효세자, 1782~1786) 홍역
    옹주(1784~1784) 서차녀

수빈 박씨 1남1녀
    왕세자(공, 순조, 1790~1834)
    숙선옹주(1793~1836) 서3녀

원빈 홍씨(홍국영 누이동생) 무자녀, 은언군 장남인 상계군을 양자로 입적

화빈 윤씨 1녀, 상상임신
    옹주(1781~1781) 서장녀

두 차례 상상임신을 겪은 임금

정조의 정비 효의왕후 김씨는 불임녀였고 첫 번째 간택후궁인 원빈 홍씨마저 혼인한 지 1년도 안 되어 후사없이 14세 나이에 죽자, 정조는 또 다시 후궁을 간택하여 화빈 윤씨를 맞이하였다.

화빈 윤씨는 정조 4년(1780) 3월 10일 16세의 나이로 후궁으로 책봉되어 화빈(和嬪)의 빈호와 경수궁(慶壽宮)의 궁호를 받았고, 3월 12일 자경전(慈慶殿)에서 가례를 행하였다. 그녀는 혼인 후 곧 임신 소식이 있어 정조 5년(1781) 음력 1월 17일 산청이 설치되었다. 그러나 산청을 설치한 후 1년이 지나도 분만 소식은 없었고, 이후에도 혹시나 분만을 기다리다가 30개월이 넘도록 아이가 태어나지 않자 호산청을 폐지하였다. 화빈 윤씨는 상상임신을 한 것이었다.

화빈 윤씨의 상상임신 소동이 있은 지 6년의 세월이 지난 어느날 정조비인 효의왕후 김씨가 임신을 했다는 급보가 전해진 것이다.

내용인 즉 정조 11년(1787) 7월 6일 정조가 대신들을 소견하는 자리에서 영의정 김치인이 놀랍고도 기쁜 소식이라며 중전의 회임을 알리면서 왕비의 산실청을 설치할 것을 정조에게 권하였다. 효의왕후가 결혼한 지 25년이 지난 35세 때 일이었다. 그러나 산실청을 설치하고 해산 달이 지나도 왕비의 출산 소식은 없었고 오늘 내일 하면서 미련을 갖고 일년 반을 기다렸어도 아이가 태어나지 않자 전례도 있고 해서 정조 12년(1788) 12월 28일에서야 산실청을 철수하였다. 효의왕후 김씨도 역시 화빈 윤씨처럼 상상임신을 하였던 것이다.

정조는 왕비와 후궁으로부터 뜻하지 못한 2차례의 상상임신이라는 황당한 해프닝을 겪은 후 3년이 지난 정조 14년(1790)에서야 네 번째 후궁 수빈 박씨가 순조를 낳자 정조의 기쁨은 이루 말할 수 없었다고 한다.

정조비 효의왕후 김씨와 후궁 화빈 윤씨가 겪었던 상상임신 (pseudocyesis)에 대해서 설명하면 다음과 같다.

상상임신에 대한 기록은 오래 전부터 있었는데, 기원전 300년경 히포크라테스가 상상임신 증상을 보이는 증례를 기록한 것이 처음이다.

상상임신과 관련된 세계적인 대표적인 인물은 16세기 중반 잉글랜드를 5년간 통치한 여왕 메리 투더(Mary Tudor, 1516-1558)이다.

메리 여왕은 수 차례나 자신이 임신했다고 믿었으나 그때마다 임신이 아닌 상상임신으로 심한 좌절감에 빠졌다. 메리 여왕은 재위동안 카톨릭교를 부활시키고 신교도를 박해하였는데, 이 과정에서 무자비하고 처참하게 신교도를 박해를 하여 '피의 메리 Bloody Mary'라는 오명을 얻게 되었다. 이런 메리 여왕의 무자비한 행위는 실제 임신은 못하고 상상임신만을 하는 자신의 좌절감 때문에 의한 것이라는 이야기도 있다.

상상임신 시 나타나는 증상은 실제 임신할 때 나타나는 신체의 변화와 유사하여 대부분 환자는 자신이 태아를 가졌다는 확신을 가지게 된다.

메스꺼움, 구토, 무월경, 유방의 크기의 변화, 유두 주변의 색소 침착, 복부의 팽만, 진통 등 임신 시의 모든 증상이 나타날 수 있어 실제 임신과 구분하기 어려운 경우도 있다.

상상임신에서의 가장 흔한 증상은 자신이 임신을 하였다고 믿는 증상이다.

다음으로 흔한 증상은 임신하였을 때처럼 배가 부르기 시작한다. 상상임신 때 복부 팽만은 일반적인 비만에 의한 것과는 다르며 실제 임신하였을 때와 비슷한 양상으로 아랫배가 부풀어 오른다. 따라서 겉모습만 볼 때는 실제 임산부와 구분하기 어려울 수가 많다.

이밖에 상상임신 환자는 월경의 변화를 호소하고, 상당수의 환자에서는 태동을 느끼기도 한다.

상상임신의 발생기전은 아직 밝혀지지 않았고 가설만 있다.

임신을 하고 싶은 마음이나 임신에 대해 두려워하는 마음과 같은 내적 갈등이 신체에 미쳐 내분비계의 변화를 유발하고 그러한 내분비의 변화가 상상임신의 여러 가지 증상을 유발한다는 설, 간절한 임신에 대한 소망을 충족하는 수단으로서 상상임신의 증상이 생긴다는 설, 우울증이 신경계에 변화를 일으키고 그로 인해 임신의 증상이 생긴다는 설 등 다양하지만 아직은 정설은 없다.

정조의 병력

정조는 10세 때 천연두를 앓았으며 이외 두통, 이질(설사), 급체, 머리 부스럼, 불면증이 있었다고 한다.

영조 41년(1765, 14세) 겨울에 큰 병을 앓았다는 기록은 있으나 구체적인 병세나 병에 대한 언급은 없다.

그 이듬해 봄 영조가 환후로 위급 상태에 있을 때 병을 앓고 난 정조가 극진히 영조를 간호해 영조는 완치가 되었으나 그 이후 정조의 체후가 나빠져 정섭을 요할 때가 많았다고 한다. 영조 52년 3월 영조가 갑자기 사망하니 25세인 정조는 끼니도 들지 않고 눈도 안 붙이고 통곡을 했으며 시신 곁을 떠나지 않고 효성을 다해 영조의 장례를 치렀다고 한다. 그 이후 정조의 건강과 병세에 대한 기록은 없다.

정조 23년(1799, 48세) 5월 '나의 시력이 점점 이전보다 못해져 경전의 문자는 안경이 아니면 알아 보기 어렵지만 안경은 2백년 이후 처음 있는 물건으로 이것을 쓰고 조정에서 국사를 처결한다면 사람들이 이상하게 볼 것이다.' 라고 말했다. 이 기록으로 정조는 심한 근시로 안경을 쓴 최초의 조선왕이라는 것을 알 수 있다.

정조를 사망에 이르게 한 종기에 대한 구체적인 언급은 정조 24년(1800, 49세) 6월이었다. 그때 허리에 작은 종기가 생겼는데 여름철에는 더 심해졌다고 했는데 언제부터 종기 때문에 고생하였는지는 정확한 발생 시기는 알 수 없었다.

6월14일 '두통이 심할 때 등쪽으로 열기가 많이 올라가니 이는 가슴의 화기 때문이다.' '석양에 등쪽의 열기가 더 오르는 증세가 있다.' 고 하였는데 아마도 등쪽의 열기를 심화로 여겼던 것 같다.

6월 23일에는 '고름이 나오는 곳 이외 왼쪽과 오른쪽이 당기고 뻣뻣하여 등골뼈 아래쪽에서부터 목뒤 머리가 난 곳까지 여기 저기 부어 올랐는데 그 크기는 어떤 것은 연적(벼루에 먹을 갈 때 쓸 물을 담아 두는 그릇)만큼이나 크다.' 하여 등 전체에 종기가 있었고 큰 종기는 7cm-8cm 정도 컸던 것이다.

6월 25일에는 '밤이 깊은 뒤 잠깐 잠이 들었는데 피고름이 저절로 흘러 속적삼에 스며들고 요까지 번져 그새 흘러나온 것이 거의 몇 되가 넘었다.' 하니 결핵성농양이 심했음을 짐작할 수 있다. '그 이후 몸을 움직이는 것은 조금 낫고 어깨죽지의 부은 곳도 조금 가라앉는 것 같기도 하나 주변의 작은 종기들이 한 덩어리를 이루어 바가지를 엎어 놓은 것 같아 잡아당기는 증세가 없지 않다, 피고름이 많이 나온 뒤라서….'

그 이후 의식을 잃고 그날 정조는 49세 나이로 사망했다.

정조 역시 제5대 문종이 앓았던 병과 똑같은 결핵성 척추주위냉농양을 앓다가 병이 뇌수막염으로 발전되어 사망한 것이다.

정조 능인 건릉(健陵; 사적 제206호)은 경기도 화성시 효행로 481번길 21번지에 있는 융건릉 중 하나이다.

순조

- 생몰년: 1790년~1834년
- 등극시 나이: 11세
- 재위기간: 34년 4개월
- 세자기간: 5개월
- 사망시 나이: 45세
- **사인**: 패혈증 혹은 파상풍

콜레라 창궐로
수난을 겪은 임금
― 다리의 종기는 결핵성 냉농양이었다

즉위과정

조선 제23대 왕 순조는 정조와 수빈 박씨 사이에 태어난 정조의 차남
으로, 이름은 공(玜)이다.

정조 정비 효의왕후 김씨는 불임녀였기에 자식이 없었고, 세 번째
후궁 의빈 성씨 사이에 태어난 정조 장남인 문효세자는 5세 때 홍역
으로 요절했다.

이후 정조는 후사를 염려하던 차 아버지 사도세자의 묘를 화성으
로 이장하고 난 이듬 해인 정조 14년(1790) 6월 18일 네 번째 후궁
수빈 박씨 사이에서 아들을 얻자 크게 기뻐하며 그 날로 효의왕후 김
씨 아들로 삼고 원자로 정호했는데 이는 왕실 규정상 후궁의 아들은
원자로 정호할 수 없었기 때문이다. 10년 후인 정조 24년(1800) 2월

2일 순조 11세 나이에 왕세자로 책봉되었다. 그러나 세자 책봉 5개월 만인 6월 28일 정조가 승하하자 7월 4일 창덕궁 인정문에서 왕위로 즉위하였다.

순조가 왕으로 즉위하였으나 11세로 어려서 영조의 계비인 정순왕후 김씨가 순조 3년(1803) 12월 28일까지 2년 반 동안 수렴청정을 하였다.

그러나 그녀가 물러난 후 순조비(순원왕후 김씨)의 간택을 반대하는 소를 벽파인 대사헌 권유(權裕)가 올리자 시파(정조의 탕평책을 지지하는 세력으로 정순왕후 김씨에 대한 반대파)는 권유를 탄핵하며 벽파를 총공세 하였다. 이에 당황한 정순왕후는 수렴청정을 그만둔 지 6개월 만인 순조 4년(1804) 6월 다시 수렴을 치고 정사에 개입할려 했었고, 실제로는 순조 5년(1805) 2월 그녀가 사망할 때까지 직간접적으로 국정을 간섭하였다.

순조의 가족들

순조는 왕비 1명, 후궁 1명 사이에 적자 2명, 적녀 3명, 서녀 1명 총 6명의 자녀를 두었다.

정비 순원왕후 김씨는 14세 때 한 살 연하인 순조와 가례를 올렸고 곧 바로 왕비로 책봉되었다. 그녀는 1남 4녀를 낳았다.

순원왕후 김씨는 아버지 김조순, 오빠 김좌근으로 대를 잇는 안동 김씨의 세도정치를 이끈 주역이었고, 또한 헌종 사후 강화도령인 이

순조의 가계도

생몰년 1790~1834
재위기간 34년 4개월
세자기간 5개월
부인 2명(왕비 1명, 후궁 1명)
자녀 6명(적자 2명, 적녀 3명, 서녀 1명)
사인 파상풍 혹은 패혈증(45세)

순원왕후 김씨(1789~1857) 2남3녀, 사인; 노환(69세)
　　　왕세자(영, 효명세자, 문조, 1809~1830) 장남, 폐결핵
　　　대군(1820~1820) 차남
　　　명온공주(1810~1832) 장녀
　　　복온공주(1818~1832) 차녀
　　　덕온공주(1822~1844) 3녀, 산후후유증

숙의 박씨 1녀
　　　영온옹주(1817~1829) 서장녀

원범(철종)을 왕위로 올린 장본인이었다. 69세까지 권력을 누리다가 창덕궁에서 생을 마감했다.

왕세자 이영(효명세자; 헌종의 부친)은 22세 때 폐결핵으로 사망했다(**순조의 가계도 참조**).

천주교 탄압

1800년 7월 4일 정조가 승하하자 11세 어린 순조가 왕위로 즉위하자 대왕대비인 영조 계비 정순왕후 김씨가 수렴청정을 1804년 12월까지 4년간 하였다.

수렴청정을 맡은 정순왕후 김씨는 순조 1년(1801) 1월 10일 다음과 같은 하교문을 내렸다.

「대왕대비(정순왕후)가 하교하기를,

선왕(先王;정조)께서는 매번 정학(正學: 바른 학문)이 밝아지면 사학(邪學; 사악한 학문)은 저절로 종식될 것이라고 하셨다. 지금 듣건대, 이른바 사학이 옛날과 다름이 없어서 서울에서부터 기호(畿湖; 경기도와 황해도 남부 및 충청남도 북부)에 이르기까지 날로 더욱 치성(熾盛; 불길같이 일어나고 있음)해지고 있다고 한다. 사람이 사람 구실을 하는 것은 인륜이 있기 때문이며, 나라가 나라 꼴이 되는 것은 교화가 있기 때문이다. 그런데 지금 이른바 사학은 어버이도 없고 임금도 없어서 인륜을 무너뜨리고 교화에 배치되어 저절로 이적(夷狄; 오랑캐)과 금수(禽獸; 짐승)의 지경에 돌아가고 있는데, 저 어리석은 백성들이 점점 물들고 어그러져서 마치 어린 아기가 우물에 빠져들어가는 것 같으니, 이 어찌 측은하게 여겨 상심하지 않을 수 있겠는가? 감사와 수령은 자세히 효유(깨달아 알아듣도록 타이름)하여 사학을 하는 자들로 하여금 번연히 깨우쳐 마음을 돌이켜 개혁하게 하고, 사학을 하지 않는 자들로 하여금 두려워하며 징계하여 우리 선왕께서 위육(位育; 만민이 그생활에 만족하고 만물이 충분히 육성됨)하시는 풍성한 공렬(드높고 큰 공적)을 저버리는 일이 없도록 하라. 이와 같이 엄금한 후에도 개전하지 않는 무리가 있으면, 마땅히 역률(逆律; 역적을 처벌하는 법률)로 종사(從事; 어떤 일에 마음과 힘을 다함)할 것이다. 수령은 각기 그 지경 안에서 오가작통법(五家作統法); 민호 다섯 집을 한 통으로 편성하는 호적법)을 닦아 밝히고, 그 통내(統內; 마을)에서 만일 사학을 하는 무리가 있으면 통수(統首)가 관가에 고하여 징계하여 다스리되, 마땅히 의벌(劓罰; 코베는 벌)을 시행하여 진멸(무찔러 모조리 죽여 없앰)함으로써 유종(遺種; 대잇는 자손)이 없도록 하라. 그리고 이 하교를 가지고 묘당(廟堂; 나라와 정치를 담당하는 조정)에서는 거듭 밝혀서 경외(京外; 서울과 시골)에 지위(知委; 명을 내려 알려줌)하도록 하라.」

정순왕후 김씨는 하교문을 통해 정조의 천주교 해법론은 오히려 천주교를 확산시키는 무능한 규제라고 비난하였다. 그러나 실은 그녀의 하교문은 정적인 남인과 시파를 제거할 목적으로 한 숙청의 신호탄이었던 것이다(신유박해).

조선시대 첫 천주교 박해는 신유박해 보다 10년 전인 정조 15년 (1791)에 일어난 신해박해이다. 전라도 진산군에 사는 선비 윤지충(윤선도의 6대손)은 정약용의 외사촌으로 정약용의 가르침을 받고 천주교에 입교하였다. 1791년 10월에 윤지충의 어머니 권씨가 세상을 떠나자 외사촌 권상연과 함께 신주를 불사르고 천주교식으로 제례를 지냈다. 그 당시 부모를 효로 숭상하는 유교사상으로 볼 때 불효 중에 불효 행위였기에 윤지충은 상상도 할 수 없는 패륜행위를 저질은 것이다. 더욱더 그 당시 천주교 신도가 집권파인 남인 계파에 많았기 때문에 이 문제는 더욱 심각한 사건이 되었다. 따라서 윤지충 문제로 천주교 신봉을 묵인하는 신서파와 천주교를 탄압하는 공서파가 대립하게 되었다.

그러나 정조는 이 사건의 당사자만을 처형하고, 천주교의 교주로 지목받은 권일신을 유배하는 선에서 끝내고, 천주교에 대한 관대한 정책을 펼쳤다. 그러나 이후 남인 계통의 좌장인 좌의정 채제공을 중심으로 하는 신서파와 이에 반대하는 홍의호, 홍낙안 등의 공서파의 대립이 10여년간 계속되었다.

신해박해 때 정조는 윤지충 등 당사자만 처벌하였지만, 신유박해 때 정순왕후 김씨는 사학인 천주교 확산을 방지한다는 미명하에 100여명의 천주교인을 처형하였는데, 실은 그녀에 반대하는 시파와 남인들를 몰아내는 대규모 정치적 숙청이었다.

신유박해 이후 100여년 동안 조선 말기에는 끊임없이 천주교를 박해하였다. 이중 대표적인 박해는 신유박해 이외 헌종 5년(1839) 기해박해, 헌종 12년(1846) 김대건 신부 체포로 발생한 병오박해, 고종 3년(1866) 병인박해가 있었는데, 이를 조선시대의 천주교의 4대박해라 한다.

순조의 병력

순조는 9세 때 천연두, 12세 때 수두, 13세 때 홍역을 앓았다.

순조 14년(1814, 25세) 10월부터 다리에 난 종기 때문에 고생하였다.

10월 28일 기록에 '낮에는 조금 나은데 밤에는 통증이 심하여 다리 뿐아니라 온 몸 역시 불편한 감이 있다.'고 하였으며 변비증과 소화불량을 호소했다. 같은 해 11월 20일에는 '결취된 곳에 손가락 크기의 창기한 현상이 있다.' 하여 종기의 크기를 알 수 있다.

12월 17일에는 '종기가 날로 차도가 있어 살이 차츰 살아나오고 창구가 곧 아물려고 하여 행남고를 붙였다.' 하여 창구가 있는 종기를 구체적으로 서술하였다.

그 이후 두통 증세와 대소변이 불순한 증세가 있었으며 다리 종기 때문에 여러 가지 탕제와 부첩할 약제를 사용했으나 종기는 완치되지 않고 재발하곤 했다.

순조 34년(1834, 45세) 10월 이후 종기에 여러 가지 연고를 부첩했으나 효과는 없었고, 같은 해 11월 13일 갑자기 위독해져 왕세손(헌종)에게 전위를 명하고 해시에 운명하셨다. 사망 직전에는 기망(목이 막혀 호흡이 답답하고 음식을 못 넘기는 증상) 증세가 있었다고 한다.

야사에서는 순조는 매창(매독)이 몸에 퍼져 사망하였다는 설도 있으나 조선시대에는 매독은 없었던 것으로 사료되어 그 근거는 희박하다.

순조를 괴롭혔던 병은 아버지 정조와 아들인 효명세자가 결핵으로 사망했던 점과 오랫동안 치유가 안된 농양이라는 점을 고려해 보면 순조가 앓았던 종기도 결핵성 냉농양일 가능성이 매우 높다.

그리고 사망 원인은 사망 직전에 기망 증상이 있었던 점을 감안하면 아마도 침 등 소독이 잘 안된 치료에 의한 파상풍균이 이차 감염되어 파상풍이나 그렇지 않으면 다른 세균이 이차 감염되어 패혈증으로 진전되어 사망했을 가능성이 높다.

순조 능인 인릉(仁陵; 사적 제194호)은 서울특별시 서초구 헌인릉길 34번지에 위치한 헌인릉에 포함된다.

참고 콜레라(호열자)는 1817년 인도에서 발생한 이후 아시아 전 지역을 휩쓸며 삽시간에 전 세계로 전파되었는데, 조선은 순조 22년(1822)과 26년(1826) 두 차례에 걸쳐 크게 창궐하여 수십만명의 목숨을 앗아갔다.

한 통계에 의하면 순조 7년(1807)에 인구가 7,561,403명이었던 것이, 헌종 1년(1835)에는 인구가 6,411,506명으로, 28년 사이에 인구가 1,149,897명이나 감소되어 백만명 이상의 백성이 전염병과 기근으로 죽었다니 그 당시 콜레라의 위력이 얼마나 대단하였는지를 짐작할 수 있다.

또한 에비슨 자서전에 의하면 청일전쟁이 끝난 직후 1895년 여름 만주일대에 콜레라가 크게 창궐한다는 소문이 있은지 며칠되지 않아 병은 압록강을 건너 조선에 퍼졌다고 한다. 그 당시 조선인들은 콜레라가 '쥐귀신'이라 부르는 귀신이 우리 몸으로 들어가 생긴다고 믿고 있었다. 그들은 귀신이 쥐 형태를 하고 있다가 발을 통해 환자 속으로 들어간 후 다리를 따라 올라가 복부기관으로 들어가 사람을 갉아 먹는다고 생각했다. 이 때문에 귀신이 통과하면서 근육에 무서운 경련이 일어난다고 믿었다. 그래서 집집마다 대문 바깥에 고양이 그림을 붙였다고 한다.

그 이유는 콜레라가 쥐귀신에 의해 일어나니 고양이가 쥐귀신을 잡아줄 것이라고 믿었기 때문이었다고 한다(그림 23-1).

그림 23-1 ● 콜레라 고양이(The cholera cat) 동은 의학박물관 소장

제24대 헌종

- 생몰년: 1827년~1849년
- 등극시 나이: 8세
- 재위기간: 14년 7개월
- 세손기간: 4년 2개월
- 사망시 나이: 23세
- **사인:** 위암

조선왕 중 제일 잘 생긴 임금

— 신도 시샘하여 젊은 나이에 졸하다

즉위과정

조선 제24대 왕 헌종은 23세에 요절한 효명세자(순조의 아들)와 신정왕후 조씨 사이에 태어난 순조의 손자로, 이름은 환(奐)이다.

순조의 아들인 효명세자가 순조 30년(1830) 22세 나이에 결핵으로 사망하자, 헌종은 같은 해 9월 15일 4세 때 세손으로 책봉되었다. 순조 34년(1834) 11월 18일 순조가 승하하자 8세 나이로 경희궁 숭전문에서 왕위로 즉위했다.

여덟 살에 왕위에 오른 헌종은 정사를 볼 수 없었으므로 관례에 따라 즉위 즉시 대왕대비인 순조 정비인 순원왕후 김씨의 수렴청정의 예를 거행했다.

순원왕후 김씨는 수렴청정 취임 일성(一聲)으로 다음과 같은 하교를 하였다.

「"미망인(未亡人)은 깊은 궁궐 안의 한 부인(婦人)에 지나지 않으나 대행왕(大行王; 왕이 죽은 뒤 시호를 올리기 전에 높여 이르던 말 즉 순조)의 건즐(巾櫛; 머리 빗고 낯 씻는 것을 뜻함)을 받들어 온 지가 30여 년인데, 이제 천지가 무너지는 화변(禍變)을 당하였다. 주상이 비록 타고난 자질이 영명(英明)하다 하더라도 아직 10세 이전이라 군국(軍國)의 기무(機務)를 하나하나 책임지우고 바라기에는 어려움이 있다. 경(卿) 등이 국조(國朝)의 고사(故事)를 가지고 간곡히 청하기 때문에 만부득이 이런 거조(擧措; 말이나 행동 따위를 하는 태도)가 있기에 이른 것이나, 본래 여자란 학문과 식견이 없다. 경등은 나라의 대신(大臣)으로서 대대로 충정(忠貞)을 돈독히 해 왔고 대행조(大行朝) 때 지우(知遇; 남이 자신의 인격이나 재능을 알고 잘 대우함)의 은혜를 입은 사람들이니, 오늘날 유유(悠悠)한 만사(萬事) 속에 주상을 보호하고 성학(聖學)을 권면(勸勉)할 것이다. 그 다음으로는 백성을 애휼(愛恤; 불쌍히 여기어 은혜를 베풂)할 일이다. 백성을 편안케 하고자 한다면 먼저 조정(朝廷)부터 거조(擧措; 신하가 임금께 조목조목 들어 아뢰던 조항)의 마땅함을 얻어야 할 것이니, 묘당(廟堂)에서는 방백(方伯; 관찰사)을 권면하여 경계하도록 하고 방백은 수령(守令)을 단속하여 백성을 착취하는 탐욕의 폐단을 없게 할 것이다. 그러면 백성은 저절로 편안해질 것이고, 백성이 편안해지면 국세(國勢)는 다시 반석(盤石) · 태산(泰山)과 같은 안정된 자리에 정착하게 될 것이다."」

헌종이 15세 되자 헌종 6년(1840) 12월 25일 순원왕후 김씨는 수렴청정을 거두었고, 헌종이 정무를 맡아보기 시작했다.

헌종의 가족들

헌종은 2명의 왕비, 3명의 후궁 사이에 1명의 딸만 낳았지만 일찍 죽었다.

정비 효현왕후 김씨는 10세 때 한 살 연상인 헌종과 언약을 맺었고, 14세 때 가례를 올렸으나 16세 때 병사하였다.

계비 효정왕후 홍씨는 14세 때 4살 연상인 헌종과 혼인하여 왕비로 책봉되었다. 헌종과 사이에 자식은 없었다.

효정왕후 홍씨는 혼인 후 노점(폐결핵)에 걸려 치료를 위해 홀로 거처했다고 하나 근거는 미약하다. 19세 때 헌종이 사망하자 대비로, 순조 계비 순원왕후 김씨 마저 죽자 어린 나이부터 왕대비로 지내다가 73세에 사망했다(**헌종의 가계도 참조**).

헌종의 병력

헌종은 외모도 수려했고 재위기간 중 여성 편력도 화려했다고 한다.

야사에서는 헌종은 할머니 순원왕후 김씨와 어머니 신정왕후 조씨가 왕실 대통을 잇기 위해 제1후궁 경빈 김씨, 제2후궁 숙의 김씨,

헌종의 가계도

생몰년 1827~1849

재위기간 14년 7개월

세손기간 4년 2개월

부인 5명(왕비 2명, 후궁 3명)

자녀 1명(서녀 1명)

사인 위암(23세)

효현왕후 김씨(1828~1843) 무자녀, 사인: 병사(16세)

효정왕후 홍씨(1831~1903) 무자녀, 사인; 노환(73세)

경빈 김씨

정빈 윤씨

숙의 김씨 1녀
　　　옹주(생몰년 미상) 서장녀

제3후궁 정빈 윤씨를 순번을 정해 연일 합방토록 강요했고 헌종은 왕비전과 후궁전을 나올 때마다 다리가 휘청거렸고, 두 눈엔 눈꼽이 마르지 않을 정도로 혹사를 당했다는 웃지 못 할 일화가 있는데 혈통이 무엇인지 왕 노릇도 아무나 하는 것이 아닌가 싶다.

헌종은 17세 때 천연두를 앓았던 이외는 다른 병력은 없었다.

헌종대왕 행장 중에는 '기유년(1849) 봄부터 병환이 들어 시일이 갈수록 피곤하였다.'는 기록을 보면 헌종의 병은 헌종 15년(1849) 23세 되는 봄부터 시작되었던 것 같다.

헌종 15년 4월 도제조 권돈인이 중희당(重熙堂)에서 약원(藥院)의 입진(入診)을 행하였다. 왕의 건강을 염려하여 다음과 같이 여주었다.

「권돈인(權敦仁)이 말하기를,

"신(臣)이 정월 초하룻날에 인정전(仁政殿)에서 문안한 뒤로 이제야 비로소 등연(登筵; 관원이 사무를 처리하기 위하여 입시하여 임금을 면대하는 것)하여 천안(天顔; 임금의 얼굴)을 우러러 본즉 옥색(玉色)이 여위고 색택(色澤)이 꺼칠하시니 아랫사람의 심정이 불안하기 그지 없습니다. 근일에는 주무시는 일이 어떠하십니까?" 하니, 임금이 말하기를,

"이번에 괴로운 것은 처음부터 체기(滯氣; 먹은 것이 잘 삭지 아니하여 생기는 가벼운 체증)가 빌미가 되었고 별로 다른 증세는 없었다. 근일 이래로 체기가 자못 줄었고 잠도 조금 나아졌다."」

헌종실록 16권, 헌종 15년(1849) 4월 10일

헌종의 병세는 소화불량으로 시작하였고 짧은 기간에 용안도 여위고 피부도 거칠어졌다. 그리고 4월 13일에는 30여 차례의 설사를 하였다.

승정원일기, 헌종 15년(1849) 4월 13일

5월 14일 실록에는 '면부에 부기가 있다.' 그리고 '대소변은 자못 잘나온다 마는 약간 부기가 있어 아직은 쾌히 낫지 않았다.' '초경부터 4, 5경까지 소변이 반요강이 흡족히 되었다.'고 하는 기록을 보면 신장기능은 양호한데 부기가 있음을 알 수 있다.

그러다가 갑자기 6월 6일 '병환이 더욱 위독해져 오시에 창덕궁의 중의당에서 23세 나이로 사망하였다.'는 기록만 있다.

조선왕조실록의 기록만으로는 헌종이 짧은 시일내에 사망한 원인을 규명하기에는 어려움이 있다.

그러나 야사에는 다음과 같은 기록이 있다.

즉, 헌종은 23세 되던 봄부터 먹은 음식이 소화되지 않고 설사를 자주하거나 체하여 하루도 성한 날이 없었다고 한다. 헌종은 대왕대비인 순원왕후 김씨 환갑(5월 보름)을 치른 이튿 날부터 설사가 나서

그림 24-1 ● 매화틀 왕의 이동식 변기. 국립고궁박물관 소장

매화틀(그림 24-1)을 깔고 앉아 끙끙거렸고 얼굴이 부어 올라 묘하게 일그러져 갔다고 한다. 6월 들어 날씨마저 무더워 성한 사람도 소화가 잘되지 않았으니 헌종은 소화불량과 설사로 몸을 잘 추수르지 못할 지경이었다고 한다.

정사와 야사의 기록을 토대로 헌종의 병을 유추해보면 헌종은 23세 되던 봄부터 시작된 소화불량과 설사 증세로 몇 개월 만에 사망했는데, 짧은 시일에 소화기장애 증세로 사망할 수 있는 질환은 젊은 나이에 생기는 약년성 위암(미만성 위암) 말고는 설명할 수 있는 질환은 없다.

젊은 나이에 생기는 위암은 대부분 경성암(scirrhous carcinoma)으로, 위 전체를 침윤하는 매우 악성인 구형세포암으로 위샘의 주세포에서 기원하는 것으로 추정한다.

그리고 위점막의 잘 경계지워진 영역에서 발생하여 빠른 시일에 점막하와 근육층을 관통하여 주변 림프절로 일찍 전이하는 특이한 형태의 암이다.

위벽의 전층을 두껍게 만들어 넓은 부분을 때로는 전체 위벽을 침범하여 위벽이 가죽처럼 단단하게 된다. 따라서 위점막의 주름은 점차 움직이기 어려워지고 유연성이 사라지며 동시에 섬유조직 형성이 증가되어 위 전체가 줄어 들어 '가죽병의 위(leather bottle stomach)' 형태로 변화게 된다(그림 24-2).

젊은 나이에 생기는 약년성 위암은 성인에서 발생하는 위암과는 달리 암 진행속도가 매우 빨라 증상이 발현되었을 때는 이미 암은 위 전체에 퍼져 소화기능이 상실된다. 소화불량과 설사 등 위장장애 증

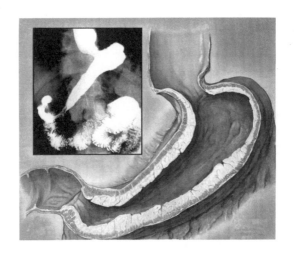

그림 24-2 ● **위 경선암(scirrhous carcinoma)의 병리소견과 영상소견**

상이 심해 영양실조가 되어 부종이나 체중 감소가 뒤따른다.

　최근에도 진단되었을 때는 이미 병은 위 전체와 다른 부위에 전이 된 상태가 되어 수술, 항암제 치료 등 손을 써도 일년을 넘기지 못하 고 대부분은 사망하게 되는 암중에 암인 것이다.

　수려한 외모와 절대권력을 가진 헌종을 신도 시샘하여 미만성 위 암에 걸리게 하여 빨리 데려간 모양이다.

　헌종 능인 경릉(景陵; 사적 제193호)는 동구릉에 있다.

제25대 **철종**

- 생몰년: 1831년~1863년
- 등극시 나이: 19세
- 재위기간: 14년 6개월
- 사망시 나이: 33세
- **사인**: 폐결핵

강화 땔나뭇꾼 출신 임금

— 주색과 폐결핵으로 사망하다

즉위과정

조선 제25대 왕 철종은 장헌세자의 서장자 은언군의 다섯째 아들인 전계군 이광과 용성부대부인 염씨 사이에 태어난 셋째 아들로, 초명은 원범(元範)이었으나 후에 변(昪)으로 고쳤다. 그리고 헌종 15년(1849) 6월 8일 순원왕후 김씨 명으로 덕완군(德完君)에 봉해졌고, 그 이튿날 왕으로 즉위하였다.

장헌(사도)세자는 혜경궁 홍씨(헌경왕후) 사이에 의소세손(懿昭世孫)과 정조 2명, 숙빈 임씨에서 은언군(恩彦君)과 은신군(恩信君) 2명, 경빈 박씨(빙애)에서 은전군(恩全君) 1명 등 다섯 명의 아들을 두었으나, 장남인 의소세손은 일찍이 사망했다.

영조 47년(1771) 서장자 은언군과 서차남 은신군 두 형제는 상인들에게 빚을 지고 갚지 않았다는 밀고를 받고 직산현(충남 천원군 직산면 일대 옛 행정구역)에 유배되었다가 다시 제주도로 옮겨져 위리 안치되어 지내던 중 은신군이 17세 나이에 병사 하자, 은언군은 3년 만에 유배에서 풀려났다.

정조가 즉위(1776년)하자 장헌세자 죽음에 가담했던 노론 벽파 일각에서 정조의 후환이 두려워 정조를 암살하려는 음모를 꾸며 실행하는 단계에서 발각되었는데, 서3남 은전군이 이에 연류되어 19세 나이로 희생되었다. 이렇듯 장헌세자 서자 3명 중 서장자인 은언군 한 명만 남게 되었다.

은언군은 상계군(常溪君)과 풍계군(豊溪君) 등 적자 5명과 전계군(全溪君)등 서자 4명 총 9명의 아들을 두었고, 이중 서자 한명은 일찍이 요절하였다.

정조 3년(1779) 5월에 홍국영의 누이동생이자 정조의 첫 번째 후궁인 원빈 홍씨가 갑자기 사망하자, 홍국영은 은언군의 장남 상계군을 원빈 홍씨의 양자로 입적시키고 작호를 상계군에서 완풍군으로 개칭하였다. 개칭 후 홍국영은 그를 왕의 후계자로 추대하려 하였다. 그러나 정조 3년(1779) 9월에 홍국영이 정계에서 물러나자, 정조 4년(1780) 8월 우의정 이휘지가 완풍군의 작호 개칭을 청하여 원래대로 상계군으로 재개칭 하였다. 　　　　　정조실록 10권, 정조 4년 8월 15일

그 이후 상계군은 신오의 딸인 군부인 신씨와 혼례를 올린 지 몇 달 되지 않은 정조 10년(1786) 11월 20일 의문의 음독 자살하였다. 자살 후 한때 아버지인 은언군이 상계군을 독살하였다는 소문이 떠돌았고, 곧 이어 상계군을 세자로 추대할려고 했었던 훈련대장 구선

복의 역모계획이 12월에 탄로나자 은언군 일가는 강화로 유배되었다. 유배 후에도 노론 벽파는 수차례 상계군의 아버지인 은언군을 사형에 처해야 한다고 소를 올렸으나 정조는 상소를 물리치고 그를 보호하였다.

그러나 여러번 고비를 넘긴 은언군도 결국 순조 1년(1801) 신유사옥 때 천주교 신자로 몰려 부인 송씨, 큰 며느리 신씨와 함께 사살되었다.

은언군 넷째 아들인 풍계군은 은전군에게 양자로 입적되었으나 후사가 없어 대가 끊겼다.

은언군 다섯째 아들인 전계군은 원경, 경응, 원범 삼형제를 두었으나 이들의 어머니는 각각 달랐다. 전계군의 장남 이원경은 헌종 10년(1844)에 민진용의 반역에 연루되어 사살되었고, 이와 관련해 둘째 이경응과 셋째 이원범 두 형제는 강화도에 유배되어 촌부로 청소년기를 보내야만 했다(**장헌세자의 가계도 참조**).

이렇듯 멸문되다 싶이 한 은언군 집안에서 차기 국왕이 나오리라고는 상상도 못했을 것이다.

헌종 사후 권력을 계속 지속할려는 순조비 순원왕후 김씨와 안동 김씨 일문들은 자신들의 영달을 위해 무능한 강화도령 이원범을 왕으로 추대할 줄을 누가 알았겠는가?

안동 김씨 일문은 후왕은 선왕보다 항렬이 아래여야 한다는 왕가의 전통을 무시하고 헌종의 칠촌 숙부 뻘인 이원범을 선택하고 안동 김씨 세도정치를 잇게 할려고 하였던 것이었다.

1849년 6월 6일 헌종이 후사 없이 세상을 떠나자, 그 당시 왕손으

장헌(사도)세자의 가계도

생몰년   1735~1762
부인   4명
자녀   8명(적자 2명, 적녀 2명, 서자 3명, 서녀 1명)
사인   질식사(28세)

헌경왕후 홍씨(혜경궁, 1735~1815) 2남2녀, 사인; 노환(81세)
     의소세손(1750~1752)
     왕세손(산, 정조, 1752~1800)
     청연군주(1754~1821)
     청선군주(1756~1801)

숙빈 임씨 2남
     은언군(인, 1754~1801) 서장남
         정실 성산군부인 송씨 4남1녀
             장남 상계군(담, 1769~1786)
             2남 창순, 3남 창덕
             4남 풍계군(당, ?~1826)
         후실 전산군부인 이씨(1764~1819) 2남(1명은 요절)
         *5남 전계군(광, 1785~1841) 3형제
             이원경
             이경응
             이원범(철종)
         성명미상 후실 서자 2명
             이성득, 이철득
     **은신군(진, 1755~1771) 서차남

경빈 박씨(빙애, 생몰년미상) 1남1녀
　　　은전군(찬, 1759~1777) 서3남, 정조원년 역모에 연류 자결함
　　　청근현주(옹주, 생몰년미상)

양제 가선 무자녀

---

* 　장헌세자 서장남 은언군의 다섯째 아들인 전계군(이광, 초명은 쾌득)은 부인이 3명이 있었는
데, 정실 완양부대부인 최씨에게서 이원경을, 후실 이씨에서 이경응을, 계실 용성부대부인 염
씨에게서 이원범(철종)을 얻었음.
전계군은 정조 10년(1786) 홍국영이 이복형 상계군을 세자로 삼으로던 일로 상계군이 역적으
로 몰리면서 아버지 은언군, 이복형 이철득과 함께 강화도로 추방되어 천극 죄인 신분으로 거
주지가 가시 울타리가 쳐지고 계속 감시를 당했다. 그러던 중 순조 1년(1801) 5월 28일 은언군
과 이철득이 탈출하려다 붙잡힌 일이 있는 후 빈농으로 생활하였다. 순조 26년(1826) 노비신
분으로 격하되어 충청도 온양으로 정속되었다가 그해 임시 석방되었다. 순조 30년(1830) 최종
석방되어 한성부로 와서 생활하다가 헌종 7년(1841) 병사하였다.
** 장헌세자 서차남인 은신군은 인조 셋째아들인 인평대군 5대손인 이병원의 아들 남연군 이구를
양자로 입적함.
남연군의 넷째아들이 흥선대원군 이하응이며, 흥선대원군의 차남인 익성군 이재황이 고종임.

로 중종 서자인 덕흥대원군의 13대 사손(嗣孫; 가계를 계승할 자손)인 이하전이 있었지만, 순원왕후 김씨는 유능한 이하전 보다는 무능한 이원범을 택하여 6월 8일 덕완군으로 봉하였다. 그리고 6월 9일 창덕궁 희정당에서 관례를 치르게 한 후, 창덕궁 인정문에서 왕으로 등극시키니 철종 나이 19세였다.

철종이 19세로 성년이었지만 정사를 전혀 몰라 대비인 순원왕후 김씨가 수렴청종을 하게 되었다.

대왕 대비가 언서(諺書)로 임금에게 당부하기를,

"이렇게 망극한 일을 당한 속에서도 5백 년 종사(宗社)를 부탁할 사람을 얻게 되어 다행스럽소. 주상은 영조(英祖)의 혈손(血孫)으로서 지난날 어려움도 많았고 오랫동안 시골에서 살아왔으나, 옛날의 제왕(帝王) 중에도 민간에서 생장한 이가 있었으므로 백성들의 괴로움을 빠짐없이 알아서 정사를 하면서 매양 애민(愛民)을 위주로 하여 끝내는 명주(明主)가 되었으니, 지금 주상도 백성들의 일을 익히 알고 있을 것이오. 백성을 사랑하는 도리는 절검(節儉)보다 더한 것이 없으니, 비록 한 낱의 밥알이나 한 자의 베(布)도 모두가 백성들에게서 나온 것인 만큼, 만일 절검치 않는다면 그 피해는 즉각 백성들에게 돌아갈 것이고, 백성들이 살 수 없으면 나라가 유지될 수 없으니, 모름지기 일념(一念)으로 가다듬어 '애민(愛民)' 두 글자를 잊지 마오. 지난날의 공부가 어떠한지는 비록 알 수 없지만 사람이 배우지 아니하면 옛일에 어둡고 옛일에 어두우면 나라를 다스릴 수 없는 것이니, 아무리 슬프고 경황없는 중일지라도 수시로 유신(儒臣)을 접견하고 경사(經史)를 토론하여 성현의 심법(心法)과 제왕의 치모(治謨)

를 점차 익힌 연후에라야 처사(處事)가 올바르게 되는 것이오. 위로 종사의 막중함을 생각하고 아래로 백성들의 곤고(困苦)를 보살펴 공경하고 조심하며, 검소하고 근간하여 만백성이 바라고 우러르는 뜻에 부응토록 하오. 임금이 비록 극히 존귀하다고는 하지만 본래부터 조정 신하들을 가벼이 여기는 법은 없으니, 대신들을 예로써 대하고 대신들이 아뢰는 데에는 옳치 않은 말이 없을 터이니, 정성을 기울여 잘 듣고 마음속에 새겨두기 바라오." 하였다.

그러나 2년 반이 지난 철종 2년(1852) 12월 28일에 수렴청정을 거두면서 다음과 같은 훈시를 남겼다.

「"오늘부터 마땅히 수렴 청정(垂廉聽政)을 그만두기 때문에 유시를 내리지 않을 수 없다. 천지 사이에 다시 어찌나와 같은 환경을 당한 자가 있겠는가? 이미 지나간 일은 이제 와서 차마 말할 수 없거니와 기유년(1849)의 승하(昇遐)한 변을 당하여 어찌 잠시라도 세상에 살고 싶은 생각이 있었겠는가? 단지 종사(宗社)를 위하는 계책으로 마음을 억누르고 슬픔을 참았다. 오직 우리 주상(主上)이 임어(臨御)하여 종사가 다시 안정되었으니, 불행중 다행하기 그지 없다. 주상은 춘추(春秋)가 이제 벌써 한창때여서 모든 정사(政事)를 총람(總攬)할 수 있으니, 어찌 이보다 더 경사스럽고 다행한 일이 있겠는가? 내가 여러 모로 어쩔 수 없는 형세로 인하여 이런 모든 부당한 일을 담당한 것이 3년이 되었다. 돌아보건대 어찌 일찍이 하루라도 마음이 편안하였겠는가? 이제는 정력(精力)이 미치지 못해 예사로운 일도 검찰(檢察)할 수가 없다. 비록 정력이 쇠하지 않았다 하더라도 지금은 오히려 이런 기무(機務)에서 벗어나야 하는데, 더군다나 이 모양으로, 어찌 하루라도 억지로 하겠는가? 주상이 친히 총람하는 것은 국가의 큰 경사이니, 기쁜 마음이 어찌 끝이 있겠는가? 나의 수렴하고 유시하는 것을 오늘로 마치니, 여러 대신은 반드시 우리 주상을 잘 보필하라."」

이후 철종이 직접 친정을 맡았지만 실제로는 안동 김씨 가문의 허수아비 노릇만 하였다.

철종의 가족들

철종은 왕비 1명과 후궁 7명 사이에 적자 1명, 서자 4명, 서녀 6명 총 11명의 자녀를 두었으나, 10명은 요졸하였다. 생존한 숙의 범씨 딸 영혜옹주도 을사 5적의 한사람인 박영효에게 시집간 후 석달 만에 사망했다.

철인왕후 김씨는 15세 때 21세의 철종과 결혼하여 원자 한명을 얻었지만 생후 6개월 만에 사망했다. 그러나 철인왕후 김씨 덕분에 안동 김씨 일문은 철종시대에도 세도정치를 유지할 수 있었고 철인 김씨는 42세 나이로 사망했다(**철종의 가계도 참조**).

철종의 가계도

생몰년 1831~1863
재위기간 14년 6개월
부인 8명(왕비 1명, 후궁 7명)
자녀 11명(적자 1명, 서자 4명, 서녀 6명)
사인 폐결핵(33세)

철인왕후 김씨(1837~1878) 1남, 사인; 만성소모성질환?(42세)
　　　원자(1858~1859) 조졸

귀인 박씨 1남
　　　왕자(1854~1854) 서장자, 조졸

귀인 조씨 2남
　　　왕자(1859~1859) 서차남
　　　왕자(1861~1861) 서3남, 조졸

숙의 방씨 2녀
　　　옹주(1851~?) 서장녀
　　　옹주(1853~1853) 서차녀

숙의 김씨 1녀
　　　옹주(생몰년 미상) 서3녀

숙의 범씨 1녀
　　　영혜옹주(1859~1872) 서4녀, 박영효와 혼인

궁인 박씨 1녀
　　　옹주(생몰년 미상) 서5녀

궁인 이씨 1남1녀
　　　왕자(1862~1862) 서4남, 조졸
　　　옹주(생몰년 미상) 서6녀

철종의 병력

철종대왕 시장(諡狀; 왕의 사후에 신하들이 시호를 올릴 때 왕의 생전시 업적을 적어 올리던 글)의 일부 구절을 보면 백성에 대한 철종의 순수하고 애틋한 사랑이 담겨있다. 소개하면

　'임금께서는 오랫동안 외방에서 노고를 겪으셨으므로 곧 백성들이 농사에 의지하며 살아가는데 어려움을 알았으며 백성들이 날씨가 추워도 원망하고 더워도 원망하는 것은 임금께서 귀로 듣고 눈으로 보고 겪은 것이기 때문에 백성을 편안 하게 하는 계획과 백성을 보호하는 교훈이 누차 연석에서 반론되었습니다. 일찍히 '안민(安民)'이라는 두 글자를 써서 걸어 놓고 아침 저녁으로 늘 바라보면서 이르기를 '이것이 나의 책임이다'하고 일념으로 걱정하고 부지런히 하였으므로 편안할 겨를이 없었습니다.'라고 기록되어 있다.

　이를 보면 철종이 마음 속으로는 얼마나 백성을 사랑하고 걱정하였음을 알 수 있다. 그러나 막상 실행을 못하고 마음뿐이었으니, 철종의 마음은 얼마나 답답하고 자신의 무능을 얼마나 원망하였을까? 뜻은 있으나 실행을 못하는 자신을 탓하였을 것 이다.

　철종 1년(1850, 20세) 1월에는 감기가 걸려 가래가 많이 끓고 가슴 답답한 증세(담체)를 호소했고, 철종 12년(1861, 31세)에는 담증을, 철종 14년(1863, 33세) 8월에는 왼쪽 허벅지 감각이 둔함을, 9월에는 담체 증상을 호소 하였다.

　이미 철종은 20세 초반부터 폐결핵 증상이 있어 기침을 하면 쉽

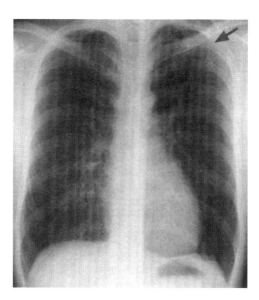

그림 25-1 ● 폐결핵의 영상소견

게 멈춰지지 않았고, 가래도 몹시 끓었으며, 울화증세도 함께 있었다.

그러나 철종은 주색에 빠져 폐가 썩어가는 줄도 모르고 지내다가, 죽기 직전 갑자기 심한 객혈을 하고 결핵증세가 악화되어(그림 25-1), 철종 14년(1863) 12월 8일 창덕궁 대조전에서 33세 나이로 운명하였다.

철종 능인 예릉(睿陵; 사적 제200호)은 경기도 고양시 덕양구 원당동 산37-1번지에 위치한 서삼릉에 있다.

제26대 **고종**

- 생몰년: 1852년~1919년
- 등극시 나이: 12세
- 재위기간: 43년 7개월
- 사망시 나이: 68세
- **사인**: 뇌졸중 혹은 독살?

수난시대의
희생양이 된 임금
— 사망원인은 의문을 남기다

즉위과정

조선 제26대 왕 고종은 흥선군 이하응과 여흥대부인 민씨 사이에 태어난 흥선군의 차남으로. 아명은 명복(命福), 초명은 재황(載晃)으로 후에 희(熙)로 개명했고, 고종 즉위년(1863) 12월 8일 익성군(翼成君)으로 봉해졌다.

철종이 후손없이 33세 나이로 갑자기 사망하자 익종비(순조아들 효명세자 부인) 신정왕후 조씨는 흥선군의 둘째 아들인 이재황을 자기 앞으로 양자로 입적시킨 후 왕위로 올렸다.

흥선군 이하응의 가계를 보면 조선 17대왕 효종의 동생인 인평대군(인조의 3남)의 6대손인 남연군 이구가 장헌세자 둘째 서자인 은신군 앞으로 양자되었는데, 남연군의 네 아들(흥녕군, 흥왕군, 흥인군, 흥선군)중 막내아들이 흥선군 이하응이다.

당시 순조, 헌종, 철종 3대에 걸쳐 세도정권을 이끌어 온 안동김씨는 헌종 사후 10세부터 유력한 국왕 후보였던 이하전이 20세가 되던 해인 철종 13년(1862) 7월 이재두의 무고에 연루하여 제주도로 유배시킨 후 8월 10일에 사사하고, 안동 김씨 일파 뜻대로 후계자를 선택하고자 했다. 참고로 이하전은 중종과 창빈 안씨 사이에 태어난 중종의 일곱번째 서자인 덕흥대원군의 12대 사손(嗣孫; 자손이 없는 사람의 유산을 계승할 수 있는 4촌 이내의 근친)인 완창군의 아들이다.

이하전이 살해된 후 흥선군 이하응은 안동 김씨의 의중을 알고 일부러 시장잡배들과 어울리면서 안동김씨 일파의 경계망에서 벗어나는 한편 익종비인 신정왕후 조대비와 은밀하게 소통하며 후사를 노렸다.

1863년 12월 8일 철종이 후사없이 갑자기 승하하자 신정왕후 조대비는 전격적으로 흥선군의 차남인 이재황을 왕으로 추대한다고 선언하였다. 그리고 12월 12일 관례를 치르고, 이튼 날 보위에 오르게 하니 고종 나이 12세였다.

고종은 미성년이었기에 관례에 따라 신정왕후 조대비가 수렴청정을 맡아야만 했다.

「(전략)
영의정 김좌근이 아뢰기를, "주상(主上)께서 어린 나이에 왕위를 물려받는 경우 일찍이 수렴청정(垂簾聽政)하는 전례(典禮)가 있었

습니다. 이번에도 규례대로 마련하는 것이 어떻겠습니까?" 하니, 대
왕대비가 이르기를, "어떻게 차마 그것을 하겠는가마는, 오늘날 나
라의 형편이 외롭고 위태롭기가 하루도 보전하지 못할 것 같으므로
다른 것을 돌아볼 겨를이 없다. 다만 응당 힘써 따라야 하겠다." 하
였다.

이어서 수렴청정의 절차를 기유년(1849; 철종 즉위 후 순원왕후 김
씨의 수렴청정)의 전례대로 거행하라고 명하였다.」

고종실록 1권, 고종 즉위년 12월 8일

이는 흥선군과 조대비간의 사전 합의한 조치였다. 그러나 실제로
는 국왕의 아버지로서 흥선대원군이 정사에 적극적으로 끼어들자 신
정왕후 조대비는 자연히 뒷전으로 물러나게 되었다. 흥선대원군은
섭정을 한 후 국정을 총괄하면서 강력한 왕권확립을 위한 개혁정책
을 실행했다.

고종의 가족들

고종은 황후 1명, 황귀비 1명, 후궁 9명 사이에 적자 4명, 적녀 1명,
서자 7명, 서녀4명(?) 총 16명의 자녀를 두었다.

이중 세 아들(순종 이척, 영친왕 이은, 의친왕 이강)과 딸 덕혜옹
주와 상궁 염씨(?)가 난 문용옹주 2명이 성인으로 성장했고, 나머지
는 유아나 어린 나이에 요절했다.

명성황후 민씨는 16세 때 한 살 연하인 고종과 혼인하여 4남 1녀를 낳았으나, 순종만이 성인까지 생존해 보위를 이었다. 항문이 막힌 채(무항증, imperforated anus) 태어난 원자는 생후 4일 만에 죽었다. 명성황후는 파란 많은 인생역정을 이기고 살다가 45세 때 왜인들에게 살해 당했다.

순헌 황귀비 엄씨는 영친왕 이은의 어머니로 학교교육에 관심을 두어 양정의숙(현 양정고등학교), 진명여학교(현 진명여고), 명신여학교(현 숙명여자대학교)를 설립하는데 많은 공헌을 했고, 58세때 장티푸스로 사망했다.

귀인 영보당 이씨는 흥선대원군의 총애를 받은 후궁으로 완친왕 이선이 13세 때 홍역으로 사망하자 그 충격으로 실어증에 걸렸다고 한다.

귀인 장씨는 의친왕 이강의 어머니다. 의친왕 이강은 외교활동을 많이 하였으며 대한민국 적십자사 총재까지 지내다가 79세에 사망했다.

귀인 복녕당 양씨는 딸 중에 유일하게 생존한 덕혜옹주의 생모이다. 덕혜옹주는 강제로 일본 황친과 결혼했으나 충격으로 정신박약자가 되었고 한 많은 일생을 살다가 77세에 사망했다.

정화당 김씨는 명성황후 민씨가 시해된 후 일본이 강제로 황비로 삼을려고 했으나, 고종이 끝까지 거절하여 쓸쓸하게 혼자 생을 살았던 불운의 여인이었다(**고종의 가계도 참조**).

고종의 가계도

생몰년   1852~1919
재위기간 43년 7개월
부인   11명(황후 1명, 황귀비 1명, 후궁 9명)
자녀   16명(적자 4명, 적녀 1명, 서자 7명, 서녀 4명)
사인   뇌졸중 혹은 독살(68세)

명성황후 민씨(1851~1895) 4남1녀, 사인; 살해(45세)
　　　　원자(1871~1871) 장남, 항문폐쇄증
　　　　공주(1873~1873) 조졸
　　　　황태자(척, 순종, 1874~1926) 차남
　　　　황자(1875~1875) 3남, 조졸
　　　　황자(1878~1878) 4남, 조졸

순헌 황귀비 엄씨(1854~1911) 1남, 사인; 장티푸스(58세)
　　　　영친왕(은, 1897~1970) 서3남, 뇌졸중

귀인 이씨(영보당) 1남1녀
　　　　완친왕(선, 1868~1880) 서장남, 홍역
　　　　옹주 조졸

귀인 장씨 1남
　　　　의친왕(강, 1877~1955) 서차남

귀인 이씨(광화당) 1남
　　　　황자(육, 1914~1916) 서4남, 조졸

귀인 정씨(보현당) 1남
　　　　황자(우, 1915~1916) 서5남, 조졸

귀인 양씨(복녕당) 2남1녀
　　　　덕혜옹주(1912~1989) 서차녀, 정신장애
　　　　황자 2명 조졸

귀인 이씨(내안당) 1녀
　　　　옹주 조졸

삼축당 김씨

정화당 김씨

상궁염씨(?) 1녀(?)
　　　　문용옹주

참고 후궁은 내전 주변에 위치한 별도의 독립 건물에 거처하는데 후궁마다 거처하게 될 건물과 그에 따른 당호(堂號)가 내려짐.
예로 들면 영보당, 보현당, 복녕당, 삼축당, 정화당, 취선당(장희빈 거처) 등

명성황후 민씨 사후 일어난 일련의 사건들

1895년 8월 20일 을미사변으로 명성황후 민씨가 처참하게 시해된 지 이틀 만인 8월 22일 일본 세력은 임금에게 민씨의 「왕후폐위조칙」을 내려 왕후 직위를 폐하여 서인으로 만들도록 강요하자 생명의 위협을 느낀 고종은 이에 따랐다. 그러자 각국 외교관들이 강력하게 항의하자 바로 다음 날인 23일자로 일본세력은 민씨의 서인 신분을 취소하고 왕후에서 후궁 직위로 바꾸었다. 그리고 사흘 후인 26일에는 일본세력은 새왕후를 맞이할 것을 고종에 강력하게 압력을 가했다. 그러자 고종은 즉시 다음과 같이 간택령을 내렸다. 즉 「"곤의(坤儀)가 하루도 없어서는 안 되니 간택하는 절차를 거행하라." 하였다.」

그해 9월 7일 궁내부 대신 이재면이 왕비 간택철차에 대해서 취품하자, 15세부터 20세까지 처녀의 명단을 바치게 하고, 일사천리로 삼간택을 시행하여 5명의 최종 후보자 중 정화당 김씨를 새왕비로 택했다. 그러나 이후 고종은 새로운 왕비를 받아들일 수 없다고 버티었다.

그 당시 궁궐 내 긴급한 상황을 살펴보면 명성황후 민씨가 처참하게 시해된 뒤 궁중에 연금되어 민비를 살해한 일본 세력에 둘러싸여

있던 고종은 죽음의 공포를 느꼈다. 그러자 신변의 위협을 느낀 고종은 언더우드를 비롯해 외국공사관들에게 도움을 요청했고, 동시에 중전 민씨가 궐 밖으로 쫓아냈던 엄상궁을 불러들여 자신을 돌보게 했다.

고종의 요청이 있자 각국 외교관들은 공포를 느끼고 있던 고종을 위해 외교관 남자들로 구성된 보호대를 조직하여 궁궐 내에서 왕이 부를 수 있는 곳에 매일 밤 2명의 외국인을 배치했다.

존스(G. H. Jones) 선교사는 고종의 통역으로, 그리고 언더우드는 이후 7주일 동안 입궐 숙직했다. 또 한편 언더우드는 독살의 공포 속에 왕실 수라간에서 만들어진 일체의 음식을 거절하는 임금의 식사를 돕기 위해 또한 적들에 의해 음식에 무언가 섞이지 않도록 임금의 음식은 직접 언더우드 집의 부엌에서 준비하여 자물쇠가 채워진 금고에 넣어 언더우드 자신이 임금의 손에 직접 전해 어느 누구도 음식에 해로운 것을 넣지 못하도록 했다. 또한 임금에 근접해 모신 다른 외국인은 시의(侍醫)인 알렌이었다.

그런 가운데 1895년 11월 28일(음력 10월 11일) 춘생문(경복궁의 북동쪽에 있었던 문. 1930년경 일제에 의해 철거됨.) 사건이 일어났다.

춘생문 사건이란 고종 32년(1895) 8월 20일(음력)에 발생한 을미사변에 대한 반감의 일환으로 명성황후계(閔妃系)인 친미·친러파 관리와 군인이 불안과 공포에 떨고 있던 고종을 궁 밖 외국 대사관으로 모셔 친일정권을 타도하고 새 정권을 수립하려고 시도했던 사건이다. 그러나 춘생문을 열어주기로 했던 이진호가 어윤중에게 밀고를 하여 실패하게 되었다.

한편 민비 시해 후 이튿 날인 8월 22일(음력) 왕후를 서인으로 강등시킨다는 조칙이 발표되자, 보수 유생들은 토역소(討逆蔬; 역적을 처벌하자는 상소)등을 바쳐 친일정부의 폐위조처에 반대하였고, 반일 감정이 고조된 상태에서 친일 내각에 의한 단발령이 내려지자 1985년 10월 중순에 충청남도 회덕, 유성 등지에서 을미의병운동이 일어나게 되었다.

한편 춘생문 사건 실패로 낭패에 빠진 고종은 친러파의 권유가 있자 세자와 함께 러시아 공사관으로 피신하는 아관파천을 1896년 2월 11일(양력) 새벽에 단행하였다.

> **참고** 고종 32년 9월 9일 음력 대신 양력을 사용할 것을 공표함, 내용인 즉 1895년 11월 17일을 1896년 1월 1일로 쓰기로 정하고, 1896년 11월 15일 조선의 연호를 건양(建陽)으로 정함. 따라서 고종실록에서 고종 33년(1896) 1월부터 사용한 날짜는 양력임.

아관파천 시 엄상궁이 고종을 설득하는데 큰 역할을 하였는데 매천야록에서 그녀의 역할을 다음과 같이 설명하고 있다.

「고종 32년(1895) 8월 을미사변 이후 이범진 등이 러시아 공관에 숨어들어 많은 뇌물을 주고 말했다. "만약 정국을 뒤엎는 데 원조한다면 마땅히 온 나라가 애국을 섬기듯(아라사의 즉 러시아의) 명령을 듣겠다."

이에 아라사 공사가 기뻐하여 그 청을 수락하고 군대를 파견하니, 인천에서 잇달아 입성했다. 이범진 등이 엄상궁에게 은 4만냥을 주면서 변란이 다시 일어날 것이라고 하여 밤낮으로 임금을 두렵게 했다. 이날도 엄상궁이 울면서 오늘 저녁에 변란이 일어날 기미가 있으니 궁 밖으로 피하자고 호소했다. 이에 임금도 놀라 그녀의 말을 따르지 않을 수 없었다.」

그리고 아관파천 때 엄상궁도 러시아 공사관에 들어가 고종의 수라 등 시중을 맡았다.

아관파천 후 러시아의 영향에서 벗어나라고 하는 내외의 압력이 잇따르자 고종은 1897년 2월 20일(양력) 러시아 공사관에서 경운궁(덕수궁)으로 환궁하였고 엄상궁도 함께 대궐로 돌아왔다. 고종이 경복궁 대신 경운궁으로 옮긴 이유는 이때 구미의 각 공사관이 모두 정동에 있었는데, 특히 러시아 공사관은 경운궁에서 가장 가까이 있어 임금은 항시 급한 변란이 일어나면 러시아 공사관으로 피할 생각을 하고 이때 경운궁을 수리하여 거처로 삼은 것이었다. 옛 궁으로 돌아가기를 청하는 상소문이 수레에 넘칠 정도였으나 고종은 끝내 듣지 않았고, 날마다 토목 공사를 하니 그 화려함이 두 대궐보다 더한 것 같았다고 한다.

고종의 병력

조선왕조실록에 기록된 고종의 병력을 보면 고종 22년(1885, 34세)

1월에 감기, 고종 27년(1890, 39세) 7월에 더위로 인한 감기, 한일합병 후인 순종 5년(1912, 61세) 11월 안질에 대한 기록이 있다.

에비슨 자서전에서는 고종 29년(1892, 41세) 10월 어느 날 오후에 언더우드 목사가 에비슨에게 왕실의 환자를 소개하겠으니 야회복을 입고 미국공사관에 오면 궁궐로 데리고 가겠다고 하였다. 야회복 준비관계로 밤 10시쯤에 늦게 궁궐에 도착하니 고종 방으로 에비슨을 안내하였다고 한다.

방에 들어가 보니 고종의 얼굴과 두피가 크게 부어올라 눈을 뜰 수 없었고, 얼굴은 매우 불그스레 했다고 한다. 카나다에서 옻나무 중독 환자를 경험한바 있는 에비슨은 고종이 옻 중독에 걸렸다는 것을 일견해서 알았다고 한다. 또한 에비슨은 조선에서는 양반들이 옻나무 수액으로 만들어진 유액으로 칠한 갓을 쓴다는 것도 알고 있었다. 옻나무 독은 휘발성이 있어 모든 성분이 증발할 때가지 갓을 쓰지 않으면 부작용이 나타나지 않는다. 에비슨은 고종 진찰 전에 고종이 최근에 새 갓을 사용한 것을 문진으로 쉽게 알아냈다. 따라서 진단은 쉬웠고 치료를 해줘 고종의 옻 중독은 쉽게 호전되었던 것이다.

고종의 옻 중독 사건 이후 에비슨은 고종의 시의가 되었고 그 후 고종과 15년 동안 좋은 관계를 맺어 왔다는 일화가 있다.

고종은 고종 35년(1898, 47세)부터 가래증상이 시작되었고, 고종 44년(1907, 55세) 때에는 가슴에 가래가 차서 고통스러워 했고 호흡장애도 있었던 점을 보면 고종도 그간 궁궐에 만연하였던 폐결핵을 앓고 있었던 것 같다.

순종황제 행장(1926년, 병인년 6월 11일)에 의하면 고종은 한일

합병 후인 순종 11년(1918, 67세) 여름 종기 질환으로 여러 달 고생하였고 이후 원기가 오래토록 상해서 정양을 크게 필요했다는 기록이 있는데 아마도 고종도 조선왕들에게 흔한 결핵성 냉농양도 앓었음를 짐작할 수 있다.

또 고종이 덕수궁에서 붕어한 당시 있었던 일을 기록된 내용이 있는데 소개하면

'전날 저녁에 풍한이 갑자기 일어나 병의 증세가 급해지자 순종이 이를 듣고 즉시 달려가서 탕제를 올렸으나 잠시 때를 놓쳐서 이미 미치지 못하였다.'는 것이다. 지금까지의 기록만을 토대로 한다면 고종은 폐결핵, 결핵성 냉농양을 앓었고, 사망하기 전날밤 갑자기 뇌졸중이 발생하여 손 쓸 틈도 없이 사망하였다는 것이다.

그러나 일본총독부에서는 하루 동안 고종의 사망을 숨겼다가 다음날에 뇌일혈로 고종이 사망하였다고 발표하니 고종의 죽음에 대한 의문이 일게 되었다.

그후 고종의 죽음을 두고 일본 사주에 의한 독살설, 연로하여 건강이상으로 인한 급서설, 자살설 까지 사인에 대한 설만 난무하게 되었다.

고종의 독살설을 뒷받침할 수 있는 믿음있는 기록으로는 윤치호의 일기를 들 수 있다. 고종의 시신을 본 민영달이 중추원 참의 한진창에게 말한 것을 기록한 것인데,

'건강했던 고종이 식혜를 마신지 30분도 안돼 심한 경련을 일으키며 죽어갔고, 시신을 살펴보니 이가 다 빠져있고 혀는 심하게 상했으며, 목에서부터 복부까지 검은 줄이 길게 나 있었다고 한다. 뿐만아

그림 26-1 ● 한국 최초의 서양식병원 재동 제중원(광혜원) 동은의학박물관 소장

니라 사후 시신의 팔다리가 부어 올라 수의를 갈아 입히기 위해서 입은 옷을 찢어야 했다는 것이다. 그후 고종의 수라를 맡은 궁녀 2명이 이유없이 죽었다.'는 것이다.

어쨌든 고종은 순종 12년(1919) 1월 21일 묘시에 68세 나이로 생을 마감했다.

고종의 죽음의 진실은 아직까지도 미스테리로 남아있다. 그러나 한편 고종의 독살설은 3.1운동의 불쏘시개 노릇을 하였다.

고종 능인 홍릉(洪陵; 사적 제207호)은 경기도 남양주시 홍유릉로 352-1번지에 위치한 홍유릉(洪裕陵)에 포함된다.

참고

1. 고종 22년(1885) 4월 10일 한국 최초의 서양식 병원 재동 광혜원(제중원)이 개원되었다(그림 26-1).

2. 고종 32년(1895) 윤5월 12일 검역 규칙 등을 반포하고, 같은해 10월 7일 "종두규칙"을 공포하였다. 그리고 고종 36년(1899) 6월 27일 각지방 종두세칙을 반포한 후, 같은 해 8월 16일 전염병 예방규칙 시행령을 반포한 후 콜레라, 장티프스, 적리, 디프테리아, 발진티푸스 예방규칙 등을 시행했다.

3. 고종 34년(1897) 10월 13일 국호를 대한(大韓)으로, 그리고 대한제국의 연호를 광무(光武)로 정함. 동시에 임금을 황제라고 칭한다고 선포하였다.

4. 3.1독립선언서(三一獨立宣言書)는 원래 1919년 3월 3일(월) 고종 장례식날에 맞춰 낭독하려고 하였으나 고종에 대한 예우가 아니라 생각이 들어 하루 앞당겨 3월 2일에 거행하려고 하였으나 이날 또한 '주일날'이라서 기독교인들이 피해 3월 1일 당시 토요일로 결정되었다는 뒷 애기도 있다.

제27대 **순종**

- 생몰년: 1874년~1926년
- 등극시 나이: 34세
- 재위기간: 3년 1개월
- 세자기간: 32년 3개월
- 사망시 나이: 53세
- **사인**: 심화병

조선 마지막 비운의 임금

— 심화병으로 사망하다

즉위과정

조선 제27대 왕 순종은 고종과 명성황후 민씨 사이에 태어난 고종의 차남으로, 이름은 척(坧)이다. 고종의 장남은 항문폐쇄증으로 태어난 지 5일 만에 조졸했다.

순종은 고종 12년(1875) 2월 두 살 때 왕세자로, 고종 34년(1897) 10월 대한제국의 수립과 함께 24세 때 황태자로 책봉되었다.

고종 44년(1907) 5월 헤이그 밀사사건으로 일제의 강요와 일부 친일정객들의 동조로 7월 19일 고종이 황제 자리를 물러나자 그 날로 순종이 선위를 받아 조선 제27대 왕이자 제2대 황제로 즉위하니 그의 나이 34세였다(그림 27-1).

그러나 순종은 즉위 3년여 만인 1910년 8월 29일 일본의 강요를

그림 27-1 ● 순종어차 미국 제너럴모터스사가 제작한 캐딜락 리무진이다. 국립고궁박물
관 소장

못 이겨내고 한일합병조약을 맺고 통치권을 일본에게 넘겨주었다.

순종은 일본 황제에게 통치권을 넘긴 후 백성들에게 본인의 뜻과
는 달리 아래와 같은 궤변(詭辯)을 늘어 놓아야만 했다.

「"짐(朕)이 부덕(否德)으로 간대(艱大; 어렵고 큰)한 업을 이어받아
임어(臨御; 임금에 오름)한 이후 오늘에 이르도록 정령(政令; 정치상
의 법도와 규칙)을 유신(維新)하는 것에 관하여 누차 도모하고 갖추
어 시험하여 힘씀이 이르지 않은 것이 아니로되, 원래 허약한 것이
쌓여서 고질이 되고 피폐가 극도에 이르러 시일 간에 만회할 시책을
행할 가망이 없으니 한밤중에 우려함에 선후책(善後策)이 망연하다.

이를 맡아서 지리(支離)함이 더욱 심해지면 끝내는 저절로 수습할 수 없는 데 이를 것이니 차라리 대임(大任)을 남에게 맡겨서 완전하게 할 방법과 혁신할 공효(功效; 공을 들인 보람)를 얻게 함만 못하다. 그러므로 짐이 이에 결연히 내성(內省; 자신을 돌이켜 살펴봄)하고 확연히 스스로 결단을 내려 이에 한국의 통치권을 종전부터 친근하게 믿고 의지하던 이웃 나라 대일본 황제 폐하에게 양여하여 밖으로 동양의 평화를 공고히 하고 안으로 팔여(八域; 팔도)의 민생을 보전하게 하니 그대들 대소 신민들은 국세(國勢)와 시의(時宜; 그 당시의 사정에 알맞음)를 깊이 살펴서 번거롭게 소란을 일으키지 말고 각각 그 직업에 안주하여 일본 제국의 문명한 새 정치에 복종하여 행복을 함께 받으라.

　　짐의 오늘의 이 조치는 그대들 민중을 잊음이 아니라 참으로 그대들 민중을 구원하려고 하는 지극한 뜻에서 나온 것이니 그대들 신민들은 짐의 이 뜻을 능히 헤아리라.”」

이후 순종은 나라 잃은 천추의 한을 가슴 속 깊이 품고 곤경 속에서 살다가 53세 나이로 한많은 세상을 마감했다.

순종의 가족들

순종은 2명의 황후 사이에 혈육은 두지 못했다.
　후비 순명효황후 민씨는 11세 때 왕세자빈으로 책봉되었다가

26세 때 황태자비가 되었다. 그녀는 순종보다 두 살 연상이었고 비명에 간 시어머니 명성황후 민씨 시해사건 이후 심한 심적 충격을 받고 누워 지내다가 외상 후 스트레스 장애로 33세 나이로 세상을 떠났다.

계비 순정효황후 윤씨는 9세 때 동궁계비가 되었다가, 10세 때 순종이 황제에 즉위하자 황후가 되었다. 순종과는 20살이나 나이 차가 났다.

1910년 한일합병 후 나라를 잃은 설움의 한을 품고 살다가 72세에 심장마비로 승하하셨다(**순종의 가계도 참조**).

순종의 병력

순종은 선천성 남성 불임자였다.

순종의 성불구에 대해 〈매천야록〉에는 다음과 같은 기록이 있다.

「세자(순종)에게는 음위(陰痿; 발기부전) 증세가 있었다. 타고난 고자라고도 하고, 어린 시절에 궁녀가 그 생식기를 빨아 한번 나온 뒤로 수습이 되지 않은 것이라고도 했다. 나이가 차츰 많아지는데도 생식기가 오이처럼 늘어져 발기될 때가 없었고, 아무 때나 소변이 저절로 나왔다. 언제나 자리를 적셔 하루에 한 번은 요를 갈았고, 바지도 두 번 갈아입혔다. 혼례를 치른 지 몇 년이 지나도 부부 관계를 갖지 못하자 명성이 한탄하며 몹시 조급해했다. 한번은 궁비를 시켜 세자에게 부부 관계를 가르치게 했다. 명성이 문밖에서 큰소리로 물

순종의 가계도

생몰년	1874~1926
재위기간	3년 1개월
세자기간	32년 3개월
부인	2명(황후 2명)
자녀	무자녀
사인	심화병(53세)

순명효황후 민씨(1872~1904) 무자녀, 사인; 외상 후 스트레스장애(33세)

순정효황후 윤씨(1894~1966) 무자녀, 사인; 심장마비(72세)

었다. '잘 되느냐?" 궁비가 대답했다. "잘 안됩니다." 명성이 몇 차례
나 한숨을 쉬다가 가슴을 치며 일어났다.

　　사람들은 이를 명성황후 민씨가 완화군을 죽인 업보라고 했다.」

순종은 1세 때 수두, 6세 때 천연두, 12세 때 홍역을 앓았다.

마흔 세 살때부터 다리 부종으로 고생하였고 소화불량 증상도 있
었다.

순종황제 행장에는 고종과 순종의 부자지간의 사랑이 담긴 기록
이 있다.

「황제(순종)은 을미년(1895년 명성황후 시해사건)이래 세상의 즐거
움이 없고 오직 태황제(고종)을 믿고 의지하는 것으로 지냈다. 정미
년(1907년)에 각기 다른 궁으로 나뉘어 졌다. 수레로 친히 찾아 뵙
는 것이 열흘에 한번도 벗어나지 않았으며 시종 및 여사가 문안을
드리는 것이 하루에도 수십번에 이르렀다.

　　경술년(1910년) 이후에는 친히 정무를 총괄하는 번거러움이 없
어지자, 태황제의 뜻을 받들어 봉양하는 것에 전심하였고 애태우는
일념으로 경각(잘못을 하지 않도록 정신을 차리고 깨어 있음)이라
도 해이하지 않았다. 그런데 하루 아침에 하늘이 무너지는 재앙(고
종의 죽음)을 겪었는데 의약에 힘쓸 겨를도 없었으니….」

고종의 갑작스러운 죽음으로 인해 매우 충격을 받았던 것이다.

그 이후 심한 충격 속에 지내다가 1926년 4월 25일 53세 순종이

위독 상태에 빠지게 되었다. 순종은 누은 채 계속 끓어오르는 가래 때문에 말을 하다가 중단하기 일수였다.

'몸이 더 붓는 것 같구나. 아버지 무덤이 보이는 쪽으로 머리를 돌려다오'라고 말한 후 곧 혼수상태로 빠지면서 그날 사망하였다.

그는 한일합병 후 "눈을 감으면 나라를 팔아 먹고 빌붙어 잘 살아가는 친일 망종분자들이 어른거리고 때로는 7년 전 세상을 떠난 부왕이 '모든 시름을 내던지고 내 곁에 오라.'는 옥음이 들리는 듯하고 풀길 없는 망국의 한이 사무치더니 육신으로 전이돼 죽을 병으로 도졌다."는 말씀을 하신 것을 보면 순종은 얼마나 망국의 아픔이 뼈에 사무쳐 병이 되었던 것이다.

최근에 그 당시 순종이 많은 심적 고통을 받아 몰골이 심하게 망가진 사실을 뒷받침해 주는 입증 자료가 밝혀졌다. 그 사실 내용은 다음과 같다.

「순종 17년(1924) 5월 3일 독일 알게마이네 차이퉁 기자가 순종을 인터뷰를 하고 신문에 기사를 썼다.

'오늘의 서울, 황제를 만나다.'라는 제목의 기사에서 순종의 모습을 보니 "80세 정도의 깡마르고 햇빛을 보지 않은 얼굴의 노인이었다."라고 묘사했다. 인터뷰 당시 순종의 나이는 51세에 불과했다. 그리고 당시 기사는 덧붙여 "그는 떨리는 손으로 자신의 수염을 만지면서 힘없는 눈으로 나를 주시했다. 통역자가 나에 대해 이야기했지만 그는 듣는 것 같지 않았다."면서 "황제는 너무 말랐는데 마치 해골을 보는 것처럼 혹은 아편을 피우는 사람에게서 볼 수 있는 상태였다."고 전했다.」

2019년 3월 15일 A27면

조선일보 2019년 3월 15일 A27면

순종의 용안이 얼마나 비참하게 상했으면 이런 기사를 독일 기자가 썼을까?

또한 운명 시 순종은 20살 아래 순정효황후 윤씨(당시 33세)에게 말하기를

'어린 나이로 대궐에 들어와 숱한 고초를 이겨내느라 고생 많았습니다. 왕조는 비록 문 닫아 개명된 새 시대를 살아갈 것이나 마지막 황후로서 의의(위엄있고 엄숙한 태도)를 고이 간직토록 유념하시오.'라고 유언을 남겼다고 한다.

순종은 명성황후 시해사건, 고종의 갑작스러운 의문의 죽음, 망국의 한이 마음에 서려 울분을 가슴 속에서만 삭이다가 심화병(홧병)이 되어 한을 안고 저 세상으로 가신 것이다.

순종 능인 유릉(裕陵; 사적 제207호)은 홍유릉 중 하나이다.

350 히포크라테스 조선 왕을 만나다

조선왕들은 왜 단명했을까?

조선왕들의 수명은 17세에서 83세로, 평균 수명이 47세(만 46세)였다.

조선왕 27명 중 40세 이전에 사망한 왕은 11명, 40세와 60세 사이에 사망한 왕은 11명으로, 환갑을 넘긴 왕은 영조(83세), 태조(74세), 광해군(68세), 고종(68세), 정종(63세) 등 다섯 분에 불과하다(표 1).

요즘 세상 같으면 왕성하게 활동할 나이에 조선왕들은 보다 더 빨리 사망했다.

그러면 왜 조선왕들은 오래 살지 못했을까?

그 원인을 분석해 보면 다음과 같은 요인들이 복합적으로 작용했기 때문이었을 것이다.

첫째 식생활에 문제점이 있었던 같다.

표 1 ● 조선왕들의 생애 요약

	생몰년	부인수	자녀수	재위기간	세자(손) 기간	수명	사인
태 조	1335~1408	6명	13명	6년 2개월	–	74세	뇌졸중
정 종	1357~1419	11명	27명	2년 2개월	10여일	63세	노환?
태 종	1367~1422	18명이상	37명	17년 10개월	9개월	56세	뇌졸중
세 종	1397~1450	10명	25명	31년 6개월	2개월	54세	당뇨합병증
문 종	1414~1452	11명	8명	2년 3개월	28년 4개월	39세	등창 – 결핵성뇌수막염
단 종	1441~1457	3명	0명	3년 2개월	4년	17세	질식사
세 조	1417~1468	4명	8명	13년 3개월	–	52세	불안신경증
예 종	1450~1469	5명	5명	1년 2개월	10년 9개월	20세	결절성동맥주위염 – 심근경색증
성 종	1457~1494	14명 이상	38명	25년 1개월	–	38세	장결핵
연산군	1476~1506	15명 이상	16명	10년 9개월	11년 10개월	31세	전염병 혹은 타살?
중 종	1488~1544	12명	26명	38년 2개월	–	57세	담낭암
인 종	1515~1545	5명	0명	9개월	24년 7개월	31세	열탈진
명 종	1534~1567	8명	1명	22년	–	34세	심화병과열탈진
선 조	1552~1608	15명	26명	40년 7개월	–	57세	다계통위축증
광해군	1575~1641	13명	4명	15년 1개월	16년 3개월	67세	노환
인 조	1595~1649	6명	10명	26년 2개월	–	55세	패혈증
효 종	1619~1659	4명	10명	10년	3년 8개월	41세	실혈사
현 종	1641~1674	1명	5명	15년 3개월	10년 9개월	34세	장파열 – 복막염
숙 종	1661~1720	8명	8명	45년 10개월	7년 7개월	60세	간성혼수
경 종	1688~1724	2명	0명	4년 2개월	30년	37세	장티푸스 – 장파열
영 조	1694~1776	6명	14명	51년 7개월	3년(왕세제)	83세	뇌경색
정 조	1752~1800	5명	5명	24년 3개월	16년 9개월	49세	등창 – 결핵성뇌수막염
순 조	1790~1834	2명	6명	34년 4개월	5개월	45세	패혈증 혹은 파상풍
헌 종	1827~1849	5명	1명	14년 7개월	4년 2개월	23세	위암
철 종	1831~1863	8명	11명	14년 6개월	–	33세	폐결핵
고 종	1852~1919	11명	16명	43년 7개월	–	68세	뇌졸중 혹은 독살?
순 종	1874~1926	2명	0명	3년 1개월	32년 3개월	53세	심화병

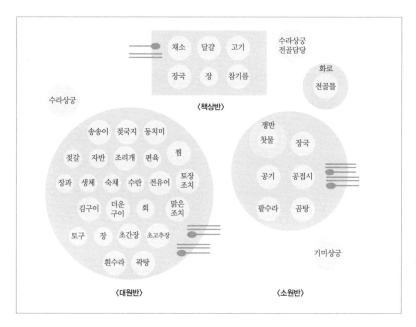

그림 1 ● **임금 수라상 반배도**

　　조선시대는 요즘과 달리 궁중의 일상식은 대개 다섯 차례로 이루어졌다. 즉 초조반, 아침 수라, 점심, 저녁 수라, 야식이다.

　　초조반은 아침 수라 전의 식사로 대개 죽이나 응이(미음의 일종, 곡물이나 채소 위주의 유동식), 미음 등의 유동음식을 기본으로, 젓국찌개, 동치미, 마른 반찬 등으로 차리는 간단한 식사이다.

　　수라는 밥과 찬품으로 구성된다. 왕의 수라상을 12첩 반상이라 하는데, 대략 12종류의 반찬이 있다는 뜻이다(그림 1).

　　밥은 흰 밥과 홍반(팥섞은 밥) 두 가지 밥이 함께 올라간다고 한다.

　　반찬은 왕들이 기호하는 음식들에 따라 다를 수 있지만 대부분 왕들이 좋아하는 음식은 고기류가 많았다고 한다. 특히 세종대왕은 육류를 좋아하였는데 고기가 기운을 나게 하는 음식이라는 생각이 일반적으로 있었기 때문이다.

왕들의 식탁에는 기본적으로 균형 잡힌 반찬들이 놓여지지만, 왕들의 기호 또는 육류의 중요성 때문에 고기류의 비율이 높을 수 밖에 없었다. 이런 왕들의 식성이 성인병에 걸릴 요인이 되었던 것이다.

또한 야식과 잦은 식사도 비만과 성인병을 가중시키는 요인이 되었던 것이다.

둘째 부족한 운동이다.

국왕의 하루 일정은 너무나 빠듯하게 짜여 있다는 점이다.

대개 국왕은 오전 5시에 기상하여 취침은 사경(새벽 1시에서 3시)에 하게 되었다. 기상 후 문안 인사를 받은 국왕은 편전에 나가 경전을 공부하는 경연(조강, 주강, 석강 3차례)을 하고, 조강을 마친 국왕은 조회를 열어 신하들의 접견과 업무보고, 승지들로부터 비서실의 업무보고을 듣고 국왕의 언행을 기록케 하였다.

경연은 조강(朝講), 주강(晝講), 석강(夕講) 이외 소대(召對; 임금이 아무 때나 신하를 불러 경전에 대해 물어보거나 의견을 듣는 일)와 야대(夜對; 밤에 신하들을 불러 행하는 경연)가 있었다.

국왕은 오전에 조강을 행한 뒤 조회와 승지들의 업무보고를 받는 등 정무처리로 눈코 뜰새없이 바빴다.

그렇다고 오후의 일정도 짬이나는 것이 아니라 국정과 민생을 돌보느라 여념이 없었다. 그 가운데 중요한 업무 중 하나는 관료들의 선발이다. 이외 사은숙배와 하직숙배 등 국왕의 하루 업무는 끝이 없을 정도이다. 이렇듯 꽉 짜인 일정 때문에 국왕은 운동할 시간이 없었던 것이다.

그 당시 국왕이 할 수 있는 운동은 격구와 사냥 뿐이었다. 정종은 격구를 좋아했고, 태종은 격구와 사냥을 매우 좋아했다. 그러나 세종은 그다지 운동을 즐기지 않았다는 사실이다. 세조나 성종은 가끔 격구를 언급할 정도이지 실행을 하지 않았고 성종 이후에는 점차 왕실에서 격구를 운동으로 하는 경우는 찾아보기 어렵게 되었다. 이렇듯 대부분의 조선왕들은 운동을 싫어했고 시간적 여유도 없었다.

셋째 국왕의 일상생활은 심한 스트레스 속에 쌓여 있었다.

즉위 과정부터 권력에의 도전, 말 안듣는 신하들, 왕비와 후궁들의 갈등과 모함, 후계자 계승 문제, 친외척의 정치참여, 당파 간의 암투, 가뭄과 전염병 발생, 외교분쟁 등 재위 기간 중 하루라도 편할 날이 없었던 것이다.

예를 들면 인조는 소현세자가 새로운 권력자로 등장할 가능성에 대한 노파심 때문에 재위기간 내내 소현세자를 경계하면서 살았고, 명종은 어머니 문정왕후 윤씨의 사사건건 하나에서 열까지 간섭으로 기를 펴지 못하고 어머니 눈치만 살피다가 결국 심화병을 얻었다는 점 등 모든 조선왕들은 스트레스 속에서 하루 하루를 보내야만 했다.

넷째 조선왕들은 너무나 많은 여인들을 거닐었다.

18대 현종만 일부일처였고, 나머지 왕들은 부인이 2명에서 17명 이상으로 평균 7.8명으로 한 임금이 대략 8명의 부인을 거느렸다는 것이다.

조선시대는 왕권을 강화하고 왕실을 번영시킨다는 의미에서 여러

명의 부인을 거느리는 일부다처 제도였지만 일부 왕들은 여러 부인
도 부족해 외도를 한 임금들도 있었다.

예를들면 연산군은 왕비와 후궁들도 부족해 '흥청'이란 기생양성
소를 만들어 수천 명의 여인들과 시도 때도 없이 흥청망청 주색잡기
에 여념이 없었다.

명종은 후손이 없자 할머니와 어머니가 후궁들에게 순번을 메겨
왕자 생산을 위해 하루도 빠짐없이 합방을 강요하였다니 사람이 할
짓이 아니었던 것 같다.

또한 여자하면 술이 빠질 수 없으니 과음도 또 한몫을 했다. 결국
주색이 왕들의 수명을 단축시켰다고 해도 과언은 아닐 것이다.

다섯째 제일 중요한 요인으로는 열악한 의료 환경이다.

조선시대의 진료는 어의가 문진(問診)하고 시진(視診)으로 용태
를 살펴보고 짚맥으로 촉진(觸診)하여 맥박의 뛰는 상태를 보고 병을
진단하는 아주 초보적인 의학수준이라고 할 수 있다. 그리고 치료도
탕약, 침, 뜸, 기도 등 원초적인 치료법에 의존했다. 또한 질병에 대한
원인, 경과 및 치료에 대한 지식은 부족했고 치료약의 태부족, 열악
한 보건위생 등 모든 의료 환경은 빈약할 뿐이었다.

특히 조선왕들 중에 세종, 문종, 성종, 정조, 순조, 철종 등 다수의
왕들이 결핵환자로 궁궐 내에 결핵이 의외로 많았는데, 그 당시에는
치료약이 없어 아까운 생명을 잃었는데 오늘날과 같이 항결핵제만
있었다면 왕의 수명을 적어도 10년 이상 더 연장시킬 수 있었을 것이
다.

그리고 인종은 중종 임종 전후로 병 수발과 상주 노릇으로 수면부

그림 2 ● 천문동

족, 끼니 굶음, 수분이나 소금 등 전해질 섭취 부족상태에서 더위와 설사로 인한 열탈진으로 사망하였는데, 그 당시 체온을 내려주고 수분과 전해질 공급만 해주었어도 아까운 생명을 구할 수 있었는데 하는 안타까움만 남는다.

이외 요인으로 예종이나 경종처럼 어릴 적부터 허약체질이나 문종, 인종, 정조와 같은 무모한 효심도 명을 재촉한 요인으로 작용했던 것 같다.

끝으로 조선시대에 왕들이 사용했던 보약 종류는 140여종이 된다고 한다.

세종은 기력이 왕성해지고 성욕도 강화되면서 몸이 가볍고 머리도 총명해져 장생불사(長生不死)해 준다는 천문동(그림 2)을 평소 즐겨 복용하였다고 한다. 그러나 보약 복용에도 불구하고 세종은 당뇨 합병증으로 54세 나이에 사망했다.

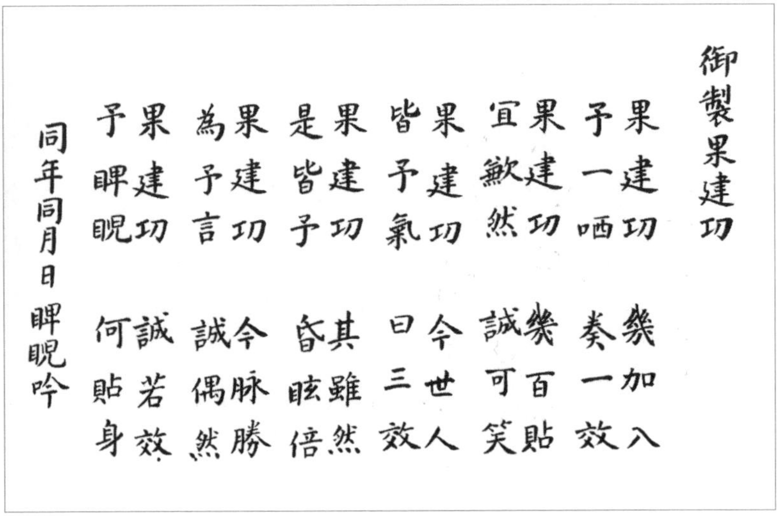
御製果建功

果建功幾加入
予一哂奏一效
果建功幾百貼
宜歛然誠可笑
果建功今世人
皆予氣曰三效
果建功其雖然
是皆予昏眩倍
果建功今脉勝
爲予言誠偶然
果建功誠若效
予睥睨何貼身

同年同月日 睥睨吟

그림 3 ● 영조의 건공탕 어제시

반면 영조는 즉위과정 중에서 경종독살설과 당쟁에 휩싸여 즉위 초반에는 심한 스트레스 속에 휘말렸으나, 탕평책으로 이를 극복하고 중년 이후에는 늦은 경연 중에도 식사시간이 되면 경연을 잠시 중단하고 식사를 한 후 경연을 계속하는 등 식사시간을 잘 맞춰 규칙적인 식사를 하면서 마음을 비우고 건공탕(인삼이 포함)이라는 보약을 잘 챙겨 복용하고(그림 3), 정기적인 어의의 검진을 받으면서(표 2), 평소 일상수칙을 잘 지켜 그 당시에는 천수를 누렸다고 하는 83세까지 살아 조선왕 중 최고의 장수왕이 되었다.

참고 제일 빠른 나이에 후손을 본 왕은 예종으로 12세(만 11세) 때 인성대군이 태어났고, 최고령으로 손을 본 왕은 고종으로 64세 때 황자 이우가, 영조는 61세 때 화령옹주가 태어났다.

남성불임 왕은 단종, 인종, 경종, 순종 4명이지만, 여성불임 왕비는 더 많았다.

불임 왕비로는 정종비 정안왕후 김씨, 성종비 공혜왕후 한씨, 중종비 단경왕후 신씨, 선조비 의인왕후 박씨, 인조비 장렬왕후 조씨, 숙종 제1계비 인현왕후 민씨와 제2계비 인원왕후 김씨, 영조비 정성왕후 서씨와 계비 정순왕후 김씨, 정조비 효의왕후 김씨. 헌종비 효현왕후 김씨와 계비 효정왕후 홍씨 등 12명이나 된다.

표 2 ● 후기 조선왕들의 약방입진 빈도

	1	2	3	4	5	6	7	8	9	10	11	12	13	14	15	16	17	18	19	20	회/년
효종 재위년	1	2	3	4	5	6	7	8	9	10											
입진빈도	0	0	0	0	0	0	0	1	26	6											3.3회/년
현종 재위년	1	2	3	4	5	6	7	8	9	10	11	12	13	14	15						
입진빈도	14	1	2	0	0	2	8	0	6	0	2	0	6	0	5						3.3회/년
숙종 재위년	1	2	3	4	5	6	7	8	9	10	11	12	13	14	15	16	17	18	19	20	
입진빈도	3	5	0	12	6	2	3	5	9												
재위년	21	22	23	24	25	26	27	28	29	30	31	32	33	34	35	36	37	38	39	40	
입진빈도	22	23	24	25	26	27	28	29	30	31	32	33	34	35	36	37	38	39			
재위년	41	42	43	44	45	46															
입진빈도	79	106	86	73	19																18.9회/년
경종 재위년	1	2	3	4																	
입진빈도	9	17																			45.3회/년
영조 재위년	1	2	3	4	5	6	7	8	9	10	11	12	13	14	15	16	17	18	19	20	
입진빈도	46	37	18	13	17	28	32	85	82	61	20	68	25	15	24	29	20	47			
재위년	21	22	23	24	25	26	27	28	29	30	31	32	33	34	35	36	37	38	39	40	
입진빈도	21	22	23	24	25	26	27	28	29	30	31	32	33	34	35	36	37	38	39	40	119회/년
정조 재위년	1	2	3	4	5	6	7	8	9	10	11	12	13	14	15	16	17	18	19	20	
입진빈도	14	98	51	49	77	140	89	96	43	49	58	45	51	29	198	111	26	36			
재위년	41	42	43	44																	
입진빈도	82	524	314	241	293	314	281	174	481	704	551	82									

*효종, 경종, 영조는 1년 수치는 즉위년과 합산한 것임.

히포크라테스
조선 왕을 만나다

조선시대 주요 연대표

연도	사건		연도	사건
1388	위화도 회군		1467	이시애의 난
1392	정몽주 살해		1468	남이 역모사건, **예종 즉위**
1392	조선개국, **이성계 즉위**		1469	**성종 즉위**
1394	한양으로 도읍		1481	5차〈경국대전〉완성, 1485년 시행
1398	제1차 왕자의 난, **정종 즉위**		1494	**연산군 즉위**
1399	송경(개성) 환도		1498	무오사화
1400	제2차 왕자의 난, **태종 즉위**		1504	갑자사화
1405	한양 재환도		1506	**중종 즉위**
1418	**세종 즉위**		1519	기묘사화(조광조 사사),
1425	동전(조선통보) 사용			향약실시
1442	측우기 발명		1544	**인종 즉위**
1443	훈민정음 창제		1545	**명종 즉위**, 을사사화
1446	훈민정음 반포		1547	양재역 벽서사건
1450	**문종 즉위**		1567	**선조 즉위**
1452	**단종 즉위**		1575	동서 당파 시작
1453	계유정난		1589	기축옥사(정여립 모반사건)
1455	**세조 즉위**		1592	임진왜란, 한산도대첩
1456	사육신 단종 복위사건		1593	행주산성 혈전
1457	단종 피살		1597	명랑대첩

연도	사건	연도	사건
1607	허균의 홍길동전 완성	1780	박지원의 열하일기 저술
1608	**광해군 즉위**	1784	이승훈의 천주교 전도
1610	동의보감 완성	1791	신해박해(천주교 탄압)
1616	담배 전래	1800	**순조 즉위**
1623	**인조 즉위**	1801	신유박해
1624	이괄의 난	1805	한중록 완간(完刊)
1627	정묘호란	1811	홍경래 난
1636	병자호란	1818	목민심서 완성(정약용)
1645	소현세자 서양서적 수입	1831	천주교 조선교구 설치
1649	**효종 즉위**	1834	**헌종 즉위**
1651	김자점 역모사건	1839	기해박해
1659	**현종 즉위**	1845	김대건 최초의 신부가 됨
1660	1차 예송논쟁	1846	병오박해
1674	2차 예송논쟁, **숙종 즉위**	1849	**철종 즉위**
1678	상평통보 주조	1860	최제우 동학 창시
1680	경신환국(서인집권)	1861	대동여지도 펴냄
1689	기사환국(남인 집권)	1863	**고종 즉위**
1694	갑술환국(노론 집권)	1865	경복궁 재중건
1701	무고의 옥(인현왕후 저주 사건)	1866	병인박해, 병인양요
1720	**경종 즉위**	1871	신미양요
1721-22	신임옥사(소론 집권)	1875	운양호사건
1724	**영조 즉위**, 탕평책 실시	1876	병자수호조약 체결
1725	을사처분(을사환국, 노론복권)	1882	임오군란, 태극기 사용
1727	정미환국(소론복권)	1883	한성순보 발간
1728	이인좌의 난	1884	우정국 설치, 갑신정변
1750	균역법 실시	1885	최초 서양식 병원 광혜원, 배제학당 설립
1763	대마도에서 고구마 전래		
1776	**정조 즉위**, 규장각 설치	1886	이화학당 설립

연도	사건	연도	사건
1894	동학농민운동, 청일전쟁, 갑오개혁 시작	1900	경인선 개통
1895	을미사변(민비시해)	1904	러일전쟁
1896	고종 아관파천, 독립신문 창간	1905	을사늑약
1897	국호를 '대한'으로 정함	1907	헤이그 밀사사건, **순종 즉위**
1899	대한제국 선포	1909	이토 히로부미 암살
		1910	한일합병

개정판

히포크라테스 조선 왕을 만나다

의사의 시각으로 본 조선 왕들의 삶과 죽음

초판발행	2013년 8월 25일
초판 2쇄	2014년 11월 28일
개정판 1쇄	2020년 4월 1일
개정판 발행	2020년 4월 6일
지 은 이	최일생
발 행 인	김용덕
발 행 처	메디안북
편 집	최수정
등 록	제 25100-2010-51호
주 소	서울시 마포구 마포대로(도화동) 63-8 818호
전 화	02-732-4981
팩 스	02-711-4981
홈페이지	www.mcbooks.co.kr
정 가	20,000원

ISBN 979-11-90450-07-2 03900